2023年全国经济专业技术资格考试
《金融专业知识与实务》（中级）
机考真题

考生姓名：

准考证号：

证件号码：

考场规则

一、自考试开始前30分钟起，应试人员要准考证和有效身份证件（须与报考时所使用的证件为同一证件一致）进入考试所在考场，按座准考试人员，并按准考试规定和其规定的座位就坐。

二、未取得考试资格的考生，如在计算机上作答，应试人员参加应可将携带的用品只限于书籍在座位右下角。

三、每科目开考后5分钟后，逾期的应试人员一律不准进入考场；各科目考试时长（截止作答时间）为1.5小时，经准考人员同意，应试人员可在开考15分钟后，离场。

四、应试人员须携带考试系统随机抽取的身份确认，不得擅自进行机计算机行为，如有异常电时就立其他与考试无关的电件。

五、应试人员须携带考试系统随机抽取的身份签名，阅读其图案、须知，考试开始后，考试系统就自其进行计时，应试人员在时间开始算"非已开始"。

六、应试人员考试时应保持安静，独立进行作答，不得与其他应试人员交头接耳，不得要求监考人员解释试题，遇到大灾变。或机械故障等非考试时间可举手询问，不得自行处理。

七、应试人员应当按签工作人员的要求和指导，按工作人员安排就座。

八、应试人员应听监考员宣布"考场纪律"，方可展开作答；若有不清楚，须向监考员求。

九、应试人员使用考试信息以作向方式参加考试，否则，由此造成的考务影响由应试人员自行负责。

十、考试监考工作人员入考场将按《考办试人员监督员考试违反行为处理办法》处理。

一、单项选择题（共60题，每题1分。每题的备选项中，只有1个最符合题意）

1. 假设某借款人借款5万元，约定年利率为4.8%，借款期限为6个月，按单利计算，该借款人到期应付利息为（　　）元。
   A. 1 200 B. 1 400
   C. 800 D. 1 000

2. 官方按照预先宣传的固定利率，根据若干量化指标的变动，定期小幅度调整汇率的是（　　）。
   A. 水平区间钉住汇率制 B. 爬行区间钉住汇率制
   C. 爬行钉住汇率制 D. 单独浮动汇率制

3. 流动性偏好理论中，投机动机形成的投机需求与利率之间的相关关系是（　　）。
   A. 正相关 B. 负相关
   C. 无法确定 D. 不相关

4. 关于我国存贷款利率市场化的总体思路，说法正确的是（　　）。
   A. 先外币，后本币；先存款，后贷款；先长期、大额，后短期、小额
   B. 先本币，后外币；先贷款，后存款；先长期、大额，后短期、小额
   C. 先外币，后本币；先贷款，后存款；先短期、小额，后长期、大额
   D. 先外币，后本币；先贷款，后存款；先长期、大额，后短期、小额

5. 剔除通货膨胀因素后的收益率是（　　）。
   A. 到期收益率 B. 名义收益率
   C. 预期收益率 D. 实际收益率

6. 将汇率分为名义汇率、实际汇率和有效汇率的依据是（　　）。
   A. 外汇交易的支付通知方式 B. 中央银行的外汇管理策略
   C. 汇率制度的性质 D. 衡量货币价值的需要

7. 基础金融工具不包括（　　）。
   A. 基金 B. 股票
   C. 期货 D. 债券

8. （　　）是指以银行等信用中介机构为媒介进行资金融通的市场。
   A. 直接融资市场 B. 间接融资市场
   C. 货币市场 D. 资本市场

9. 下列选项中，属于我国目前已经推出的国债期货品种的是（　　）。
   A. 1年期国债期货 B. 2年期国债期货
   C. 4年期国债期货 D. 3年期国债期货

10. 关于普通股股东和优先股股东的基本权利和义务的说法，错误的是（　　）。
    A. 优先股股东不享有公司所有权
    B. 优先股股东通常不参与超过原定股息之外的利润分配
    C. 优先股股东通常没有投票权
    D. 普通股股东承担的风险相对较高

11. 交易双方按事先商定的条件，在约定的时间内交换一系列现金流的交易形式属于（　　）。
    A. 金融远期 B. 金融互换

C. 金融期货　　　　　　　　　　D. 金融期权

12. 下列机构中，属于契约型金融机构的是（　　）。
    A. 共同基金　　　　　　　　　　B. 人寿保险公司
    C. 储蓄贷款协会　　　　　　　　D. 农村信用社

13. 下列机构中，具有创造信用货币职能的是（　　）。
    A. 商业银行　　　　　　　　　　B. 货币经纪公司
    C. 中央银行　　　　　　　　　　D. 投资银行

14. 下列国家的中央银行资本结构属于无资本金的是（　　）。
    A. 德国　　　　　　　　　　　　B. 美国
    C. 韩国　　　　　　　　　　　　D. 日本

15. 商业银行只能从事存贷款及结算等银行业务，不得经营证券、保险业务的制度安排是（　　）。
    A. 全能银行制度　　　　　　　　B. 综合性银行制度
    C. 政策性金融制度　　　　　　　D. 分业经营银行制度

16. 某政策性银行对芯片产业提供贷款融资，从而引导其他金融机构增加对芯片产业的贷款，这体现了政策性金融机构的（　　）。
    A. 服务性职能　　　　　　　　　B. 诱导性职能
    C. 选择性职能　　　　　　　　　D. 补充性职能

17. 下列选项中，属于国际性开发银行机构的是（　　）。
    A. 国际货币基金组织　　　　　　B. 国际清算银行
    C. 欧洲中央银行　　　　　　　　D. 世界银行集团

18. 我国《存款保险条例》规定，同一存款人在同一家投保机构最高偿付限额为人民币（　　）万元。
    A. 100　　　　　　　　　　　　 B. 50
    C. 5　　　　　　　　　　　　　 D. 20

19. 商业银行拓展资金来源的操作不包括（　　）。
    A. 发行大额可转让定期存单　　　B. 国债质押式正回购
    C. 票据贴现　　　　　　　　　　D. 同业拆借

20. 关于商业银行进行债券投资作用的说法，错误的是（　　）。
    A. 扩大资金来源　　　　　　　　B. 提升效益水平
    C. 增强资产流动性　　　　　　　D. 优化资产结构

21. 作为金融中介机构，商业银行的经营对象是（　　）。
    A. 内控和风险　　　　　　　　　B. 货币和信用
    C. 信贷和风险　　　　　　　　　D. 资产和负债

22. 假设需重新定价的资产大于负债，银行在利率下行周期将面临（　　）。
    A. 利差增加　　　　　　　　　　B. 利差不变
    C. 利差双向变动　　　　　　　　D. 利差减少

23. 关于商业银行利润分配的说法，正确的是（　　）。
    A. 法定盈余公积金可用于转增资本金

B. 提取法定盈余公积金最高至注册资本的40%
C. 弥补以前年度亏损后依法缴纳所得税
D. 向投资者分配利润后，如有剩余，可提取公益金

24. 不参与基金会计核算的基金费用是（　　）。
   A. 管理费				B. 托管费
   C. 申购费				D. 证券交易费用

25. 关于证券公司融资融券业务的说法，错误的是（　　）。
   A. 证券公司向客户融资融券收取的保证金，可以用证券充抵
   B. 客户向证券公司借资金买证券为融资交易
   C. 融券交易属于做多交易
   D. 证券公司在向客户融资融券前，应当办理客户征信查询

26. 证券公司申请开办融资融券业务，需具备的条件不包括（　　）。
   A. 财务状况良好，最近2年各项风险控制指标持续符合规定
   B. 已建立完善的客户投诉处理机制，能够及时、妥善处理与客户之间的纠纷
   C. 具有证券经纪业务资格
   D. 融资融券业务技术系统已通过证监会组织的测试

27. 股票基金所面临的各类风险中，不能通过分散投资降低的是（　　）。
   A. 财务风险				B. 市场风险
   C. 信用风险				D. 经营风险

28. 关于私募投资基金的说法，错误的是（　　）。
   A. 2012年修订的《中华人民共和国证券投资基金法》，从法律上确立了私募基金的法定地位
   B. 2023年7月发布施行的《私募投资基金监督管理条例》将私募基金管理人纳入金融机构序列
   C. 私募基金不能进行公开发售和宣传推广，只能采取非公开方式发行
   D. 私募基金是向特定合格投资者发售基金份额、募集资金而设立的基金

29. 证券投资基金管理公司最核心的业务是（　　）。
   A. 基金的销售				B. 基金的募集
   C. 基金的运营服务			D. 基金的投资管理

30. 下列个人投资者中，符合资产管理计划合格投资者要求的是（　　）。
   A. 具有2年以上投资经历，且近3年本人年均收入不低于40万元
   B. 具有1年以上投资经历，且家庭金融净资产不低于500万元
   C. 具有2年以上投资经历，家庭金融资产不低于300万元
   D. 具有1年以上投资经历，且最近1年末净资产不低于1 000万元

31. 信托业的本质是（　　）。
   A. 风险管理				B. 财产管理
   C. 财富传承				D. 合理避税

32. 关于信托当事人及其权利和义务的说法，错误的是（　　）。
   A. 委托人拥有的最主要权利是信托财产的授予权

B. 托管人是按约定的信托合同对信托财产进行经营的人

C. 受益人是在信托关系中享有信托受益权的人

D. 受托人处于掌握、管理和处分信托财产的中心位置

33. 在实践中，各类租赁服务中最主要的是（　　）。
    A. 长期租赁　　　　　　　　　B. 经营租赁
    C. 融资租赁　　　　　　　　　D. 短期租赁

34. 金融租赁公司通过设备回收再出售或者再次租赁获得的价差收入称为（　　）。
    A. 服务收益　　　　　　　　　B. 运营收益
    C. 余值收益　　　　　　　　　D. 债权收益

35. 出卖人和承租人是同一人的融资租赁方式是（　　）。
    A. 联合租赁　　　　　　　　　B. 直接租赁
    C. 回租　　　　　　　　　　　D. 转租赁

36. 已知期权标的资产价格、无风险利率、执行价格和到期时间，将这些已知因素代入期权定价公式，求解出标的资产的波动率，该波动率称为（　　）。
    A. 隐含波动率　　　　　　　　B. 市场波动率
    C. 历史波动率　　　　　　　　D. 实际波动率

37. 在债券投资中，基于久期的套期保值是不完美的，存在着较多的局限性，其原因是（　　）。
    A. 没有考虑债券价格与收益率关系曲线的凸度问题，建立在收益率曲线非平移的假定上
    B. 没有考虑债券价格与收益率关系曲线的倒挂问题，建立在收益率曲线非平移的假定上
    C. 没有考虑债券价格与收益率关系曲线的凸度问题，建立在收益率曲线平移的假定上
    D. 没有考虑债券价格与收益率关系曲线的倒挂问题，建立在收益率曲线平移的假定上

38. 甲、乙两家公司通过互换进行套利应满足的前提条件是（　　）。
    A. 双方对对方的资产或负债均无需求；一方在两种资产或负债上存在绝对优势
    B. 双方对对方的资产或负债均无需求；双方在两种资产或负债上存在比较优势
    C. 双方对对方的资产或负债均有需求；一方在两种资产或负债上存在绝对优势
    D. 双方对对方的资产或负债均有需求；双方在两种资产或负债上存在比较优势

39. 某商业银行理财经理在推荐金融产品时未对其客户履行适当性义务，该事件属于操作风险损失事件类型中的（　　）。
    A. 就业制度和工作场所安全事件　　B. 执行、交割和流程管理事件
    C. 外部欺诈　　　　　　　　　　　D. 客户、产品和业务活动

40. 商业银行信用风险的机制管理主要包括（　　）。
    A. 审贷分离机制、授权管理机制、额度管理机制
    B. 审贷分离机制、文化塑造机制、资金流动管理机制
    C. 不相容岗位分离制、文化塑造机制、额度管理机制
    D. 不相容岗位分离制、授权管理机制、资金流动管理机制

41. 关于货币需求理论中的费雪方程式和剑桥方程式的说法，正确的是（　　）。
    A. 费雪方程式是从微观角度分析货币需求
    B. 剑桥方程式侧重于货币流量分析
    C. 费雪方程式强调货币交易媒介的功能

D. 剑桥方程式侧重于商品交易量对货币的需求

42. 当利率极低，人们认为这种利率不大可能上升而只会跌落时，人们不管有多少货币都愿意持有在手中，这种现象属于（   ）。
    A. 塔西佗陷阱   B. 修昔底德陷阱
    C. 弗里德曼陷阱   D. 凯恩斯陷阱

43. 以下属于我国的货币层次 M1 的是（   ）。
    A. 储蓄存款   B. 商业票据
    C. 单位定期存款   D. 单位活期存款

44. 若流通中的现金为 200 万元，存款为 4 000 万元，法定存款准备金率为 8%，超额存款准备金为 80 万元，则货币乘数为（   ）。
    A. 8.1   B. 7.0
    C. 5.0   D. 6.1

45. 关于蒙代尔—弗莱明模型的说法，错误的是（   ）。
    A. 该模型解释了小型开放经济的总需求曲线
    B. 该模型认为货币政策与财政政策影响总收入的效力取决于汇率制度
    C. 该模型认为货币政策在浮动汇率制下效果显著
    D. 该模型认为财政政策在固定汇率制下效果甚微或毫无效果

46. 关于融资租赁合同主要特征的说法，错误的是（   ）。
    A. 融资租赁合同是要式合同   B. 融资租赁合同是有偿合同
    C. 融资租赁合同是可单方解除的合同   D. 融资租赁合同是诺成合同

47. 我国的"双支柱调控框架"是指（   ）。
    A. 金融行为监管和金融消费者权益保护
    B. 货币政策和宏观审慎政策
    C. 金融混业经营和金融分业监管
    D. 宏观审慎框架和微观审慎规则

48. 再贴现率属于中央银行的（   ）。
    A. 调控工具   B. 中介指标
    C. 操作目标   D. 反馈信号

49. 短期利率与基础货币属于中央银行货币政策的（   ）。
    A. 调控目标   B. 中介指标
    C. 反馈信号   D. 操作目标

50. 紧缩的货币政策不包括（   ）。
    A. 加大逆回购金额   B. 提高再贷款利率
    C. 公开市场卖出业务   D. 提高法定存款准备金率

51. 货币供应量能够成为货币政策中介目标是因为其符合中介目标的（   ）。
    A. 可测性、可控性、相关性的标准
    B. 可储藏、可交换、可预测的标准
    C. 可计量性、可估值性、可流通性的标准
    D. 可预测、可核算、可估值的标准

52. 社会选择论从公共选择的角度来解释政府管制，其理论基础是（ ）。
    A. 公共利益论				B. 多元利益论
    C. 政府掠夺论				D. 特殊利益论

53. 在货币政策传导机制理论中，凯恩斯学派认为，在传导机制发挥作用的过程中，关键环节是（ ）。
    A. 利率				B. 货币供应量
    C. 投资				D. 总支出

54. 广义的国际收支概念的基础是（ ）。
    A. 本币资金收付			B. 交易
    C. 储备				D. 外币资金收付

55. 一般而言，无须政府采取措施去调节的国际收支失衡是（ ）。
    A. 货币性不均衡			B. 偶然性不均衡
    C. 结构性不均衡			D. 周期性不均衡

56. 下列国家中，国际储备需求量最大的是（ ）。
    A. 外债规模大且实行浮动汇率制度的国家
    B. 外债规模小且实行浮动汇率制度的国家
    C. 外债规模大且实行固定汇率制度的国家
    D. 外债规模小且实行固定汇率制度的国家

57. 关于20世纪初国际金本位制崩溃原因的说法，正确的是（ ）。
    A. 黄金在国际间自由流动
    B. 各国实行固定汇率制
    C. 各国允许以汇票为支付手段的非现金结算
    D. 绝大部分黄金为少数强国占有

58. 欧洲银行同业拆借市场的交易单位通常以（ ）计算。
    A. 100万美元			B. 10万欧元
    C. 1 000万欧元			D. 1亿美元

59. 外国企业在中国发行的人民币债券称为（ ）。
    A. 熊猫债券				B. 欧洲债券
    C. 扬基债券				D. 武士债券

60. 2022年，某国未清偿外债余额为150亿美元，外债还本付息总额为60亿美元，国民生产总值为1 000亿美元，货物和服务出口总额为100亿美元。该国2022年的债务率为（ ）。
    A. 15%				B. 6%
    C. 150%				D. 60%

二、多项选择题（共20题，每题2分。每题的备选项中，有2个或2个以上符合题意，至少有1个错项。错选，本题不得分；少选，所选的每个选项得0.5分）

61. 终值的大小不仅取决于现值的大小，还取决于（ ）。
    A. 借款期限				B. 利率的高低
    C. 计息方式				D. 借款人
    E. 贷款人

62. 汇率变动的主要影响因素有（　　）。
   A. 国际收支差额的变化
   B. 某外贸公司的进出口额变化
   C. 市场预期的变化
   D. 政府干预汇率
   E. 物价水平的相对变动

63. 按照交易性质的不同，金融市场可以划分为（　　）。
   A. 商品市场
   B. 流通市场
   C. 发行市场
   D. 货币市场
   E. 资本市场

64. 根据流动性偏好理论，公众的流动性偏好动机包括（　　）。
   A. 交易动机
   B. 投资动机
   C. 投机动机
   D. 均衡动机
   E. 预防动机

65. 我国银行业金融机构的经营内容主要包括（　　）。
   A. 汇兑
   B. 存贷款
   C. 信托
   D. 结算
   E. 股权投资

66. 根据历史发展阶段变迁，资产负债管理理论所经历的发展阶段有（　　）。
   A. 负债管理理论
   B. 资产负债管理理论
   C. 资产负债融合理论
   D. 管理会计理论
   E. 资产管理理论

67. 根据交易目的不同，金融衍生品市场上的交易主体包括（　　）。
   A. 投机者
   B. 套期保值者
   C. 套利者
   D. 承销商
   E. 经纪人

68. 企业并购的主要方式包括（　　）。
   A. 扩张
   B. 公司控制
   C. 售出
   D. 所有权结构变更
   E. 重整

69. 关于对冲基金特点的说法，正确的有（　　）。
   A. 对冲基金投资策略高度透明，信息充分披露
   B. 对冲基金是一种追求高收益、承担高风险的投资模式
   C. 对冲基金操作手法多样，更多地呈现全球化特征
   D. 对冲基金通常是高杠杆运作，主要投资于金融衍生品市场
   E. 对冲基金能够动员大量资金并在购买证券时杠杆化使用，迫使价格发生变化，纠正市场效率低下等问题

70. 信托产品的设立总体流程有（　　）。
   A. 产品推介及募集
   B. 文件制作与事前报告
   C. 外部评级
   D. 尽职调查
   E. 产品立项

71. 金融机构市场风险的评估方法有（　　）。
    A. 灵敏度法　　　　　　　　　　B. 逻辑回归模型
    C. 风险与控制自评估　　　　　　D. 风险累积与聚集法
    E. 风险价值法

72. 我国金融行业自律组织包括（　　）。
    A. 中国互联网金融协会　　　　　B. 中国银行业协会
    C. 中国保险行业协会　　　　　　D. 中央国债登记结算有限责任公司
    E. 中国银行间市场交易商协会

73. 中央银行改变基础货币的主要途径有（　　）。
    A. 变动对政府的债权　　　　　　B. 变动税收政策
    C. 变动对商业银行的债权　　　　D. 变动货币统计口径
    E. 变动储备资产

74. 在现代信用制度下，货币供应量的决定因素主要有（　　）。
    A. 存贷比　　　　　　　　　　　B. 资本充足率
    C. 货币乘数　　　　　　　　　　D. 基础货币
    E. 通货膨胀率

75. 一般而言，证券投资基金的特征包括（　　）。
    A. 集合理财，专业管理　　　　　B. 严格监管，信息透明
    C. 分散投资，集中风险　　　　　D. 利益共享，风险共担
    E. 独立托管，保障本金

76. 下列银行业金融机构从业人员中，需要经过监管机构进行任职资格核准的有（　　）。
    A. 董事　　　　　　　　　　　　B. 高级管理人员
    C. 工会主席　　　　　　　　　　D. 纪委书记
    E. 监事

77. 根据持股比例和对证券公司经营管理的影响，证券公司股东分为（　　）。
    A. 大股东　　　　　　　　　　　B. 实际控制人
    C. 控股股东　　　　　　　　　　D. 主要股东
    E. 持有证券公司5%以下股权的股东

78. 目前，我国国际储备的构成包括（　　）。
    A. 普通提款权　　　　　　　　　B. 比特币
    C. 中国银行外汇库存　　　　　　D. 特别提款权
    E. 黄金储备

79. 关于牙买加体系的说法，正确的有（　　）。
    A. 保留成员方之间以黄金清偿债务的义务
    B. 浮动汇率合法化
    C. 国际收支调节机制多样化
    D. 特别提款权可用于成员国之间国际贸易结算
    E. 国际储备货币多样化

80. 欧洲中长期贷款的主要形式有（　　）。
    A. 欧洲债券　　　　　　　　B. 双边贷款
    C. 买方信贷　　　　　　　　D. 政府贷款
    E. 银团贷款

三、案例分析题（共20题，每题2分。由单选和多选组成。错选，本题不得分；少选，所选的每个选项得0.5分）

（一）

2023年5月15日，中国人民银行公布了2023年第一季度《中国货币政策执行报告》，其中"发挥结构性货币政策工具的牵引带动作用"部分披露：

一是积极运用支农支小再贷款、再贴现、抵押补充贷款等工具。运用支农支小再贷款引导地方法人金融机构扩大对乡村振兴的信贷投放，扶贫再贷款按照现行规定进行展期，支持巩固脱贫攻坚成果。促进区域协调发展，继续引导10个省份地方法人金融机构运用好再贷款等工具增加对区域内涉农、小微和民营企业等经济发展薄弱环节的信贷投放。加大对小微企业纾困帮扶力度，引导地方法人金融机构运用支小再贷款等工具向受疫情影响较大的小微企业和个体工商户发放贷款，降低融资成本。

二是继续运用普惠小微贷款支持工具。截至2023年3月末，普惠小微贷款支持工具累计提供激励资金397.6亿元，比年初增加123亿元，支持地方法人金融机构累计增加普惠小微贷款22 253.5亿元，比年初增加6 199.5亿元，对小微企业支持力度加大。

三是实施好碳减排支持工具和支持煤炭清洁高效利用专项再贷款。3月末，两项工具余额分别为3 994亿元、1 365亿元，比年初增加897亿元、554亿元。为保持金融对绿色发展、能源保供等领域的支持，碳减排支持工具将延续实施至2024年年末，支持煤炭清洁高效利用专项再贷款将延续实施至2023年年末。

四是继续实施普惠养老、交通物流等专项再贷款政策。

五是设立房企纾困专项再贷款。

六是设立租赁住房贷款支持计划。

根据以上资料，回答下列问题：

81. 根据《中国人民银行法》，属于中央银行货币政策工具的是（　　）。
    A. 向商业银行提供贷款
    B. 在公开市场买卖企业债券和金融债券
    C. 确定中央银行基准利率
    D. 要求银行业金融机构按规定的比例交存存款准备金

82. 关于支农支小再贷款的说法，错误的是（　　）。
    A. 支农支小再贷款政策要求金融机构先对特定领域和行业提供信贷支持，中国人民银行再根据金融机构的信贷发放量的一定比例予以再贷款资金支持
    B. 2019年4月以后，支小再贷款政策适用范围扩大到符合条件的中小银行，不含新型互联网银行
    C. 支农支小再贷款属于长期性货币政策工具，主要服务于普惠金融长效机制建设
    D. 支农支小再贷款由中国人民银行分支行管理

83. 下列货币政策工具中，属于我国阶段性货币政策工具的是（　　）。
   A. 贴现
   B. "保交楼"贷款支持计划
   C. 普惠小微贷款支持工具
   D. 普惠养老专项再贷款

84. 关于抵押补充贷款的说法，错误的是（　　）。
   A. 发放对象为国家开发银行、中国农业发展银行和国有大型商业银行
   B. 抵押补充贷款属于阶段性货币政策工具
   C. 抵押补充贷款属于结构性货币政策工具
   D. 抵押补充贷款主要服务于棚户区改造、"走出去"等重点领域

（二）

材料1：国际货币基金组织公布的最新数据显示，2022年年末，全球外汇储备规模为11.96万亿美元，较上年年末下降9 565亿美元。同期，全球外汇储备规模相当于5.6个月的全球商品进口额，较上年年末减少1.25个月，为2008年年末以来最低，显示本轮美联储激进紧缩引发的强美元周期加剧了全球外汇短缺矛盾。

材料2：2022年，中国商品出口的全球市场份额为14.43%，贸易出口收入为3.715 8万亿美元。2022年年末，我国全口径外债余额为2.452 8万亿美元，其中短期外债余额为1.336万亿美元，全年外债还本付息额为0.390 2万亿美元。2022年，我国GNP为18.035 3万亿美元。

材料3：据国家外汇管理局统计，2022年年末，中国外汇储备余额占全球的26.1%，达到3.121 6万亿美元。自2022年11月开始，我国央行持续增持黄金储备，截至2023年5月末，我国黄金储备达6 727万盎司。

根据以上资料，回答下列问题：

85. 2022年，国际黄金价格持续上涨，我国央行自2022年11月以来持续增持黄金储备，这体现了（　　）。
   A. 外汇储备资产结构的优化
   B. 外汇储备货币结构的优化
   C. 国际储备资产结构的优化
   D. 国际储备货币结构的优化

86. 2022年，我国负债率为（　　）。
   A. 22.7%
   B. 62.7%
   C. 42.8%
   D. 13.6%

87. 近年来，人民币外债规模不断增加。人民币外债与外币外债的区别主要体现在（　　）。
   A. 人民币外债不纳入全口径外债范畴
   B. 外币外债易受汇率波动影响
   C. 人民币外债不存在货币错配风险和汇率风险
   D. 人民币外债也要直接消耗外汇储备

88. 一国在确定国际储备总量时应考虑的因素是（　　）。
   A. 长期国际融资能力
   B. 外债规模
   C. 经济规模与对外开放程度
   D. 汇率制度

（三）

2008年，美国次贷危机暴露了《巴塞尔协议Ⅱ》的诸多不足，引发各界对银行业监管有效性的反思。在此背景下，巴塞尔委员会于2010年12月发布《巴塞尔协议Ⅲ》，提出宏观审慎监管理念，提高资本水平和资本质量要求，引入两个流动性监管指标。

2017年12月，巴塞尔委员会发布《巴塞尔协议Ⅲ：危机后改革的最终方案》，核心是重新构造风险加权资产计量框架，标志着已完成资本充足率监管三个基本要素——资本工具合格标准、风险加权资产计量方法和资本充足率监管要求的改革进程，后危机时期的资本监管国际规则改革尘埃落定。

根据以上资料，回答下列问题：

89. 《巴塞尔协议Ⅱ》提出的"三大支柱"包括（　　）。

A. 流动性监管 B. 监管部门的监督检查
C. 最低资本要求 D. 市场约束

90. 关于2010年版《巴塞尔协议Ⅲ》界定的监管资本及其数量的说法，错误的是（　　）。

A. 核心一级资本充足率最低要求由2%提升至5.5%
B. 限定一级资本只包括普通股和永久优先股
C. 一级资本充足率最低要求由4%提高到6%
D. 将监管资本划分为核心一级资本、其他一级资本和二级资本

91. 2010年版《巴塞尔协议Ⅲ》引入的流动性监管指标是（　　）。

A. 流动性比例、流动性缺口率 B. 流动性比例、净稳定融资比例
C. 流动性覆盖率、净稳定融资比例 D. 流动性覆盖率、流动性缺口率

92. 《巴塞尔协议Ⅲ：危机后改革的最终方案》提出了关于资本监管改革的新内容，属于该内容的是（　　）。

A. 提出"资本缓冲"要求
B. 首次引入杠杆率监管指标
C. 更加强调资本的质量和数量
D. 减少银行通过使用内部模型法降低资本计提的行为

（四）

材料1：2023年7月5日，英国《银行家》杂志公布了世界前1 000家银行排名。此排名主要考量的是商业银行的一级资本实力，反映了商业银行抗风险和利润增长的能力，中国的银行已连续第二年有140家上榜，在排名前十、前二十的商业银行中均占有一半席位。

材料2：2023年5月，国家金融监督管理总局正式挂牌，强化机构监管、行为监管、功能监管、穿透式监管、持续监管，统筹负责金融消费者权益保护，加强风险管理和防范处置，依法查处违法违规行为。

根据以上资料，回答下列问题：

93. 目前，我国商业银行普遍采用的是（　　）。

A. 单一银行制度 B. 集团银行制度
C. 分支银行制度 D. 连锁银行制度

94. 我国商业银行所普遍采用的组织制度的优点是（　　）。

A. 加速银行业的集中 B. 易于监管
C. 竞争力强 D. 规模效益高

95. 目前，除国家金融监督管理总局外，我国金融管理部门还包括（　　）。

A. 上海证券交易所 B. 中国证券监督管理委员会
C. 中国保险监督管理委员会 D. 中国人民银行

96. 机构监管与功能监管互为补充，机构监管的潜在问题主要体现为（　　）。
   A. 容易造成监管重叠或监管缺位　　B. 不适应分业经营的发展形势
   C. 容易导致监管套利　　D. 容易造成监管成本上升

(五)

2023年7月11日，中国人民银行发布2023年上半年我国金融统计数据：

2023年6月末，广义货币（M2）余额287.3万亿元，同比增长11.3%，增速分别比上月末和上年同期低0.3个和0.1个百分点；狭义货币（M1）余额69.56万亿元，同比增长3.1%，增速分别比上月末和上年同期低1.6个和2.7个百分点。上半年净投放现金789亿元。

2023年6月末，本外币存款余额284.67万亿元，同比增长10.5%。其中，人民币存款余额278.62万亿元，同比增长11%，增速比上月末低0.6个百分点，比上年同期高0.2个百分点。

2023年6月末，在我国各类存款中，单位活期存款余额59.02万亿元，同比增长2.04%；单位定期存款金额50.75万元，同比增长11.01%。

根据以上资料，回答下列问题：

97. 根据中国人民银行的货币供应量统计口径，下列资产中，属于广义货币统计范围的是（　　）。
   A. 住房公积金中心存款　　B. 债券市场基金
   C. 证券公司保证金　　D. 公司债券

98. 2023年6月末，我国M0同比增长（　　）。
   A. 10.50%　　B. 9.47%
   C. 11.50%　　D. 8.70%

99. 2023年6月末，我国个人存款及其他存款的余额为（　　）万亿元。
   A. 278.62　　B. 166.99
   C. 284.67　　D. 158.72

100. 根据中国人民银行的货币供应量统计口径，下列不属于M1统计口径的是（　　）。
   A. 单位定期存款　　B. 单位活期存款
   C. 居民定期存款　　D. 流通中的数字人民币

参考答案及解析

一、单项选择题

1. A 【解析】单利就是不论借贷期限的长短，仅按本金计算利息，上期本金产生的利息不计入下期本金计算利息。单利计算公式为：$I=Prn$，利息＝本金×利率×计息期数＝50 000×4.8%×6/12＝1 200（元）。

2. C 【解析】爬行钉住汇率制是指官方按照预先宣布的固定汇率，根据若干量化指标的变动，定期小幅度调整汇率，选项C正确。选项A，类似于传统的钉住汇率制，不同的是汇率波动幅度大于±1%；选项B，是水平区间内钉住汇率制与爬行钉住汇率制的结合，与爬行钉住汇率制不同的是汇率波动的幅度要大；选项D，汇率由市场决定，官方即使干预外汇市场，目的也只是缩小汇率的波动幅度，防止汇率过度波动，而不是确立一个汇率水平。

3. B 【解析】流动性偏好理论认为，公众的流动性偏好动机包括交易动机、预防动机和投机动机。其中，交易动机和预防动机形成的交易需求与收入呈正相关关系，与利率无关。投机动机形成的投机性货币需求与利率呈负相关关系。

4. D 【解析】我国利率市场化改革的总体思路为：先放开货币市场利率和债券市场利率，再逐步推进存贷款利率的市场化。其中，存贷款利率市场化的总体思路为：先外币，后本币；先贷款，后存款；先长期、大额，后短期、小额。

5. D 【解析】实际收益率是剔除通货膨胀因素后的收益率。实际收益率等于名义收益率与通货膨胀率之差。

6. D 【解析】根据衡量货币价值的需要，汇率可以分为名义汇率、实际汇率和有效汇率。

7. C 【解析】金融工具可分为基础金融工具和金融衍生工具。其中，基础金融工具是指商业票据、股票、债券、基金等金融工具。选项C属于金融衍生工具。

8. B 【解析】间接融资市场是指以银行等信用中介机构为媒介进行资金融通的市场，选项B正确。选项A，直接融资市场是指资金需求者直接向资金供给者融通资金的市场，主要是指政府、企业等通过发行债券或股票的方式在金融市场上筹集资金。选项C，货币市场是指期限在一年以内的以短期金融工具为媒介进行资金融通和借贷的金融市场。选项D，资本市场是指期限在一年以上的以金融资产为交易标的物的金融市场。

9. B 【解析】2013年9月6日，国债期货正式上市交易。国债期货的推出，有利于完善国债发行体制，引导资源优化配置，增强金融机构服务实体经济的能力。目前已经推出的品种包括2年期、5年期和10年期国债期货。

10. A 【解析】优先股股东与普通股股东一样分享公司所有权，但只有在公司有收益时才能得到补偿，选项A错误。

11. B 【解析】金融互换是指两个或两个以上的交易者，按事先商定的条件，在约定的时间内交换一系列现金流的交易形式。

12. B【解析】契约型金融机构是以契约方式吸收持约人的资金，而后按契约规定承担向持约人履行赔付或资金返还义务的金融机构。契约型金融机构主要包括保险公司和养老基金。

13. A【解析】与其他金融机构相比，吸收活期存款、创造信用货币是商业银行最明显的特征。

14. C【解析】韩国的中央银行是目前唯一没有资本金的中央银行。

15. D【解析】分业经营银行制度也称专业化银行制度或分离银行制度，是指商业银行业务与证券、保险等业务相分离，商业银行只能从事存贷款及结算等银行业务，不得经营证券、保险等其他金融业务的制度安排。

16. B【解析】倡导性职能又称诱导性职能，是指政策性金融机构以直接或间接的资金投放，吸引商业性金融机构或民间资金从事符合经济政策意图的投资和贷款，以发挥其首倡、引导功能，引导资金的流向。

17. D【解析】国际性开发银行以联合国下属的世界银行集团为代表，世界银行集团由国际复兴开发银行（简称世界银行）、国际开发协会、国际金融公司、多边投资担保机构和国际投资争端解决中心等组成。

18. B【解析】我国《存款保险条例》规定，存款保险实行限额偿付，最高偿付限额为人民币50万元。也就是说，同一存款人在同一家投保机构所有存款账户的本金和利息加起来在50万元以内的全额赔付；超过50万元的部分，从该投保机构清算财产中受偿。这个限额并不是固定不变的，中国人民银行会同国务院有关部门可以根据经济发展、存款结构变化、金融风险状况等因素调整，报国务院批准后公布执行。

19. C【解析】负债业务是商业银行形成资金来源的业务，是商业银行开展各项经营活动的重要基础。商业银行的负债主要包括存款和借款，其中最主要的是存款。商业银行除采用传统存款业务外，还可以通过主动借款，如发行大额可转让定期存单、向中央银行办理再贴现借款、证券回购、发展同业拆借、利用各种金融债券向公众借款、通过其代理银行或代理人向国外银行或国际金融市场借款等。选项C是商业银行的资产业务，属于商业银行资金的运用，不属于商业银行拓展资金来源的操作。

20. A【解析】商业银行进行债券投资属于商业银行的资产业务，是商业银行资金的运用，不是资金的来源，选项A错误。

21. B【解析】商业银行是以货币和信用为经营对象的金融中介机构。

22. D【解析】以利率敏感性缺口为例，如果某一时期内到期或需重新定价的资产大于负债，则为正缺口，反之则为负缺口。在利率上升的环境中，保持正缺口对商业银行是有利的，因为资产收益的增长要快于资金成本的增加，利差自然就会增加；而在利率下降的环境中，正缺口会减少利差（选项D正确），对商业银行是不利的。负缺口的情况正好与此相反。

23. A【解析】商业银行实现的利润总额按照国家规定进行调整后，首先依法缴纳所得税（选项C错误）。税后利润再按以下顺序进行分配：①抵补已缴纳的、在成本和营业外支出中无法列支的有关惩罚性或赞助性支出。②弥补以前年度亏损。③按照税后净利润的10%提取法定盈余公积金，法定盈余公积金已达注册资本的50%时可不再提取（选项B错误）。法定盈余公积金除可用于弥补亏损外，还可用于转增资本金（选项A正确），但法定盈余公积金弥补亏损和转增资本金后的剩余部分不得低于注册资本的25%。④提取公益金。公益金是指商业银行用于集体福利事业的资金，主要用于职工集体福利设施的支出。⑤向投资者分配利润（选项D错误）。

24. C【解析】在基金运作过程中涉及的费用可以分为两类：①基金销售过程中发生的由基金投资者承担的费用，主要包括申购费（认购费）、赎回费及基金转换费等。该类费用并不参与基金的会计核算。②基金管理过程中发生的费用，主要包括基金管理费、基金托管费、持有人大会费用和信息披露费等，这些费用由基金财产承担。该类费用则需要直接从基金财产中列支，其种类及计提标准需在基金合同及基金招募说明书中明确规定。

25. C【解析】客户向证券公司借资金买证券为融资交易，客户向证券公司借证券卖出为融券交易，融券属于做空交易，选项C错误。

26. D【解析】根据《证券公司融资融券业务管理办法》，证券公司申请融资融券业务资格，应当具备下列条件：①具有证券经纪业务资格（选项C正确）；②公司治理健全，内部控制有效，能有效识别、控制和防范业务经营风险和内部管理风险；③公司最近2年内不存在因涉嫌违法违规正被中国证券监督管理委员会立案调查或者正处于整改期间的情形；④财务状况良好，最近2年各项风险控制指标持续符合规定，注册资本和净资本符合增加融资融券业务后的规定（选项A正确）；⑤客户资产安全、完整，客户交易结算资金第三方存管有效实施，客户资料完整真实；⑥已建立完善的客户投诉处理机制，能够及时、妥善处理与客户之间的纠纷（选项B正确）；⑦已建立符合监管规定和自律要求的客户适当性制度，实现客户与产品的适当性匹配管理；⑧信息系统安全稳定运行，最近1年未发生因公司管理问题导致的重大事故，融资融券业务技术系统已通过证券交易所、证券登记结算机构组织的测试；⑨有拟负责融资融券业务的高级管理人员和适当数量的专业人员；⑩中国证券监督管理委员会规定的其他条件。

27. B【解析】非系统性风险是指个别证券特有的风险，包括企业的信用风险、经营风险、财务风险等。非系统性风险可以通过分散投资加以规避，因此又称可分散风险。选项B属于不可分散风险。

28. B【解析】根据2023年7月发布施行的《私募投资基金监督管理条例》，私募基金管理人由依法设立的公司或者合伙企业担任。并未纳入金融机构序列，选项B错误。

29. D【解析】证券投资基金业务主要包括基金募集与销售、基金的投资管理和基金运营服务。投资管理业务是基金管理公司最核心的一项业务。

30. A【解析】资产管理计划应当向合格投资者非公开募集。合格投资者是指具备相应风险识别能力和风险承受能力，投资于单只资产管理计划不低于一定金额且符合以下条件的自然人、法人或者其他组织：①具有2年以上投资经历，且满足下列三项条件之一的自然人：家庭金融净资产不低于300万元，家庭金融资产不低于500万元，或者近3年本人年均收入不低于40万元（选项A正确）。②最近1年末净资产不低于1 000万元的法人单位。③依法设立并接受国务院金融监督管理机构监管的机构，包括证券公司及其子公司、基金管理公司及其子公司、期货公司及其子公司、在中国证券投资基金业协会登记的私募基金管理人、商业银行、商业银行理财子公司、金融资产投资公司、信托公司、保险公司、保险资产管理机构、财务公司及中国证券监督管理委员会认定的其他机构。④接受国务院金融监督管理机构监管的机构发行的资产管理产品。⑤基本养老金、社会保障基金、企业年金等养老基金，慈善基金等社会公益基金，合格境外机构投资者、人民币合格境外机构投资者。⑥中国证券监督管理委员会视为合格投资者的其他情形。

31. B【解析】信托是一种财产转移和管理制度，信托业的本质是财产管理。

32. B【解析】受托人是接受信托财产，按约定的信托合同，对信托财产进行经营的人，应当是具有完全民事行为能力的自然人、法人，选项B错误。

33. B【解析】租赁服务包括各种有形资产、非金融类无形资产的短期租赁和长期租赁。在实践中，租赁服务中最主要的是经营租赁，又称服务性租赁，它是指出租人不仅要向承租人提供设备的使用权，还要向承租人提供设备的保养、保险、维修和其他专门性技术服务的一种租赁形式。

34. C【解析】余值收益是指金融租赁公司通过设备回收再出售或者再次租赁获得的价差收入。

35. C【解析】回租是指出卖人和承租人是同一人的融资租赁。在回租交易中，金融租赁公司以买受人的身份，与作为出卖人的用户企业订立以用户企业的自有固定资产为标的物的买卖合同或所有权转让协议。同时，金融租赁公司又以出租人的身份，与作为承租人的该用户企业订立融资租赁合同。

36. A【解析】标的资产的波动率是期权定价中最难以确定的因素，如果知道期权的价格，通过期权定价公式反向求解，可以计算出标的资产的波动率，称为期权的隐含波动率。

37. C【解析】基于久期的套期保值是不完美的，存在着较多的局限性，它没有考虑债券价格与收益率关系曲线的凸度问题，而且它是建立在收益率曲线平移的假定上，因此在实际运用时要多加注意。

38. D【解析】金融互换的套利运用的是比较优势原理。互换是比较优势理论在金融领域最生动的运用。根据比较优势理论，只要满足以下两个条件，就可以通过互换进行套利：①双方对对方的资产或负债均有需求；②双方在两种资产或负债上存在比较优势。

39. D【解析】操作风险可进一步分为以下七大类：①客户、产品和业务活动事件。它是指因未按有关规定造成未对特定客户履行分内义务（如诚信责任和适当性要求）或产品性质或设计缺陷导致的损失事件。②就业制度和工作场所安全事件。③执行、交割和流程管理事件。④外部欺诈事件。⑤内部欺诈事件。⑥实物资产的损坏事件。⑦信息科技系统事件。

40. A【解析】商业银行信用风险的管理包括机制管理、过程管理以及风险控制方法。对商业银行而言，信用风险的机制管理主要有：①审贷分离机制；②授权管理机制；③额度管理机制。

41. C【解析】费雪方程式和剑桥方程式存在以下三点差异：①对货币需求分析的侧重点不同。费雪方程式强调货币交易媒介的功能（选项C正确），侧重于考查支撑社会商品和服务的交易量，需要多少货币；剑桥方程式强调货币作为财富的持有形式（选项D错误）。②费雪方程式把货币需求和支出流量联系在一起，重视货币支出的数量和速度，侧重于货币流量分析，所以费雪方程式也被称为现金交易说；剑桥方程式则从用货币形式保有资产存量的角度考虑货币需求，重视存量占收入的比例（选项B错误），所以剑桥方程式也被称为现金余额说。③两个方程式对货币需求的分析角度和所强调的决定货币需求因素有所不同。费雪方程式是对货币需求的宏观分析（选项A错误）；剑桥方程式是从微观角度进行分析的。

42. D【解析】当利率极低，人们会认为这种利率不大可能上升而只会跌落时，人们不管有多少货币都愿意持在手中。这种情况被称为"凯恩斯陷阱"或"流动性陷阱"。

43. D【解析】1994年10月，中国人民银行正式编制并向社会公布"货币供应量统计表"，将我国的货币供应量划分为以下层次：M0＝流通中的现金；M1＝M0＋单位活期存款；M2＝M1＋储蓄存款＋单位定期存款＋单位其他存款；M3＝M2＋金融债券＋商业票据＋大额可转让定期存单等。

44. B【解析】现金漏损率（现金比率）$c=C/D=$现金漏损/支票存款$=200/4\,000=5\%$；超额存款准备金率 $e=ER/D=$超额存款准备金/支票存款$=80/4\,000=2\%$；货币乘数$=(1+c)/(c+r+e)=$（1+现金漏损率）/（现金漏损率+法定存款准备金率+超额存款准备金率）$=(1+5\%)/(5\%+8\%+2\%)=7$。

45. D【解析】蒙代尔—弗莱明模型解释了小型开放经济的总需求曲线（选项A正确）。蒙代尔—弗莱明模型的基本结论是：货币政策与财政政策影响总收入的效力取决于汇率制度（选项B正确）。货币政策在固定汇率制下对刺激经济毫无效果，在浮动汇率制下则效果显著（选项C正确）；财政政策在固定汇率制下对刺激经济效果显著，在浮动汇率制下效果则甚微或毫无效果（选项D错误）。

46. C【解析】融资租赁合同主要有以下三种特征：①融资租赁合同是诺成、要式合同；②融资租赁合同是双务、有偿合同；③融资租赁合同是不可单方解除的合同（选项C错误）。

47. B【解析】2017年10月，党的十九大报告明确提出要"健全货币政策和宏观审慎政策双支柱调控框架"。

48. A【解析】金融宏观调控机制的构成要素：①调控主体——中央银行；②调控工具——货币政策工具（提高或降低法定存款准备金率、再贴现率，在金融市场上公开卖出或买入证券）；③操作目标——短期利率与基础货币；④中介指标——利率和货币供应量；⑤调控客体——企业与居民；⑥调控目标——总供给与总需求的对比及相关四大政策目标；⑦反馈信号——市场利率与市场价格。

49. D【解析】短期利率与基础货币属于货币政策的操作目标。

50. A【解析】紧缩的货币政策是指中央银行通过提高利率，紧缩信贷，减少货币供给，从而抑制投资，压缩总需求，防止经济过热的货币政策。紧缩性货币政策主要采用的措施包括：①提高法定存款准备金率；②提高再贷款利率、再贴现率；③公开市场业务；④直接提高利率。选项A属于扩张性货币政策。

51. A【解析】除内生性为货币政策中介目标的内涵要求外，一般将中介目标选择的标准概括为可测性、可控性、相关性。

52. D【解析】社会选择论是在特殊利益论的基础上提出的。该理论从公共选择的角度来解释政府管制，即政府管制作为政府职能的一部分，是否应该管制，对什么进行管制，如何进行管制等，都属于公共选择问题。

53. A【解析】在凯恩斯学派的货币政策传导机制发挥作用的过程中，关键环节是利率。货币供应量的变动必须首先影响利率的升降，然后通过利率的升降使投资、总支出和总收入发生变化。

54. B【解析】广义的国际收支是以交易为基础的，即判断是不是国际收支，核心是看是否发生了经济交易。

55. B【解析】偶然性不均衡是指由地震、疫情、自然灾害等偶然因素造成的国际收支不均衡。一般认为，随着这些偶然因素的消失，国际收支不均衡的现象将得到缓解，因此，偶然性不均衡无须政府采取政策措施去调节。

56. C【解析】在确定国际储备总量时应依据的因素有：①是不是储备货币发行国。②经济规模与对外开放程度。③国际支出的流量。④外债规模。该因素与国际储备需求量正相关。⑤短期国际融资能力。⑥其他国际收支调节政策措施的可用性与有效性。⑦汇率制度。如果实行固定汇率制度或其他弹性低的汇率制度,则对干预外汇市场、稳定汇率的国际储备需求就多;反之则少。

57. D【解析】在国际金本位制下,实行固定汇率制度,世界经济在这一时期得到较快发展。但随着资本主义矛盾的深化,绝大部分黄金为少数强国占有,这就大大削弱了其他国家货币制度的基础,破坏国际货币体系稳定性的因素日益增长。1914年第一次世界大战爆发,各参战国均实行黄金禁运和纸币停止兑换黄金的措施,国际金本位制暂时停止实行。

58. A【解析】欧洲银行同业拆借的交易单位往往以100万美元计算。

59. A【解析】外国债券是指居民在异国债券市场上以市场所在地货币为面值货币发行的国际债券。在每个金融中心发行的外国债券一般都有一个共同的名称,如在中国发行的外国债券称为"熊猫债券",在美国发行的外国债券称为"扬基债券",在日本发行的外国债券称为"武士债券",在英国发行的外国债券称为"猛犬债券",在西班牙发行的外国债券称为"斗牛士债券",在荷兰发行的外国债券称为"伦勃朗债券"。

60. C【解析】债务率 = $\dfrac{\text{当年未清偿外债余额}}{\text{当年货物和服务出口总额}} \times 100\% = \dfrac{150}{100} \times 100\% = 150\%$。

二、多项选择题

61. ABC【解析】终值又称将来值或本息和,是指现在一定量的资金在未来某一时点上的价值。终值的大小不仅取决于现值的大小,而且与利率的高低、借款期限和计息方式有关。

62. ACDE【解析】汇率变动的影响因素包括国际收支差额的变化、物价水平的相对变动、市场预期的变化、政府干预汇率。

63. BC【解析】按照交易性质的不同,金融市场可以划分为发行市场和流通市场。选项A属于按照市场中交易标的物的不同分类;选项D、E属于按照交易期限的不同分类。

64. ACE【解析】公众的流动性偏好动机包括交易动机、预防动机和投机动机。

65. ABD【解析】金融机构按业务特征不同可以分为银行业金融机构和非银行业金融机构。其中,银行业金融机构是以存款、放款、结算、汇兑等业务为主要经营内容的金融机构。

66. ABE【解析】西方商业银行的资产负债管理理论经历了以下三个主要发展阶段:①资产管理理论;②负债管理理论;③资产负债管理理论。

67. ABCE【解析】根据交易目的的不同,金融衍生品市场上的交易主体分为套期保值者、投机者、套利者和经纪人。

68. ABCD【解析】从广义看,并购实际上是通过资本市场对企业进行一切有关资本经营和资产重组的代称,主要有扩张、售出、公司控制、所有权结构变更等。

69. BCDE【解析】对冲基金的投资策略高度保密,选项A错误。

70. ABDE【解析】信托产品的设立是一个严密、审慎、系统的过程,是信托关系成立的核心,其总体流程包括产品立项、尽职调查、内部评审、文件制作与事前报告、产品推介及募集等工作。

71. ADE【解析】风险评估方法有:①信用风险的评估方法,主要有专家判断法、信用评分模型、违约概率模型等。其中,具有代表性的违约概率模型包括逻辑回归模型、KMV模型、Z评分模型、credit metrics模型和credit risk+模型等。②市场风险的评估方法,主要有风险累积与聚集法、概率法、灵敏度法、波动性法、风险价值法、极限测试法和情景分析法等。③操作风险的评估方法，主要是风险与控制自评估。选项B属于信用风险的评估方法；选项C属于操作风险的评估方法。

72. ABCE 【解析】我国的金融行业自律组织包括行业协会和交易所等，主要有：中国银行业协会、中国证券业协会、中国保险行业协会、中国证券投资基金业协会、中国期货业协会、中国银行间市场交易商协会、中国支付清算协会、证券交易所、中国财务公司协会、中国信托业协会、中国互联网金融协会、中国融资租赁企业协会。

73. ACE 【解析】中央银行改变基础货币主要有三种途径：①变动其储备资产，在外汇市场买卖外汇或贵金属；②变动对政府的债权，进行公开市场操作，买卖政府债券；③变动对商业银行的债权，对商业银行办理再贴现业务或发放再贷款。

74. CD 【解析】在现代信用制度下，货币供应量的决定因素主要是基础货币和货币乘数。

75. ABD 【解析】证券投资基金体现了基金持有人与管理人之间的一种信托关系，是一种间接投资工具。具体来看它有以下五个特征：①集合理财，专业管理（选项A正确）；②组合投资，分散风险（选项C错误）；③利益共享，风险共担（选项D正确）；④严格监管，信息透明（选项B正确）；⑤独立托管，保障安全（选项E错误）。

76. AB 【解析】审批董事和高级管理人员的任职资格是指在市场准入过程中，银行监管机构应当对银行机构的董事和高级管理人员的任职资格进行核准和管理。未经审查同意，其董事会不得进行聘任。

77. CDE 【解析】中国证监会发布的《证券公司股权管理规定》明确，根据持股比例和对证券公司经营管理的影响，证券公司股东分为三类：①控股股东，指持有证券公司50%以上股权的股东或者虽然持股比例不足50%，但其所享有的表决权足以对证券公司股东（大）会的决议产生重大影响的股东；②主要股东，指持有证券公司5%以上股权的股东；③持有证券公司5%以下股权的股东。

78. ADE 【解析】作为国际货币基金组织的成员，我国国际储备由黄金储备、外汇储备、在国际货币基金组织的储备头寸（也称普通提款权）和特别提款权等构成。

79. BCE 【解析】废除黄金官价，取消成员方之间或与国际货币基金组织之间以黄金清偿债务的义务，选项A错误。成员之间可以使用特别提款权来偿还债务以及接受贷款（特别提款权不能用于成员国之间贸易和非贸易的结算和支付），选项D错误。

80. BE 【解析】欧洲中长期贷款的主要形式有银团贷款和双边贷款。

三、案例分析题

（一）

81. ACD 【解析】《中国人民银行法》规定，我国中央银行货币政策工具包括：①要求银行业金融机构按规定的比例交存存款准备金（选项D正确）；②确定中央银行基准利率（选项C正确）；③为在中国人民银行开立账户的银行业金融机构办理再贴现；④向商业银行提供贷款（选项A正确）；⑤在公开市场买卖国债、其他政府债券和金融债券及外汇（选项B错误）；⑥国务院确定的其他货币政策工具。

82. B 【解析】2019年4月，中共中央办公厅、国务院办公厅印发《关于促进中小企业健康发展的指导意见》，将支小再贷款政策适用范围扩大到符合条件的中小银行（含新型互联网银行），选项B错误。

83. CD 【解析】普惠小微贷款支持工具、抵押补充贷款、碳减排支持工具、支持煤炭清洁高效利用专项再贷款、科技创新再贷款、普惠养老专项再贷款、交通物流专项再贷款等，均属于阶段性工具。

84. A【解析】2014年4月，中国人民银行创设抵押补充贷款（PSL），发放对象为国家开发银行、中国农业发展银行和中国进出口银行，主要服务于棚户区改造、重大水利工程、"走出去"等重点领域，选项A错误。

（二）

85. C【解析】国际储备资产结构的优化：由于在国际货币基金组织的储备头寸和特别提款权的数量是由国际货币基金组织给定的，因此，国际储备资产结构的优化集中在黄金储备和外汇储备结构的优化上。要根据黄金和外汇在安全性、流动性和盈利性上的不同特征及其变化，在黄金储备与外汇储备之间动态地建立最佳比例。

86. D【解析】负债率 = $\frac{当年未清偿外债余额}{当年国民生产总值} \times 100\% = \frac{2\,452.8}{18\,035.3} \times 100\% \approx 13.6\%$。

87. BC【解析】全口径外债指的是将人民币外债计入我国外债统计的范围之内的外债，包含两个部分：第一部分是以外币形式表示的对外债务；第二部分是直接以人民币形式存在的外债。选项A错误。人民币外债不存在货币错配风险和汇率风险等，特别是没有外汇偿付风险，并不直接消耗外汇储备。选项D错误。

88. BCD【解析】在确定国际储备总量时应依据的因素包括：①是不是储备货币发行国；②经济规模与对外开放程度；③国际支出的流量；④外债规模；⑤短期国际融资能力；⑥其他国际收支调节政策措施的可用性与有效性；⑦汇率制度。

（三）

89. BCD【解析】《巴塞尔协议Ⅱ》提出的"三大支柱"包括最低资本要求、监管部门的监督检查和市场约束。

90. A【解析】《巴塞尔协议Ⅲ》规定，全球各商业银行必须将一级资本充足率的下限由4%提高到6%；要求普通股权益资本最低比例（即核心一级资本充足率）由2%提升至4.5%。选项A错误。

91. C【解析】《巴塞尔协议Ⅲ》引入流动性覆盖率和净稳定融资比例，以强化对银行流动性的监管。

92. D【解析】2017年12月，巴塞尔银行监管委员会发布《巴塞尔协议Ⅲ：危机后改革的最终方案》，致力于提升风险计量框架的可信度，加强各家银行使用内部模型法测算出的风险加权资产的可比性，同时还设定了风险加权资产的最低测算值，以减少银行通过使用内部模型法降低资本计提的行为。

（四）

93. C【解析】目前，商业银行的组织制度包括：①单一银行制度（又称单元银行制或独家银行制）。②连锁银行制度（又称联合银行制）。③持股公司制度（又称集团银行制度）。④分支银行制度（又称总分行制）。分支银行制度是各国商业银行普遍采用的组织形式。

94. BCD【解析】分支银行制度的优点主要有：①规模效益高；②竞争力强；③易于监管。选项A是分支银行制度的缺点。

95. ABD【解析】目前，我国的金融监管机构包括中国人民银行、国家金融监督管理总局、中国证券监督管理委员会、国家外汇管理局、金融行业自律组织。我国的金融行业自律组织包括行业协会和交易所等，证券交易所也是证券行业自律组织的一种。

96. AC【解析】机构监管是指不同类型的金融机构（通常指商业银行、证券公司和基金管理公司、保险公司）的所有业务由不同的监管机构按照不同的标准和体系进行监管。选项B错误。机构监管的主要潜在问题是不同监管机构对于不同金融机构相类似的金融业务可能采取不同的监管体制和标准，造成监管重叠或监管缺位现象，并导致监管套利的出现。选项A、C正确。选项D是目标监管潜在的问题。

(五)

97. AC【解析】1994年10月，中国人民银行正式编制并向社会公布"货币供应量统计表"，将我国的货币供应量划分为以下层次：M0=流通中的现金；M1=M0+单位活期存款；M2=M1+储蓄存款+单位定期存款+单位其他存款；M3=M2+金融债券+商业票据+大额可转让定期存单等。2001年6月，中国人民银行修订货币供应量口径，将证券公司客户保证金计入M2（选项C正确）。2011年10月，中国人民银行对货币供应量口径进行技术性完善，将住房公积金中心存款和非存款类金融机构在存款类金融机构的存款计入M2（选项A正确）。

98. B【解析】M1=M0+单位活期存款，2023年M0=2023年M1-2023年单位活期存款=69.56-59.02=10.54（万亿元），2022年M0=2022年M1-2022年单位活期存款=2023年M1/103.1%-2023年单位活期存款/102.04%=69.56/103.1%-59.02/102.04%≈9.6284。所以，2023年6月末，我国M0的同比增长=2023年M0/2022年M0-1=10.54/9.6284-1≈9.47%。

99. B【解析】M2=M1+储蓄存款+单位定期存款+单位其他存款，储蓄存款+单位其他存款=M2-M1-单位定期存款=287.3-69.56-50.75=166.99（万亿元）。

100. AC【解析】M0=流通中的现金，M1=M0+单位活期存款，所以选项A、C不属于M1统计口径。

2022年全国经济专业技术资格考试
《金融专业知识与实务》（中级）
机考真题

扫码兑换 备考课程

考场规则

一、自考试开始前 30 分钟起,应试人员凭准考证和有效身份证件(须与报考时所使用的身份证件一致)进入本科目考试所指定考场,按座位号入座,并将准考证和有效身份证件放置在座位右上角。

二、本次考试为电子化考试,须在计算机上作答,应试人员参加考试可携带的用品只限于铅笔。

三、每科目开始 5 分钟后,迟到的应试人员一律不得进入考场。各科目考试时长(最长作答时间)为 1.5 小时,经监考人员同意,应试人员可提前 15 分钟交卷、离场。

四、应试人员须按照考试系统提示的要求进行操作,不得擅自对计算机进行冷、热启动,不得关闭电源或作出其他与考试无关的操作。

五、应试人员应按照考试系统的提示登录系统,须认真阅读《考场规则》及《操作指南》,并点击"我已阅读"按钮。考试开始后,考试系统将自动进行计时,应试人员作答时间以考试系统计时器显示的结果为准。

六、应试人员须在考场内保持安静;独立进行作答,不得与其他应试人员交流讨论,不得要求监考人员解释试题;遇到无法登录、系统故障等异常情况时可举手询问,不得自行处置。

七、应试人员应自觉接受工作人员的监督和检查,服从工作人员安排。

八、应试人员交卷后,须确认界面提示"交卷成功",方可离开考场;若界面提示"交卷失败",须及时联系监考人员。

九、应试人员不得将相关考试信息以任何方式带出考场,交卷后不得在考场附近逗留、谈论。

十、考试违纪违规行为按照人力资源社会保障部《专业技术人员资格考试违纪违规行为处理规定》处理。

一、单项选择题（共60题，每题1分。每题的备选项中，只有1个最符合题意）

1. （   ）就是不论借贷期限的长短，仅按本金计算利息，上期本金产生的利息不计入下期本金计算利息。
    A. 复利   B. 连续复利   C. 单利   D. 等额本息

2. 长期债券的利率等于长期债券到期日之前各时间段内人们所预期的短期利率的平均值，该理论是（   ）。
    A. 分割市场理论   B. 流动性溢价理论
    C. 流动性偏好理论   D. 预期理论

3. 投资人购买债券后，将债券持有到偿还期所获得的收益称为（   ）。
    A. 本期收益   B. 到期收益
    C. 名义收益   D. 实际收益

4. 以一定整数单位的外国货币为标准，折算为若干单位的本国货币，这种汇率标价法为（   ）。
    A. 应收标价法   B. 直接标价法
    C. 间接标价法   D. 本币汇率

5. 官方通过立法明确规定本币与某一关键货币保持固定汇率，同时对本币发行做特殊限制，以确保履行法定义务的汇率制度是（   ）。
    A. 货币局制   B. 水平区间内盯住汇率制
    C. 爬行区间盯住汇率制   D. 爬行盯住汇率制

6. 决定股票理论价格的两个因素为（   ）。
    A. 持有股票期限和信用债收益率   B. 预期股息收入和当时的市场利率
    C. 全价和净价   D. 持有股票种类和活期利率

7. 关于金融基础设施的说法，错误的是（   ）。
    A. 金融产品的发行创设与流通转让离不开金融基础设施的支持
    B. 金融基础设施能有效提高交易效率、降低参与成本
    C. 金融基础设施不包括为各类金融活动提供基础性公共服务的系统
    D. 金融基础设施是金融市场稳定高效运行的基础性保障

8. 银行承兑汇票的特点不包括（   ）。
    A. 安全性高   B. 融资期限长
    C. 流动性强   D. 灵活性强

9. 证券投资基金的特征不包括（   ）。
    A. 利益共享，风险共担   B. 独立托管，保障本金
    C. 组合投资，分散风险   D. 集合理财，专业管理

10. 关于债券特征的说法，错误的是（   ）。
    A. 债券一般都可在流通市场上自由转让变现，具有较强的流动性
    B. 债券的投资收入主要包括利息以及在二级市场上出售债券时获得的买卖价差
    C. 在融资企业破产时，债券持有者享有优先于其他债权人对企业剩余资产的索取权
    D. 债券有规定的偿还期限，债务人必须按期向债权人支付利息和偿还本金

11. 下列金融机构中，属于契约性金融机构的是（   ）。
    A. 财务公司   B. 信用合作社

C. 货币市场基金　　　　　　　　　D. 保险公司

12. 下列中央银行中，实行全部资本非国家所有的资本结构的是（　　）。
   A. 日本银行　　　　　　　　　　B. 欧洲中央银行
   C. 中国人民银行　　　　　　　　D. 美国联邦储备银行

13. 关于分支银行制度特点的说法，正确的是（　　）。
   A. 分支银行制度易于内部管理
   B. 分支银行制度有利于防止银行业的集中和垄断
   C. 分支银行制度规模效益低
   D. 分支银行制度易于金融监管部门的监督和管理

14. 下列经营原则中，不属于政策性金融机构的经营原则的是（　　）。
   A. 安全性原则　　　　　　　　　B. 政策性原则
   C. 效益性原则　　　　　　　　　D. 保本微利原则

15. 中国邮政储蓄银行、中国农业发展银行、国家开发银行分别属于（　　）。
   A. 商业银行、政策性银行、开发性金融机构
   B. 契约性金融机构、政策性银行、开发性金融机构
   C. 政策性银行、政策性银行、政策性银行
   D. 存款类金融机构、商业银行、开发性金融机构

16. 国家外汇管理局的基本职能不包括（　　）。
   A. 负责国际收支的统计　　　　　B. 负责制定和实施人民币汇率政策
   C. 承担外汇储备经营管理的责任　D. 负责全国外汇市场的监督管理

17. 影响商业银行存款经营的因素不包括（　　）。
   A. 政府的监管措施　　　　　　　B. 支付机制的创新
   C. 呆账核销政策　　　　　　　　D. 存款创造的调控

18. 对客户进行信用调查时，通常采用信用的"5C"标准，"5C"不包括（　　）。
   A. 经营环境　　　　　　　　　　B. 品格
   C. 资本　　　　　　　　　　　　D. 沟通

19. 关于商业银行表外业务和中间业务的说法，错误的是（　　）。
   A. 表外业务和中间业务均不构成表内资产和负债
   B. 中间业务在商业银行营业收入中的占比持续下降
   C. 相比于传统业务而言，中间业务不承担或不直接承担市场风险
   D. 表外业务可能影响商业银行当期损益

20. 商业银行为了应对未来一定期限内的非预期损失而应该持有的资本，称为（　　）。
   A. 注册资本　　　　　　　　　　B. 经济资本
   C. 会计资本　　　　　　　　　　D. 监管资本

21. 根据巴塞尔协议Ⅲ，商业银行的一级资本充足率最低要求是（　　）。
   A. 8%　　　B. 4.5%　　　C. 2.5%　　　D. 6%

22. 存款保险制度属于（　　）。
   A. 风险补偿策略　　　　　　　　B. 风险分散策略
   C. 风险转移策略　　　　　　　　D. 风险预防策略

23. 在证券经纪业务中，业务关系的建立表现为（　　）。
    A. 投资者开立客户交易结算资金第三方存管协议中的资金账户
    B. 开户和委托两个环节
    C. 投资者与证券公司签署风险揭示书
    D. 投资者与证券公司签订证券交易委托代理协议

24. 现行《证券法》明确规定，向不特定对象发行证券票面总值超过人民币 5 000 万元，则（　　）。
    A. 需要强制组建承销团
    B. 发行人应当聘请具有保荐资格的机构担任保荐机构
    C. 证券公司可以自行选择是否组建承销团
    D. 证券公司应按规定能够注册登记为保荐机构

25. 关于我国金融债券的说法，错误的是（　　）。
    A. 非银行金融机构不得发行金融债券
    B. 应由具有债券评级能力的信用评级机构进行信用评级
    C. 金融债券的发行方式主要采用协议承销、招标承销等
    D. 金融债券主要在全国银行间债券市场发行

26. 关于契约型基金和公司型基金的说法，正确的是（　　）。
    A. 契约型基金依据基金合同营运基金，公司型基金依据基金管理公司章程营运基金
    B. 契约型基金的监督约束机制较为完善，公司型基金在设立上更为简单易行
    C. 契约型基金只能在交易所按市价买卖，公司型基金交易在投资者和管理人之间完成
    D. 契约型基金具有法人资格，公司型基金不具有法人资格

27. 根据《货币市场基金监督管理办法》等规定，货币市场基金不可以投资的是（　　）。
    A. 现金
    B. 期限在1年以内（含1年）的同业存单
    C. 可转换债券
    D. 剩余期限在397天以内（含397天）的债券

28. 某一股票远期合约，标的股票价格为50元，无风险连续复利率为5%，假设持有期无分红，资产常数e取值为2.718，则该股票三个月期的远期价格是（　　）元。
    A. 50.63   B. 58.09   C. 54.33   D. 52.56

29. 下列投资者中，不能被中国证监会视为合格投资者的是（　　）。
    A. 某慈善基金
    B. 依法设立并接受国务院金融监督管理机构监管的机构
    C. 接受国务院金融监督管理机构监管的机构发行的资产管理产品
    D. 具有1年投资经历，家庭金融净资产不低于300万元的自然人

30. 关于不动产投资信托基金（REITs）的说法，错误的是（　　）。
    A. REITs自20世纪60年代在美国推出以来，在许多国家已成为专门投资不动产的成熟金融产品
    B. REITs作为低风险的金融工具，具有流动性高、收益稳定、安全性强等特点，有利于丰富资本市场投资品种，拓宽社会资本投资渠道

C. REITs既可以封闭运行，也可以上市交易流通

D. REITs是一种以发行收益凭证的方式汇集特定多数投资者的资金，由专门投资机构进行房地产投资经营管理，并将投资综合收益按比例分配给投资者的一种信托基金

31. 信托关系的核心是（　　）。
    A. 公共利益　　　　　　　　　　B. 企业社会责任
    C. 信托财产　　　　　　　　　　D. 信托公司

32. 信托当事人不包括（　　）。
    A. 委托人　　　　　　　　　　　B. 受益人
    C. 托管人　　　　　　　　　　　D. 受托人

33. 最常见的信托设立方式是（　　）。
    A. 电子邮件　　　　　　　　　　B. 传真电报
    C. 信托合同　　　　　　　　　　D. 聊天记录

34. 信托业务风险控制的核心在于建立符合公司战略定位和发展方向的（　　）。
    A. 风险管理概念　　　　　　　　B. 风险管理方法和工具
    C. 风险管理制度和流程　　　　　D. 全面风险管理体系

35. 金融租赁公司的业务不包括（　　）。
    A. 银行金融债券融资
    B. 吸收非银行股东3个月（含）以上定期存款
    C. 同业拆借
    D. 签订信托合同

36. 关于金融期权的价值结构的说法，错误的是（　　）。
    A. 期权时间价值指的是期权费减去内在价值部分以后的余值
    B. 期限越长的期权，期权的时间价值越大
    C. 期权的内在价值指期权按执行价格立即行使时所具有的价值
    D. 看跌期权的内在价值相当于标的资产现价与执行价格的差

37. 小李在期权市场买入执行价格低的一份看涨期权，又买入执行价格高的一份看涨期权，再卖出执行价格介于前两者中间的两份看涨期权。则小李构建的套利策略是（　　）。
    A. 盒式价差　　　　　　　　　　B. 蝶式价差
    C. 鹰式价差　　　　　　　　　　D. 水平价差

38. 汇率风险可以细分为（　　）。
    A. 法律风险、折算风险、经济风险　　B. 交易风险、折算风险、经济风险
    C. 交易风险、折算风险、投资风险　　D. 法律风险、国别风险、经济风险

39. 使用货币互换通常可以管理的风险类型是（　　）。
    A. 信用风险　　　　　　　　　　B. 利率风险
    C. 汇率风险　　　　　　　　　　D. 股价风险

40. 2004年9月，COSO委员会正式发布的文件是（　　）。
    A. 《企业风险管理——战略与绩效的结合》
    B. 《合规与银行内部合规部门》
    C. 《内部控制——整合框架》

D. 《企业风险管理——整合框架》

41. 根据凯恩斯的货币需求理论，投机性货币需求总量主要（　　）。
    A. 与利率水平负相关　　　　　　B. 与利率水平正相关
    C. 与边际消费倾向正相关　　　　D. 与边际消费倾向负相关

42. 弗里德曼的货币需求理论认为，货币需求的决定性因素是（　　）。
    A. 价格水平　　　　　　　　　　B. 恒久性收入
    C. 利率水平　　　　　　　　　　D. 人们的主观偏好

43. 假设某国流通中的现金为1 000亿元，活期存款准备金为20亿元，定期存款准备金为50亿元，超额存款准备金为30亿元。那么该国的基础货币为（　　）亿元。
    A. 1 080　　B. 1 050　　C. 100　　D. 1 100

44. 假设流通中的现金为400亿元，存款为8 000亿元，超额存款准备金为160亿元，法定存款准备金率为8%。那么货币乘数为（　　）。
    A. 7.18　　B. 7　　C. 6　　D. 6.18

45. 货币均衡的基本原理中，IS曲线上的点表示（　　）。
    A. 货币市场达到均衡的状态　　　B. 劳动力市场达到均衡的状态
    C. 外汇市场达到均衡的状态　　　D. 产品市场达到均衡的状态

46. 下列措施中，属于紧缩性财政政策的是（　　）。
    A. 减少税收　　　　　　　　　　B. 增加财政补贴
    C. 增加财政转移支付　　　　　　D. 减少政府支出

47. 通货紧缩是一种宏观经济现象，可以治理通货紧缩的措施是（　　）。
    A. 减少社会福利开支　　　　　　B. 提高再贷款、再贴现率
    C. 中央银行在公开市场正回购业务　D. 制订工资增长计划

48. 金融宏观调控的操作目标是（　　）。
    A. 再贴现率与法定存款准备金率　B. 利率与货币供应量
    C. 短期利率与基础货币　　　　　D. 稳定物价与充分就业

49. 反映失业率与通货膨胀率之间存在着一种此消彼长关系的曲线是（　　）。
    A. AD—AS曲线　　　　　　　　　B. IS—LM曲线
    C. BP曲线　　　　　　　　　　　D. 菲利普斯曲线

50. 经济学中的充分就业通常是将两种情况排除在外，即（　　）。
    A. 摩擦性失业和自愿失业　　　　B. 灵活性就业和季节性就业
    C. 临时性就业和辅助性就业　　　D. 调查失业和登记失业

51. 2016年8月，国际货币基金组织等联合发布《有效宏观审慎政策要素：国际经验与教训》报告，将宏观审慎政策概括为（　　）。
    A. 主要用于防范金融体系的整体风险，具有"宏观、逆周期、防传染"的基本属性
    B. 利用审慎工具来防范系统性危险，从而降低金融危机发生的频率及其影响程度的政策
    C. 利用审慎性工具防范系统性金融风险，从而避免实体经济遭受冲击的政策
    D. 主要用于解决危机中"大而不能倒"、顺周期性、监管不足和标准不高等问题

52. 宏观审慎政策工具中，属于结构维度的工具是（　　）。
    A. 资产负债管理工具　　　　　　B. 跨境资本流动管理工具

C. 特定机构附加监管规定　　　　　D. 金融市场交易行为工具

53. 通常称为银行业风险监管"三驾马车"的基本方法是指（　　）。
   A. 市场准入、非现场监管和现场检查
   B. 中国人民银行、中国银保监会、中国证监会分工协作监管
   C. 管法人、管高管和管内控
   D. 罚机构、罚高管和移送司法机关追究刑事责任

54. 居民向国外非居民出口价值为100万美元的货物，卖方该笔交易的会计记账应为（　　）。
   A. 贷记——金融资产增加100万美元
      借记——货物出口100万美元
   B. 贷记——货物出口100万美元
      借记——货币100万美元
   C. 贷记——货币100万美元
      借记——货物出口100万美元
   D. 贷记——货物出口100万美元
      借记——金融资产减少100万美元

55. 一国通货膨胀率高而导致的国际收支不均衡称为（　　）。
   A. 收入性不均衡　　　　　　　　B. 货币性不均衡
   C. 结构性不均衡　　　　　　　　D. 周期性不均衡

56. 布雷顿森林体系实质上是（　　）。
   A. 有管理的浮动汇率制　　　　　B. 自由浮动汇率制
   C. 可调整的固定汇率制　　　　　D. 完全固定汇率制

57. 下列属于境外货币和境内货币严格分账管理的离岸金融中心代表的是（　　）。
   A. 伦敦　　　　B. 中国香港　　　C. 巴拿马　　　D. 纽约

58. 发行欧洲债券需要很高的资信等级，发行人进入市场的目的主要是（　　）。
   A. 筹集短期周转资金　　　　　　B. 获得高额收益
   C. 筹集中长期资金　　　　　　　D. 规避税收

59. RQFII指的是（　　）。
   A. 债券通　　　　　　　　　　　B. 合格境内机构投资者
   C. 合格境外机构投资者　　　　　D. 人民币合格境外机构投资者

60. 某年某国国民生产总值为20万亿元，当年货物和服务出口总额为4万亿元，当年未清偿外债余额为2万亿元，那么该国该年的债务率为（　　）。
   A. 50%　　　　B. 200%　　　　C. 10%　　　　D. 20%

二、多项选择题（共20题，每题2分。每题的备选项中，有2个或2个以上符合题意，至少有1个错项。错选，本题不得分；少选，所选的每个选项得0.5分）

61. 汇率制度是国家货币当局对本国货币汇率确定与变动的基本模式所做的一系列支持，这些制度性支持包括（　　）。
   A. 汇率标价方法　　　　　　　　B. 汇率分类方法
   C. 影响和干预汇率变动的机制和方式　　D. 中心汇率水平
   E. 汇率的波动幅度

62. 与传统定期存单相比，大额可转让定期存单的特点包括（   ）。
    A. 大额可转让定期存单可以提前支取
    B. 大额可转让定期存单不记名，且可在市场上流通并转让
    C. 大额可转让定期存单利率一般高于同期限的传统定期存款利率
    D. 大额可转让定期存单一般面额固定且较大
    E. 大额可转让定期存单的利率都是固定的

63. 一般而言，金融工具的性质包括（   ）。
    A. 风险性   B. 安全性
    C. 期限性   D. 流动性
    E. 收益性

64. 我国金融基础设施统筹监管范围包括（   ）。
    A. 交易管理系统   B. 重要支付系统
    C. 清算结算系统   D. 基础征信系统
    E. 金融资产登记托管系统

65. 根据监管思路不同，金融监管机制的分类包括（   ）。
    A. 目标监管   B. 机构监管
    C. 功能监管   D. 审慎监管
    E. 风险监管

66. 下列业务中，属于商业银行中间业务或表外业务的有（   ）。
    A. 理财业务   B. 托管和支付结算
    C. 抵押贷款   D. 担保承诺
    E. 活期存款业务

67. 关于缺口分析理论的说法，正确的有（   ）。
    A. 在利率上升的环境中，保持正缺口对商业银行有利
    B. 在利率下降的环境中，保持正缺口对商业银行有利
    C. 如果某一时期内到期或者需重新定价的负债大于资产，则称为正缺口
    D. 缺口分析主要用于利率敏感性缺口和流动性期限缺口分析
    E. 缺口分析属于资产负债管理办法中的前瞻性动态管理方法

68. 证券公司可以经营证券投资咨询业务。2010年10月，中国证监会进一步确立了证券投资咨询两种基本业务形式，包括（   ）。
    A. 资产管理业务   B. 财务顾问业务
    C. 保荐业务   D. 发布证券研究报告
    E. 证券投资顾问业务

69. 下列工具中，属于信用类债券的有（   ）。
    A. 公司债券   B. 专项债券
    C. 企业债券   D. 可转换债券
    E. 非金融企业债务融资工具

70. 在信托管理中，受托人的权利主要有（   ）。
    A. 管理信托财产必须恪尽职守，履行诚实、信用、谨慎、有效管理

B. 遵守信托文件的规定，为受益人最大利益处理信托事务

C. 按照信托文件规定，对信托财产进行管理运用和处分

D. 将固有财产与信托财产分别管理、分别记账，并将不同委托人的信托财产分别管理、分别记账

E. 为信托财产的管理运用、处分获取相应报酬

71. 金融资产价格波动的原因主要有（   ）。

    A. 过度投机的存在   B. 宏观经济的不稳定性
    C. 证券市场准入监管   D. 大量信用和杠杆交易
    E. 市场操纵机制的作用

72. 巴塞尔协议Ⅱ关于信用风险的计量方法有（   ）。

    A. 内部评级法   B. 内部模型法
    C. 基本指标法   D. 高级计量法
    E. 标准法

73. 下列因素中，导致通货膨胀的原因主要有（   ）。

    A. 经济结构变化   B. 供求混合作用
    C. 成本推进   D. 需求拉上
    E. 预期转弱

74. 弗里德曼的货币需求函数与凯恩斯的货币需求函数的主要区别有（   ）。

    A. 弗里德曼认为货币需求量是稳定的，可以将货币供应量作为货币政策的唯一控制指标
    B. 弗里德曼认为利率对货币需求量的影响是微不足道的
    C. 凯恩斯的货币需求函数重视利率的主导作用
    D. 弗里德曼认为利率的变动直接影响货币需求量
    E. 凯恩斯认为货币需求量是不稳定的，货币政策应"相机行事"

75. 信用创造需要具备的条件包括（   ）。

    A. 现金结算制度   B. 非现金结算制度
    C. 全额准备金制度   D. 逐日盯市制度
    E. 部分准备金制度

76. 中央银行的职能包括（   ）。

    A. 集中保管存款准备金   B. 组织全国银行间的清算业务
    C. 组织外汇头寸抛补业务   D. 吸收公众存款业务
    E. 充当最后贷款人

77. 关于现代货币学派的说法，正确的有（   ）。

    A. 以反通货膨胀为货币政策的主要目标
    B. 更强调货币供应量在整个传导机制中的直接效果
    C. 将货币供应量M_1作为货币政策主要的中介目标
    D. 利率在货币政策传导机制中同样起重要作用
    E. 主张把货币供应量增长率与国内生产总值增长率保持在一个固定的比率上

78. 调节国际收支不均衡的必要性包括（   ）。

    A. 是稳定利率水平的要求   B. 是稳定汇率的要求

C. 是保有适度外汇储备的要求　　D. 是稳定物价的要求
E. 是世界银行的要求

79. 关于国际储备管理的说法，正确的有（　　）。
    A. 储备货币发行国通常对国际储备需求较小
    B. 国际储备资产结构的优化集中在黄金储备和外汇储备结构的优化
    C. 实行固定汇率制的国家需要较少的国际储备
    D. 国际储备需求量与国际支出的流量呈正相关关系
    E. 国际储备需求量与经济规模呈负相关关系

80. 资本项目可兑换带来的风险包括（　　）。
    A. 资本流动不稳定　　　　　　B. 货币替代
    C. 宏观经济不稳定　　　　　　D. 政府课税能力提高
    E. 资本外逃

三、案例分析题（共20题，每题2分，由单选和多选组成。错选，本题不得分；少选，所选的每个选项得0.5分）

（一）

金融租赁公司甲（以下简称甲公司）是乙银行全资持有的唯一租赁业务平台，主营业务为飞机租赁及融资服务。2021年12月31日，甲公司的相关业务经营指标如下：总资产为993.07亿元，风险加权资产总额为970.43亿元，净资产为145.52亿元，资本净额为156.15亿元，融资租赁规模为936.62亿元，应收租赁款净额为907.28亿元，向金融机构拆入资金为56.39亿元。甲公司对航空公司丙（以下简称丙公司）的应收租赁款账面价值余额为33.91亿元。

根据以上资料，回答下列问题：

81. 根据《金融租赁公司管理办法》，甲公司的资本充足率是（　　）。
    A. 16.09%　　　　　　　　　B. 15.72%
    C. 14.99%　　　　　　　　　D. 14.65%

82. 关于同业拆借比例的说法，正确的是（　　）。
    A. 根据监管要求，同业拆入资金不得超过资本净额的100%
    B. 甲公司的同业拆借比例为38.75%
    C. 甲公司的同业拆借比例为36.11%
    D. 根据监管要求，同业拆入资金不得超过净资产的50%

83. 甲公司对丙公司的融资集中度是（　　）。
    A. 23.30%　　B. 3.62%　　C. 3.73%　　D. 21.72%

84. 甲公司在经营过程中可能面临的市场风险是（　　）。
    A. 地缘政治冲突导致汇率不确定性增加
    B. 市场因素导致利率波动增加
    C. 丙公司因疫情原因经营困难，不能按时支付租金
    D. 丙公司的抵押品价值大幅减损

（二）

2021年年末，我国某商业银行主要经营数据如下：资产总额1 548亿元，负债总额1 485亿

元,普通股 27 亿元,优先股 7 亿元,资本公积 9 亿元,盈余公积 4.5 亿元,一般风险准备 7.2 亿元,未分配利润 9 亿元,计提超额贷款损失准备 10 亿元,风险加权资产总额 1 260 亿元,资本扣减项假定为 0。

根据以上资料,回答下列问题:

85. 2021 年年末,该商业银行的核心一级资本充足率为( )。
    A. 5.3%   B. 4.5%   C. 4.3%   D. 5.0%

86. 2021 年年末,该商业银行的一级资本充足率为( )。
    A. 4.38%   B. 5.06%   C. 5.82%   D. 4.57%

87. 2021 年年末,该商业银行的资本充足率为( )。
    A. 5.63%   B. 6.42%   C. 5.85%   D. 5.36%

88. 为了提高一级资本充足率水平,该商业银行可以采取的方法有( )。
    A. 扩大贷款投放规模
    B. 增发普通股股票
    C. 增加超额贷款损失准备
    D. 增发优先股股票

(三)

2021 年 9 月 1 日末,某基金管理公司管理的 HT 债券型证券投资基金的净资产为 73 000 万元,9 月 2 日该基金净资产为 73 200 万元,该基金的基金管理费率为 1.0%。2021 年实际天数为 365 天,法定工作日天数为 250 天。

根据以上资料,回答下列问题:

89. 该基金 9 月 2 日应计提的管理费为( )元。
    A. 29 200
    B. 7 300
    C. 20 000
    D. 7 320

90. 通常情况下,各类证券投资基金的管理费率,从高到低的排列顺序应该为( )。
    A. 混合基金>货币市场基金>股票基金
    B. 货币市场基金>债券基金>股票基金
    C. 货币市场基金>混合基金>指数基金
    D. 股票基金>债券基金>货币市场基金

91. 关于该基金计提的基金管理费的说法,正确的为( )。
    A. 属于基金管理过程中发生的费用
    B. 属于基金销售过程中发生的费用
    C. 可以直接从基金资产中列支
    D. 该基金的规模越大,风险程度越高,费率会越低

92. 关于该债券型证券投资基金的说法,正确的为( )。
    A. 只有商业银行才能申请从事该基金的销售业务
    B. 该基金的管理人只能由依法设立的基金管理公司担任
    C. 该基金的托管人只能由依法设立并取得基金托管资格的商业银行担任
    D. 该基金资产净值与该基金份额持有人数负相关

(四)

2022 年 6 月 15 日,美联储宣布加息 75 个基点,将联邦基金利率目标区间上调至 1.5%～1.75%,这是美联储自 1994 年以来单次最大幅度的加息。此前,美联储已于 3 月和 5 月分别加

息25个基点和50个基点，控制通货膨胀的政策节奏逐步加快。

根据以上材料，回答下列问题：

93. 美联储上述治理通货膨胀的措施属于（　　）。
   A. 直接提高利率　　　　　　　　B. 提高再贷款利率
   C. 提高法定存款准备金率　　　　D. 提高再贴现率

94. 治理通货膨胀可以采取的政策措施是（　　）。
   A. 紧缩的财政政策　　　　　　　B. 紧缩性收入政策
   C. 增加供给的政策　　　　　　　D. 降低再贷款和再贴现率

95. 判断通货膨胀的标志包括（　　）。
   A. 一般物价水平在一定时间内持续上涨
   B. 物价水平上涨必须超过一定的幅度
   C. 部分商品发生临时性价格波动
   D. 全部商品和劳务的加权平均价格上涨

96. 美联储此次采取的控制通货膨胀的措施，可能产生的效果是（　　）。
   A. 增加借贷规模　　　　　　　　B. 增加信贷资金的使用成本
   C. 减少货币供应量　　　　　　　D. 增加储蓄存款

（五）

根据H国央行数据，2021年该国国际收支经常项目出现75.1亿美元逆差，且连续2年出现逆差。具体来看，货物贸易逆差为56.4亿美元，同比增加14.5亿元；出口和进口分别增长31.2%和62.7%，为465.9亿美元和522.2亿美元；资本与金融账户净资产减少58亿美元。

根据以上资料，回答下列问题：

97. 关于国际收支含义的说法，正确的为（　　）。
   A. 国际收支是一个流量概念
   B. 国际收支是一个微观的经济范畴
   C. 国际收支反映的是非居民与非居民之间的交易
   D. 国际收支反映的是居民与非居民之间的交易

98. 若不考虑误差与遗漏，2021年H国国际收支情况为（　　）。
   A. 顺差162.7亿美元　　　　　　B. 顺差16.9亿美元
   C. 逆差117.8亿美元　　　　　　D. 逆差133.1亿美元

99. 2021年H国的经常账户和金融账户都出现不均衡，下列政策中，能同时调节经常账户收支和资本账户收支的为（　　）。
   A. 财政政策　　　　　　　　　　B. 关税政策
   C. 汇率政策　　　　　　　　　　D. 货币政策

100. 假设H国是一个实行固定汇率制度的国家，根据蒙代尔—弗莱明模型，针对国际收支出现的不均衡，该国采用的政策措施为（　　）。
   A. 将本币升值　　　　　　　　　B. 采用宽松的货币政策
   C. 采用紧缩的财政政策　　　　　D. 取消外汇管制

参考答案及解析

一、单项选择题

1. C【解析】单利就是不论借贷期限的长短，仅按本金计算利息，上期本金产生的利息不计入下期本金计算利息。

2. D【解析】预期理论假定不同到期期限的债券是完全替代品。预期理论认为：①长期债券的利率等于长期债券到期日之前各时间段内人们所预期的短期利率的平均值（选项D正确）；②到期期限不同的债券之所以具有不同的利率，是因为在未来不同的时间段内，短期利率的预期值是不同的；③预期理论还表明，长期利率的波动低于短期利率的波动。

3. B【解析】到期收益是指将债券持有到偿还期所获得的收益。

4. B【解析】汇率有直接标价法和间接标价法两种标价方法：①直接标价法（又称应付标价法），以一定整数单位（1、100、10 000等）的外国货币为标准，折算为若干单位的本国货币。这种标价法是以本国货币表示外国货币的价格，因此可以称为外汇汇率。目前，我国和世界其他绝大多数国家和地区都采用直接标价法（选项B正确）。②间接标价法（又称应收标价法），以一定整数单位（1、100、10 000等）的本国货币为标准，折算为若干单位的外国货币。这种标价法是以外国货币表示本国货币的价格，因此可以称为本币汇率。目前，世界上只有英国、美国等少数几个国家采用间接标价法。

5. A【解析】货币局制是官方通过立法明确规定本币与某一关键货币保持固定汇率，同时对本币发行作特殊限制，以确保履行法定义务，选项A正确。

6. B【解析】股票的理论价格由其预期股息收入和当时的市场利率两个因素决定。

7. C【解析】金融市场基础设施是指为各类金融活动提供基础性公共服务的系统及制度安排，其在金融市场运行中居于枢纽地位，是金融市场稳健高效运行的基础性保障，是实施宏观审慎管理和强化风险防控的重要抓手。选项C错误。

8. B【解析】银行承兑汇票的特点包括：①安全性高；②流动性强；③灵活性强（可持有到期、出售、贴现）。选项B不属于银行承兑汇票的特点。

9. B【解析】证券投资基金有以下特征：①集合理财，专业管理；②组合投资，分散风险；③利益共享，风险共担；④监管严格，信息透明；⑤独立托管，保障安全。选项B不属于证券投资基金的特征。

10. C【解析】债券具有以下四个特征：①偿还性。债券有规定的偿还期限，债务人必须按期向债权人支付利息和偿还本金（选项D正确）。②流动性。在到期日之前，债券一般都可在流通市场上自由转让变现，具有较强的流动性。一般来说，债券市场越发达，债券发行人的信用程度越高，债券期限越短时，债券的流动性就越强（选项A正确）。③收益性。债券能够为投资者带来的收入，主要来源于投资者获得的定期利息收入以及在二级市场上出售债券时获得的买卖价差（选项B正确）。④优先受偿性。在融资企业破产时，债券持有者享有优先于股票持有者对企业剩余资产的索取权（选项C错误）。

11. D 【解析】契约性金融机构主要有：保险公司、养老基金。

12. D 【解析】中央银行资本构成的结构形式主要有五种类型：①全部资本为国家所有的资本结构，目前大多数国家中央银行的资本结构都是国有形式，如英国、法国、德国、加拿大、中国、印度、俄罗斯、印度尼西亚等（选项C错误）；②国家和民间股份混合所有的资本结构，如日本、墨西哥、巴基斯坦、比利时、卡塔尔等（选项A错误）；③全部资本非国家所有的资本结构，如美国、意大利、瑞士等少数国家（选项D正确）；④无资本金的资本结构，韩国的中央银行是目前唯一没有资本金的中央银行；⑤资本为多国共有的资本结构，如欧洲中央银行（选项B错误）。

13. D 【解析】分支银行制度的优点主要有：①规模效益高，分支机构、营业网点广泛设置（选项C错误）；②竞争力强；③易于监管，总行的数量一般较少，有利于金融监管部门的监督与管理（选项D正确）。分支银行制度的缺点主要有：①加速银行的垄断和集中（选项B错误）；②管理难度大，分支机构分布广、内部层级多（选项A错误）。

14. C 【解析】政策性金融机构的经营原则包括政策性原则、安全性原则和保本微利原则。选项C不是政策性金融机构的经营原则。

15. A 【解析】目前，我国的商业银行分为国有大型商业银行（包括中国工商银行、中国农业银行、中国银行、中国建设银行、交通银行和中国邮政储蓄银行）、股份制商业银行、城市商业银行、农村银行机构、外资银行以及民营银行；我国政策性银行有中国进出口银行和中国农业发展银行，国家开发银行已转型为开发性金融机构。选项A正确。

16. B 【解析】依据有关法律法规，国家外汇管理局的基本职能如下：①研究提出外汇管理体制改革和防范国际收支风险、促进国际收支平衡的政策建议；研究逐步推进人民币资本项目可兑换、培育和发展外汇市场的政策措施，向中国人民银行提供制定人民币汇率政策的建议和依据。②参与起草外汇管理有关法律法规和部门规章草案，发布与履行职责有关的规范性文件。③负责国际收支、对外债权债务的统计和监测，按规定发布相关信息，承担跨境资金流动监测的有关工作。④负责全国外汇市场的监督管理工作，承担结售汇业务监督管理的责任，培育和发展外汇市场。⑤负责依法监督检查经常项目外汇收支的真实性、合法性；负责依法实施资本项目外汇管理，并根据人民币资本项目可兑换进程不断完善管理工作；规范境内外外汇账户管理。⑥负责依法实施外汇监督检查，对违反外汇管理的行为进行处罚。⑦承担国家外汇储备、黄金储备和其他外汇资产经营管理的责任。⑧拟订外汇管理信息化发展规划和标准、规范并组织实施，依法与相关管理部门实施监管信息共享。⑨参与有关国际金融活动。⑩承办国务院及中国人民银行交办的其他事宜。选项A、C、D属于国家外汇管理局的基本职能。选项B属于中国人民银行的职责。

17. C 【解析】影响存款经营的因素主要有以下三个方面：支付机制的创新、存款创造的调控和政府的监管措施。选项C不属于影响商业银行存款经营的因素。

18. D 【解析】对客户进行信用调查通常采用信用的"5C"标准，即品格（character）、偿还能力（capacity）、资本（capital）、经营环境（condition）、担保品（collateral）。选项D属于商业银行采用的"4C"营销策略。

19. B 【解析】相对于传统业务而言，中间业务具有以下特点：①不运用或不直接运用银行的自有资金；②不承担或不直接承担市场风险；③以接受客户委托为前提，为客户办理业务；

④以收取服务费（手续费、管理费等）、赚取差价的方式获得收益；⑤种类多、范围广，在商业银行营业收入中所占的比重日益上升。选项B错误。

20. B 【解析】在现代商业银行经营管理中，有三种意义上的资本：会计资本、监管资本和经济资本。会计资本是根据会计准则反映在银行资产负债表上的资本，又被称为所有者权益或股东权益。监管资本是银行业监管机构为了促进银行审慎经营，维持金融体系稳定而规定的商业银行必须持有的资本。经济资本又称为风险资本，是指商业银行在一定的置信水平下，为了应对未来一定期限内的非预期损失而应该持有的资本。选项B正确。

21. D 【解析】根据巴塞尔协议Ⅲ，商业银行的一级资本充足率下限为6%，核心一级资本充足率下限为4.5%。选项A是巴塞尔协议Ⅲ中资本充足率下限要求；选项C是商业银行设立储备资本的具体要求。

22. A 【解析】商业银行风险管理的主要策略包括风险预防、风险分散、风险转移、风险对冲、风险抑制、风险补偿。银行常用的风险补偿方法有：①合同补偿；②保险补偿，即通过存款保险制度来减少银行风险；③法律补偿。选项A正确。

23. B 【解析】在证券经纪业务中，业务关系的建立表现为开户和委托两个环节。选项B正确。

24. C 【解析】现行《中华人民共和国证券法》取消了旧版向不特定对象发行的证券票面总值超过人民币5 000万元时需要强制组建承销团的规定，证券公司可以自行选择是否组建承销团。选项C正确。

25. A 【解析】我国发行金融债券的机构包括政策性银行、商业银行、企业集团财务公司及其他金融机构，选项A错误。

26. A 【解析】公司型基金的优点是法律关系明确清晰，监督约束机制较为完善；契约型基金在设立上更为简单易行，选项B错误。投资者买卖封闭式基金份额，只能委托证券公司在证券交易所按市价买卖，交易在投资者之间完成；投资者买卖开放式基金份额，可以按照基金管理人确定的时间和地点，向基金管理人或其销售代理人提出申购、赎回申请，交易在投资者与基金管理人之间完成，选项C错误。契约型基金不具有法人资格，选项D错误。

27. C 【解析】货币市场基金不得投资的金融工具包括：①股票；②可转换债券、可交换债券（选项C正确）；③以定期存款利率为基准利率的浮动利率债券，已进入最后一个利率调整期的除外；④信用等级在AA+以下的债券与非金融企业债务融资工具；⑤中国证监会、中国人民银行禁止投资的其他金融工具。货币市场基金应当投资的金融工具包括：①现金；②期限在1年以内（含1年）的银行存款、债券回购、中央银行票据、同业存单；③剩余期限在397天以内（含397天）的债券、非金融企业债务融资工具、资产支持证券；④中国证监会、中国人民银行认可的其他具有良好流动性的货币市场工具。选项A、B、D三项属于货币市场基金应当投资的金融工具。

28. A 【解析】无红利股票的远期价格公式为：$F_t = S_t e^{r(T-t)}$。式中，F_t是远期价格，S_t是股票当前的价格，r是无风险连续复利，e为自然对数的底，t为当前时间，T是远期合约的到期日。前式表示的是股票在$[t, T]$时间段的远期价格。代入公式，该股票三个月期的远期价格$= 50 \times 2.718^{5\% \times 3/12} \approx 50.63$（元）。

29. D 【解析】合格投资者是指具备相应风险识别能力和风险承受能力，投资于单只资产管理计划不低于一定金额且符合下列条件的自然人、法人或者其他组织：①具有2年以上投资经历，且满足下列三项条件之一的自然人。家庭金融净资产不低于300万元，家庭金融资产不低于500万元，或者近3年本人年均收入不低于40万元（选项D错误）。②最近1年年末净资产不低于1 000万元的法人单位。③依法设立并接受国务院金融监督管理机构监管的机构，包括证券公司及其子公司、基金管理公司及其子公司、期货公司及其子公司、在中国证券投资基金业协会登记的私募基金管理人、商业银行、金融资产投资公司、信托公司、保险公司、保险资产管理机构、财务公司及中国证监会认定的其他机构（选项B正确）。④接受国务院金融监督管理机构监管的机构发行的资产管理产品（选项C正确）。⑤基本养老金、社会保障基金、企业年金等养老基金，慈善基金等社会公益基金，合格境外机构投资者、人民币合格境外机构投资者（选项A正确）。⑥中国证监会视为合格投资者的其他情形。

30. B【解析】针对我国目前的实际情况，REITs能有效盘活存量资产，形成良性投资循环，提升直接融资比重，降低企业杠杆率；同时，REITs作为中等收益、中等风险的金融工具，具有流动性高、收益稳定、安全性强等特点，有利于丰富资本市场投资品种，拓宽社会资本投资渠道。选项B错误。

31. C【解析】根据《中华人民共和国信托法》，信托是指委托人基于对受托人的信任，将其财产权委托给受托人，由受托人按委托人的意愿以自己的名义，为受益人的利益或者特定目的，进行管理或者处分的行为。该定义包括了四个方面的含义：①信任和诚信是信托成立的前提和基础；②信托财产是信托关系的核心（选项C正确）；③受托人以自己的名义管理或者处分信托财产，这是信托区别于一般委托代理关系的重要特征；④受托人按委托人的意愿为受益人的利益或者特定目的管理信托事务。

32. C【解析】信托当事人是指与信托有直接利害关系或权利义务关系的人，包括委托人、受托人和受益人，他们是实施信托活动的主体。选项C不是信托的当事人。

33. C【解析】以书面形式设立信托有两种常见的方式：信托合同和遗嘱信托。其中，信托合同是信托设立最常见的方式，选项C正确。

34. D【解析】信托业务风险控制的核心在于建立符合公司战略定位和发展方向的全面风险管理体系，选项D正确。

35. A【解析】我国金融租赁公司可申请经营融资租赁业务、转让和受让融资租赁资产、固定收益类证券投资业务、接受承租人的租赁保证金、吸收非银行股东3个月（含）以上定期存款（选项B）、同业拆借（选项C）、向金融机构借款、境外借款、租赁物变卖及处理业务、经济咨询等基本业务。委托租赁是指融资租赁项目中的租赁物或用于购买租赁物的资金是一个或多个法人机构提供的信托财产。租赁公司以受托人的身份，同作为委托人的这些法人机构，订立由后者将自己的财产作为信托财产委托给租赁公司，以融资租赁方式运用和处分的信托合同（选项D）。金融租赁公司可以通过自有资金（公司的注册资本、公积金和未分配利润等）、银行信贷资金、委托租赁资金、信托资金、上市等方式进行资金筹措，满足业务发展需要。同时，金融租赁公司可以发行金融债券融资。选项A说法错误。

36. D【解析】对看跌期权来说，内在价值相当于执行价格与标的资产现价的差，选项D错误。

37. B【解析】金融期权的套利包括看涨期权与看跌期权之间的套利、垂直价差套利、水平价差套利和波动率交易套利等。相同标的资产、相同期限、不同协议价格的看涨期权的价格或看跌期权的价格之间存在一定的不等关系，一旦在市场交易中存在合理的不等关系被打破，则存在套利机会，这种套利被称为垂直价差套利，包括蝶式价差套利、盒式价差套利、鹰式价差套利等。以蝶式价差套利为例，为简便起见，考虑三种协议价X_1、X_2和X_3，相同标的资产,相同到期日的看涨期权,$X_2=(X_1+X_3)\div 2$,利用套利定价原理可以推导出三者的期权应该满足 $2c_2<c_1+c_3$,当该关系不满足时,可以通过各买入1份执行价格为 X_1 和 X_3 的期权,卖出2份执行价格为 X_2 的期权进行套利。选项B符合题意。

38. B【解析】汇率风险是指有关主体在不同币别货币的相互兑换或折算中,因汇率在一定时间内发生意外变动,而蒙受经济损失的可能性。汇率风险细分为交易风险、折算风险和经济风险三种类型。

39. C【解析】汇率风险的管理方法主要有:①选择有利的货币,即基于对汇率未来走势的预测,外币债权人或债务人选择有利于自己的货币组合。②提前或推迟收付外币,即当预测到汇率正朝着不利于或有利于自己的方向变动时,外币债权人提前或推迟收入外币,外币债务人提前或推迟偿付外币。③进行结构性套期保值,即对方向相反的风险敞口进行货币的匹配和对冲。例如,针对交易风险将同种货币的收入和支出相抵,针对折算风险将同种货币的资产和负债相抵,针对经济风险在收入和支出的货币之间建立长期的匹配关系。④做远期外汇交易,提前锁定外币兑换为本币的收入或本币兑换为外币的成本。⑤做货币衍生品交易。例如,通过做货币期货交易或货币期权交易进行套期保值,通过做货币互换交易把不利于自己的货币转换为对自己有利的货币。所以,使用货币互换通常可以管理汇率风险。选项C正确。

40. D【解析】美国反虚假财务报告委员会下属的发起人委员会(COSO)于2004年正式发布了《企业风险管理——整合框架》文件,这标志着含有并拓展内部控制体系的全面风险管理模式的问世。

41. A【解析】凯恩斯认为:①基于交易动机和预防动机的消费性货币需求量取决于收入水平,与收入水平正相关;②基于投机动机的投机性货币需求量取决于利率水平,与利率水平负相关。选项A正确。

42. B【解析】弗里德曼的货币需求理论认为货币需求函数是稳定的,这是因为:在货币需求中,利率的影响很小,利率变化后,各类资产的预期收益和机会成本发生相应的变动,相互之间有抵销作用,或者说,货币需求函数中的恒久性收入是货币需求的决定性因素。

43. D【解析】用 C 表示流通中的现金,用 R 表示准备金,基础货币 B 可表示为:$B=C+R$。准备金 R 又包括活期存款准备金 R_r、定期存款准备金 R_t 和超额存款准备金 R_e。全部基础货币方程式可表示为:$B=C+R_r+R_t+R_e$。所以基础货币=1 000+20+50+30=1 100(亿元)。

44. B【解析】现金漏损率(现金比率)c=现金漏损/存款=C/D=400/8 000=5%;超额存款准备金率 e=超额存款准备金/存款=ER/D=160/8 000=2%;货币乘数=(1+现金漏损率)/(现金漏损率+法定存款准备金率+超额存款准备金率)=$(1+c)/(c+r+e)$=(1+5%)/(5%+8%+2%)=7。

45. D【解析】IS 曲线上的点表示产品市场达到均衡的状态,选项D正确。

46. D【解析】紧缩性的财政政策直接从限制支出、减少需求等方面来减轻通货膨胀压力,一般包括:①减少政府支出。减少政府支出主要包括两个方面,一是削减购买性支出,包括政府投资、行政事业费等;二是削减转移性支出,包括各种福利支出、财政补贴等。②增加税收。③减少政府转移支付,减少社会福利开支,从而起到抑制个人收入增加的作用。选项D正确。

47. D【解析】通货紧缩的治理措施包括:①扩张性的财政政策,主要包括减税和增加财政支出,政府既可增加基础设施的投资和加强技术改造投资以扩大投资需求，又可通过增发国家机关和企事业单位职工及退休人员的工资以扩大消费需求。②扩张性的货币政策，如扩大中央银行基础货币的投放、增加对中小金融机构的再贷款、加大公开市场操作的力度、适当下调利率和存款准备金率等。③加快产业结构的调整。④其他措施。例如，可以在通货紧缩时期制订工资增长计划或限制价格下降，这与通货膨胀时期的工资—物价指导线措施的作用方向是相反的，但作用机理是相同的。选项D正确。

48. C【解析】金融宏观调控机制的操作目标包括短期利率与基础货币。选项C正确。

49. D【解析】新西兰著名经济学家菲利普斯通过研究1861—1957年近100年英国的失业率与物价变动的关系，得出了结论：失业率与通货膨胀率之间存在着一种此消彼长的关系，这一关系可用菲利普斯曲线表示。选项D正确。

50. A【解析】充分就业是指有能力并愿意参加工作者，都能在较合理的条件下，随时找到适当的工作，一般是以劳动力的失业率来衡量。与充分就业相对应的失业率称为自然失业率。西方国家的多数学者认为失业率在5%以下即为充分就业。经济学中的充分就业并不等于社会劳动力100%就业，通常将摩擦性失业和自愿失业排除在外。选项A正确。

51. B【解析】2016年8月31日，国际货币基金组织、金融稳定理事会和国际清算银行联合发布《有效宏观审慎政策要素：国际经验与教训》政策报告，将宏观审慎政策概括为：利用审慎工具来防范系统性风险，从而降低金融危机发生的频率及其影响程度的政策。选项B正确。

52. C【解析】结构维度的工具主要包括特定机构附加监管规定、金融基础设施管理工具、跨市场金融产品管理工具和风险处置等阻断风险传染的管理工具。选项C正确。选项A、B、D属于时间维度的工具。

53. A【解析】银行业监管的基本方法有三种（通常称为银行业监管的"三驾马车"），即市场准入、非现场监管和现场检查。选项A正确。

54. B【解析】国际收支中每笔交易的记录均由两个金额相等但方向相反的分录组成，反映了每笔交易的流入和流出。对于每笔交易，各方都记录一个与之相应的贷方分录和借方分录：贷记——货物和服务出口，应收收入，资产减少，或负债增加。借记——货物和服务进口，应付收入，资产增加，或负债减少。本题中，向非居民出口价值为100万美元的货物，对于卖方而言：

出口100（贷记）

货币100（借记——金融资产增加）

55. B【解析】根据差额产生的原因，国际收支不均衡分为偶然性不均衡、收入性不均衡、货币性不均衡、周期性不均衡与结构性不均衡，具体内容包括：①偶然性不均衡是指由地震、疫情、自然灾害等偶然因素造成的国际收支不均衡。偶然性不均衡无须政府采取政策措施去调节（随着偶然因素消失，不均衡会缓解）。②收入性不均衡是指一国的国民收入增长超过他国的国民收入增长，引起本国进口需求增长超过出口增长，导致国际收支不均衡。③货币性不均衡是指一国的货币供求失衡引起本国通货膨胀率高于他国通货膨胀率，进而刺激进口、限制出口，导致国际收支不均衡。④周期性不均衡是指由一个国家的经济周期性波动导致的国际收支不均衡。⑤结构性不均衡是指一个国家的经济结构及其决定性的进出口结构不能适应国际分工结构的变化所导致的国际收支不均衡。选项B正确。

56. C【解析】布雷顿森林体系的特征有：①由于美元与黄金挂钩，美元取得了等同于黄金的地位,成为最主要的国际储备货币。②实行以美元为中心的、可调整的固定汇率制度。但是,美国以外的国家需要承担本国货币与美元汇率保持稳定的义务。③国际货币基金组织作为一个新兴机构成为国际货币体系的核心。选项C正确。

57. D 【解析】纽约型离岸金融中心的特点包括:①欧洲货币业务包括市场所在国货币的非居民之间的交易;②管理上对境外货币和境内货币严格分账,其目的是防止离岸金融交易冲击本国货币政策;③纽约型离岸金融中心不开设证券业务。在纽约型离岸金融中心,对居民的存放业务与对非居民的业务分开,离岸金融业务与国内金融业务分开,所以又被称为分离型离岸金融中心。美国纽约的国际银行便利、日本东京的海外特别账户,以及新加坡的亚洲货币单位均属于这种类型。伦敦、中国香港的离岸金融中心属于伦敦型离岸金融中心,巴拿马的离岸金融中心属于避税港型离岸金融中心。

58. C 【解析】欧洲债券发行人主要有国际金融机构、各国政府和政府机构、跨国公司、银行与非银行金融机构、国有企业等,其中大多数发行人来自发达国家。发行欧洲债券需要很高的资信等级。发行人进入市场的目的是筹集中长期资金。选项C正确。

59. D 【解析】2013年3月人民币合格境外机构投资者(RQFII)业务推出,中国香港、新加坡和英国等地投资者可以通过此机制投资境内A股市场;境内企业经批准可以通过境外上市(H股),或者发行国际债券及离岸人民币债券,到境外募集资金调回使用。选项D正确。

60. A 【解析】债务率,即当年未清偿外债余额与当年货物和服务出口总额的比率。该国该年的债务率$=2\div 4\times 100\% =50\%$。

二、多项选择题

61. CDE 【解析】汇率制度是指国家货币当局对本国货币汇率确定与变动的基本模式所作的一系列安排。这些制度性安排包括中心汇率水平、汇率的波动幅度、影响和干预汇率变动的机制和方式等。

62. BCD 【解析】大额可转让定期存单的特点包括:①大额可转让定期存单一般面额固定且较大;传统定期存单的金额是不固定的,由存款人意愿决定(选项D正确)。②大额可转让定期存单不记名,且可在市场上流通并转让;传统定期存单记名且不可流通转让(选项B正确)。③大额可转让定期存单不可提前支取,只能在二级市场上流通转让;传统定期存单可提前支取,但会损失一些利息收入(选项A错误)。④大额可转让定期存单的利率既有固定的,也有浮动的,一般高于同期限的传统定期存款利率;传统定期存款依照期限长短有不同的固定利率(选项C正确,选项E错误)。

63. ACDE 【解析】金融工具的性质有期限性、流动性、收益性和风险性。

64. BCDE 【解析】我国金融市场基础设施统筹监管范围包括金融资产登记托管系统、清算结算系统(包括开展集中清算业务的中央对手方)、交易设施、交易报告库、重要支付系统、基础征信系统等六类设施及其运营机构。

65. ABC 【解析】按照监管思路的不同,世界各国现有金融监管机制可以分为三类,即机构监管、功能监管和目标监管。

66. ABD 【解析】中间业务是指不构成银行表内资产、表内负债,形成银行非利息收入的业务,包括收取服务费或代客买卖业务,如理财业务、咨询顾问、基金和债券的代理买卖、代客买卖资金产品、代理收费、托管和支付结算等,选项A、B正确。表外业务按照现行的会计准则不计入资产负债表内,不形成现实资产负债,但可能引起损益变动的业务,如担保承诺、代理投融资服务等，选项D正确。

67. AD【解析】以利率敏感性缺口为例，如果某一时期内到期或需重新定价的资产大于负债，则为正缺口，反之则为负缺口。在利率上升的环境中，保持正缺口对商业银行是有利的，选项B、C错误。国际银行业较为通行的资产负债管理方法主要包括三种基础管理方法（缺口分析、久期分析、外汇敞口与敏感性分析）和两种前瞻性动态管理方法（情景模拟和流动性压力测试），选项E错误。

68. DE【解析】《证券投资顾问业务暂行规定》和《发布证券研究报告暂行规定》的发布，进一步确立了证券投资咨询的两种基本业务形式，包括证券投资顾问业务和发布证券研究报告。

69. ACE【解析】政府之外的主体发行的、约定了确定的本息偿付现金流的债券，即信用类债券，主要包括企业债券、公司债券和非金融企业债务融资工具等。

70. CE【解析】受托人的权利有：①按照信托文件规定，对信托财产进行管理运用和处分的权利（选项C正确）；②为信托财产的管理运用、处分获取相应报酬的权利（选项E正确）；③因处理信托事务所支出的费用和负担的债务，要求从信托财产中优先受偿的权利，但因受托人违背管理职责或处理信托事务不当造成的损失除外。选项A、B、D是受托人的义务。

71. ABDE【解析】金融资产价格波动的原因主要有：①过度投机的存在；②大量信用和杠杆交易；③宏观经济的不稳定性；④市场操纵机制的作用。

72. AE【解析】巴塞尔协议Ⅱ最低资本要求：商业银行最低资本充足率要达到8%，核心资本充足率下限要求为4%，将最低资本要求由涵盖信用风险扩展到全面涵盖信用风险、市场风险和操作风险。巴塞尔协议Ⅱ对信用风险的计量提出了标准法（权重法）和内部评级法（选项A、E正确）；对市场风险的计量提出了标准法和内部模型法（选项B错误）；对操作风险的计量提出了基本指标法、标准法和高级计量法（选项C、D错误）。

73. ABCD【解析】发生通货膨胀的原因主要有以下四个方面：①需求拉上（从总需求的角度解释通货膨胀）；②成本推进（从总供给的角度解释通货膨胀）；③供求混合作用（即供求混合推进型通货膨胀）；④经济结构变化（即结构型通货膨胀）。

74. ABCE【解析】凯恩斯认为货币需求量受未来利率不确定性的影响，因而不稳定，货币政策应"相机行事"；而弗里德曼认为，货币需求量是稳定的、可以预测的，因而"单一规则"可行。选项A、E正确。凯恩斯的货币需求函数非常重视利率的主导作用；而弗里德曼则强调恒久性收入对货币需求量的重要影响，认为利率对货币需求量的影响是微不足道的。选项B、C正确，选项D错误。

75. BE【解析】存款创造需要具备两个基本（或前提）条件（假设）：①部分准备金制度。如果是全额准备金，银行就没有可贷放的资金，存款创造就无法进行。②非现金结算制度。如果商业银行与储户之间实行全额现金结算，存款创造也就无法进行。

76. ABCE【解析】对于中央银行的职能，传统的表述是发行的银行、银行的银行和国家（政府）的银行。基于宏观审慎政策的日趋完善，将该职能表述为发行的银行、银行的银行、政府的银行和管理金融的银行。其中，中央银行是银行的银行，履行的职责包括：①集中保管存款准备金；②充当最后贷款人；③组织全国银行间的清算业务；④组织外汇头寸抛补业务。

77. ABE【解析】现代货币学派提出"单一规则"的货币政策：将货币供应量M_2作为货币政策主要的中介目标，主张把货币供应量增长率与国内生产总值增长率保持在一个固定的比率上。选项C错误。现代货币学派认为，利率在货币政策传导机制中并不起重要作用，现代货币学派更强调货币供应量在整个传导机制中的直接效果，选项D错误。

78. BCD【解析】国际收支不均衡调节的必要性有：①国际收支不均衡的调节是稳定汇率的要求；②国际收支不均衡的调节是稳定物价的要求；③国际收支不均衡的调节是保有适量外汇储备的要求。

79. ABD【解析】在确定国际储备总量时应依据的因素有：①是否是储备货币发行国。如果是，则对国际储备需求少，反之则多。②经济规模与对外开放程度。该因素与国际储备需求量呈正相关关系（选项E错误）。③国际支出的流量。该因素与国际储备需求量呈正相关关系。④外债规模。该因素也与国际储备需求量呈正相关关系。⑤短期国际融资能力。在国际收支逆差时，如果在国际上获得短期融资的能力强，则可以不动用或少动用国际储备，从而对国际储备的需求就少；反之则多。⑥其他国际收支调节政策措施的可用性与有效性。在国际收支逆差时，如果可供选择的其他国际收支调节政策措施较多，实施后见效的时滞短，效果好，则可以不动用或少动用国际储备，从而对国际储备的需求就少；反之则多。⑦汇率制度。如果实行固定汇率制度或其他弹性低的汇率制度，则对干预外汇市场、稳定汇率的国际储备需求就多；反之则少（选项C错误）。

80. ABCE【解析】资本项目可兑换会给一个国家带来许多风险，如货币替代、资本外逃、资本流动不稳定、政府课税能力下降等，可能引起宏观经济不稳定，甚至引发经济和金融危机。

三、案例分析题

(一)

81. A【解析】资本充足率＝资本净额/风险加权资产×100%＝156.15/970.43×100%≈16.09%。

82. AC【解析】金融租赁公司同业拆入资金余额不得超过资本净额的100%，选项A正确。甲公司的同业拆借比例＝同业拆入资金余额/资本净额×100%＝56.39/156.15×100%≈36.11%，选项C正确。

83. D【解析】单一客户融资集中度＝对单一承租人的全部融资租赁业务余额/资本净额×100%＝33.91/156.15×100%≈21.72%。

84. AB【解析】市场风险是指金融机构在金融市场的交易头寸由于市场价格因素的不利变动而可能遭受的损失。市场风险包括汇率风险、利率风险、股票风险和商品风险四种类型。选项A属于汇率风险，选项B属于利率风险。选项C、D不属于市场风险。

(二)

85. B【解析】核心一级资本包括实收资本或普通股、资本公积、盈余公积、一般风险准备、未分配利润、少数股东资本可计入部分。所以，该题的核心一级资本＝27＋9＋4.5＋7.2＋9＝56.7（亿元）。根据计算公式，核心一级资本充足率＝$\frac{\text{核心一级资本}-\text{对应资本扣减项}}{\text{风险加权资产}}$×100%＝$\frac{56.7-0}{1\,260}$×100%＝4.5%。

86. B【解析】一级资本由核心一级资本和其他一级资本组成。其他一级资本包括其他一级资本工具及其溢价（如优先股及其溢价）、少数股东资本可计入部分。该题的一级资本＝56.7＋7＝63.7（亿元）。根据公式，一级资本充足率＝$\frac{\text{一级资本}-\text{对应资本扣减项}}{\text{风险加权资产}}$×100%＝$\frac{63.7-0}{1\,260}$×100%≈5.06%。

87. C【解析】总资本由核心一级资本、其他一级资本和二级资本组成。其他一级资本包括其他一级资本工具及其溢价（如优先股及其溢价）、少数股东资本可计入部分。二级资本包括二级资本工具及其溢价、超额贷款损失准备、少数股东资本可计入部分。该题的总资本＝56.7＋7＋10＝73.7（亿元）。根据公式，资本充足率＝$\dfrac{总资本－对应资本扣减项}{风险加权资产}×100\%＝\dfrac{73.7-0}{1\,260}×100\%≈5.85\%$。

88. BD【解析】提高一级资本充足率可以通过提高一级资本和降低风险加权资产来实现，增发普通股股票和优先股股票可以增加一级资本，从而提高一级资本充足率。选项B、D正确。

（三）

89. C【解析】基金每日管理费计算方法如下：$H＝E×R/$当年实际天数。其中，H表示每日需计提的费用，E表示前一日的基金资产净值，R表示年管理费率。则基金每日管理费＝73 000×1.0%/365＝2（万元）。

90. D【解析】基金管理费率通常与基金规模成反比，与风险成正比。基金规模越大，风险程度越低，基金管理费率越低。我国管理的股票基金的年管理费率一般为1.5%，年托管费率一般为0.25%。指数基金和债券基金的年管理费率一般为0.3%～1.0%，年托管费率一般为0.1%～0.25%。货币市场基金的年管理费率一般为0.15%～0.33%，年托管费率一般为0.05%～0.1%。所以各类证券投资基金的管理费率，从高到低的排列顺序为：股票基金＞债券基金＞货币市场基金。

91. AC【解析】基金管理费是指基金管理人管理基金资产而向基金收取的费用。基金销售服务费是用于基金的持续销售和为基金份额持有人提供服务而收取的费用。选项B错误。基金管理费率通常与基金规模成反比，与风险成正比。基金规模越大，风险程度越低，基金管理费率越低。选项D错误。

92. B【解析】基金销售机构是指基金管理人以及经中国证监会认定的可以从事基金销售的其他机构。目前可申请从事基金销售的机构主要包括商业银行、证券公司、证券投资咨询机构、独立基金销售机构。选项A错误。《中华人民共和国证券投资基金法》修改之前的基金托管人，只能由依法设立并取得基金托管资格的商业银行担任。自2012年该法修改之后，商业银行和其他金融机构都可以担任基金托管人。选项C错误。该基金资产净值与该基金份额持有人数无关。选项D错误。

（四）

93. A【解析】美联储加息属于治理通货膨胀的紧缩货币政策——直接提高利率。

94. ABC【解析】通货膨胀治理的对策包括：抑制总需求的政策、增加供给的政策、紧缩性收入政策和其他治理措施。其中，抑制总需求的政策包括紧缩的财政政策和紧缩的货币政策。

95. ABD【解析】通货膨胀通常是指一般物价水平持续普遍上涨。对这个定义的理解应包括以下三个方面的内容：①通货膨胀所指的物价水平上涨并非个别商品或劳务价格的上涨，而是指一般物价水平的持续上涨，即全部商品和劳务的加权平均价格的上涨。②在通货膨胀中，一般物价水平的上涨是一定时间内的持续上涨，而不是一次性的、暂时性的上涨。部分商品由季节或自然灾害等原因引起的物价水平上涨和经济萧条后恢复时期的商品价格正常上涨都不能叫作通货膨胀。③通货膨胀所指的物价水平上涨必须超过一定的幅度，轻微的价格波动不是通货膨胀。

96. BCD【解析】提高利率使企业因贷款成本增加而减少投资，货币供应量也随之减少。此外，还可以达到鼓励增加储蓄、减缓通货膨胀压力的作用。

(五)

97. AD【解析】国际收支是一个宏观的经济范畴，选项B错误。狭义的国际收支是指在一定时期内（通常一年），一国居民与非居民所发生的全部货币或外汇的收入和支出。广义的国际收支是指在一定时期内，一国居民与非居民所进行的全部经济交易系统的货币记录。选项C错误。

98. D【解析】根据不同账户的状况，国际收支不均衡分为经常账户不均衡、资本与金融账户（剔除储备资产科目）不均衡与综合性不均衡。经常账户不均衡是经常账户出现顺差或逆差。资本与金融账户不均衡是资本与金融账户出现顺差或逆差。综合性不均衡是经常账户差额同资本与金融账户差额相抵后出现顺差或逆差。2021年该国国际收支经常项目出现75.1亿美元逆差，资本与金融账户净资产减少58亿美元，若不考虑误差与遗漏，2021年H国国际收支情况为逆差133.1亿美元（75.1＋58）。选项D正确。

99. D【解析】国际收支不均衡调节的宏观经济政策有：①财政政策——主要调节经常账户收支；②货币政策——既调节经常账户收支，也调节资本账户收支；③汇率政策——主要调节经常账户收支。

100. C【解析】H国国际收支出现逆差，在国际收支逆差时，可以采用本币法定贬值或贬值的政策（选项A错误）、紧缩性的货币政策（选项B错误）、紧缩性的财政政策（选项C正确），可以加强外贸管制和外汇管制（选项D错误），还可以采取向国际货币基金组织或其他国家争取短期信用融资的应急措施或直接动用本国的国际储备。

2021 年全国经济专业技术资格考试

《金融专业知识与实务》（中级）机考真题

扫码兑换 备考课程

考场规则

一、自考试开始前 30 分钟起，应试人员凭准考证和有效身份证件（须与报考时所使用的身份证件一致）进入本科目考试所指定考场，按座位号入座，并将准考证和有效身份证件放置在座位右上角。

二、本次考试为电子化考试，须在计算机上作答，应试人员参加考试可携带的用品只限于铅笔。

三、每科目开始 5 分钟后，迟到的应试人员一律不得进入考场。各科目考试时长（最长作答时间）为 1.5 小时，经监考人员同意，应试人员可提前 15 分钟交卷、离场。

四、应试人员须按照考试系统提示的要求进行操作，不得擅自对计算机进行冷、热启动，不得关闭电源或作出其他与考试无关的操作。

五、应试人员应按照考试系统的提示登录系统，须认真阅读《考场规则》及《操作指南》，并点击"我已阅读"按钮。考试开始后，考试系统将自动进行计时，应试人员作答时间以考试系统计时器显示的结果为准。

六、应试人员须在考场内保持安静；独立进行作答，不得与其他应试人员交流讨论，不得要求监考人员解释试题；遇到无法登录、系统故障等异常情况时可举手询问，不得自行处置。

七、应试人员应自觉接受工作人员的监督和检查，服从工作人员安排。

八、应试人员交卷后，须确认界面提示"交卷成功"，方可离开考场；若界面提示"交卷失败"，须及时联系监考人员。

九、应试人员不得将相关考试信息以任何方式带出考场，交卷后不得在考场附近逗留、谈论。

十、考试违纪违规行为按照人力资源社会保障部《专业技术人员资格考试违纪违规行为处理规定》处理。

一、单项选择题（共60题，每题1分。每题的备选项中，只有1个最符合题意）

1. 金融市场上充当资金供给者、需求者和中介等多重角色的是（　　）。
   A. 政府　　　　　　　　　　　　B. 金融机构
   C. 企业　　　　　　　　　　　　D. 金融监管机构

2. 银行发行的有固定面额、可转让流通的定期存款凭证是（　　）。
   A. 结构性存款　　　　　　　　　B. 教育储蓄存款
   C. 大额可转让定期存单　　　　　D. 定期存款

3. 买断式回购的期限为1天至（　　）。
   A. 365天　　　　　　　　　　　　B. 93天
   C. 31天　　　　　　　　　　　　D. 182天

4. 证券投资基金本质是股票、债券和其他证券投资的（　　）。
   A. 简单化　　　　　　　　　　　B. 机构化
   C. 复杂化　　　　　　　　　　　D. 散户化

5. 根据预期理论，随着时间的推移，不同到期期限的债券利率变动的趋势是（　　）。
   A. 先跌后涨　　　　　　　　　　B. 反向运动
   C. 同向运动　　　　　　　　　　D. 先涨后跌

6. 根据凯恩斯流动性偏好理论，发生"流动性陷阱"后的货币需求曲线是（　　）。
   A. 一条平行于纵轴的直线　　　　B. 一条向下倾斜的直线
   C. 一条向上倾斜的直线　　　　　D. 一条平行于横轴的直线

7. 债券票面收益与债券面值之比是（　　）。
   A. 名义收益率　　　　　　　　　B. 到期收益率
   C. 实际收益率　　　　　　　　　D. 持有期收益率

8. 下列不属于影响债券到期收益率的因素的是（　　）。
   A. 市场价格　　　　　　　　　　B. 剩余期限
   C. 票面利率　　　　　　　　　　D. 托管费率

9. 下列机构中，不属于存款类金融机构的是（　　）。
   A. 投资银行　　　　　　　　　　B. 商业银行
   C. 储蓄银行　　　　　　　　　　D. 信用合作社

10. 下列金融机构中，贷款主要投向基础设施等大中型基本建设项目和重点企业的是（　　）。
    A. 经济开发政策性金融机构
    B. 农业政策性金融机构
    C. 住房政策性金融机构
    D. 进出口政策性金融机构

11. 我国中央银行的组织形式是（　　）。
    A. 二元式中央银行制度　　　　　B. 多元式中央银行制度
    C. 跨国的中央银行制度　　　　　D. 一元式中央银行制度

12. 下列资本中，不属于中央银行资本构成的是（　　）。
    A. 财政拨款　　　　　　　　　　B. 银行存款
    C. 实收资本　　　　　　　　　　D. 在经营活动中的留存利润

13. 下列不属于政策性金融机构的职能的是（　　）。
   A. 监管性职能
   B. 倡导性职能
   C. 补充性职能
   D. 服务性职能

14. 依据有关法律规定，在县（市）设立村镇银行的，注册资本应不低于（　　）万元。
   A. 500
   B. 200
   C. 300
   D. 100

15. 下列金融机构中，可以吸收存款的是（　　）。
   A. 证券公司
   B. 消费金融公司
   C. 企业集团财务公司
   D. 保险公司

16. 下列机构中，负责监督管理票据市场的是（　　）。
   A. 中国人民银行
   B. 中国银行业协会
   C. 中国银行保险监督管理委员会
   D. 中国证券监督管理委员会

17. 商业银行安全性、流动性、效益性的关系是（　　）。
   A. 相互矛盾
   B. 对立统一
   C. 相互独立
   D. 同一关系

18. 根据《中华人民共和国商业银行法》，商业银行实行（　　）。
   A. 自主管理、分摊风险、自负盈亏、自我发展
   B. 自主管理、自担风险、自负盈亏、自我开发
   C. 自主经营、分摊风险、自负盈亏、自行负责
   D. 自主经营、自担风险、自负盈亏、自我约束

19. 关于商业银行金融创新的说法，错误的是（　　）。
   A. 商业银行金融创新不得侵犯他人知识产权
   B. 商业银行金融创新应遵循合法合规原则
   C. 商业银行金融创新应遵循公平竞争原则
   D. 商业银行可通过金融创新实现监管套利

20. 在商业银行新型的业务运营模式下，中后台主要职责不包括（　　）。
   A. 产品营销
   B. 业务稽核监督
   C. 合规管理
   D. 财务核算

21. 下列不属于影响商业银行存款经营的因素的是（　　）。
   A. 存款创造的调控
   B. 支付机制的创新
   C. 政府的监管措施
   D. LPR报价机制

22. 下列不属于商业银行资产管理内容的是（　　）。
   A. 债券投资管理
   B. 贷款管理
   C. 现金资产管理
   D. 存款管理

23. 根据《商业银行资本管理办法（试行）》，我国商业银行总资本由核心一级资本、其他一级资本和（　　）。
   A. 附属资本
   B. 少数股东资本

C. 核心二级资本　　　　　　　　D. 二级资本

24. 商业银行风险加权资产包括信用风险加权资产、市场风险加权资产和（　　）。
   A. 集中度风险加权资产　　　　　B. 国别风险加权资产
   C. 流动性风险加权资产　　　　　D. 操作风险加权资产

25. 在证券交易市场中，投资银行的身份不包括（　　）。
   A. 证券清算商　　　　　　　　　B. 证券经纪商
   C. 证券自营商　　　　　　　　　D. 证券做市商

26. 根据《市场化银行债权转股权专项债券发行指引》，下列说法错误的是（　　）。
   A. 债转股专项债券主要用于银行债权转股权项目
   B. 允许以公开或非公开方式发行债转股专项债券
   C. 债转股专项债券发行规模不得超过债转股项目合同约定股权金额的70%
   D. 单笔债券资金应与单个银行债权转股权项目一一对应

27. 注册制下科创板的竞价方式不包括（　　）。
   A. 场外交易　　　　　　　　　　B. 集合竞价
   C. 连续竞价　　　　　　　　　　D. 盘后定价交易

28. 狭义上，关于兼并与收购区别的说法，错误的是（　　）。
   A. 兼并是通过资本市场对企业进行有关资本经营的代称；收购是通过资本市场对企业进行资产重组的代称
   B. 兼并后，兼并企业成为被兼并企业新的所有者和债权债务的承担者；而在收购中，收购企业是被收购企业的新股东
   C. 在兼并中，被兼并企业作为法人实体不复存在；而在收购中，被收购企业可仍以法人实体存在
   D. 兼并多发生在被兼并企业财务状态不佳、生产经营停滞之时；而收购一般发生在企业正常经营状态

29. 信托关系下，以自己的名义管理或者处分信托财产的是（　　）。
   A. 受托人　　　　　　　　　　　B. 监督人
   C. 受益人　　　　　　　　　　　D. 托管人

30. 根据信托利益归属的不同，信托可分为（　　）。
   A. 私益信托和公益信托　　　　　B. 自由信托和法定信托
   C. 单一信托和集合信托　　　　　D. 自益信托和他益信托

31. 下列业务中，不属于信托公司固有业务的是（　　）。
   A. 非自用固定资产投资　　　　　B. 金融类公司股权投资
   C. 金融产品投资　　　　　　　　D. 租赁

32. 融资租赁涉及的三方当事人分别是（　　）。
   A. 出租人、承租人、出卖人
   B. 出租人、监督人、出卖人
   C. 监督人、承租人、出卖人
   D. 出租人、承租人、监督人

33. 下列业务中，不属于金融租赁公司自担风险的融资租赁业务的是（　　）。
   A. 转租式融资租赁业务
   B. 售后回租式融资租赁业务
   C. 委托租赁业务
   D. 直接租赁业务

34. 下列不属于金融工程的基本分析方法的是（　　）。
   A. 风险中性定价法
   B. 状态价格定价法
   C. 利差定价法
   D. 积木分析法

35. 关于期货交易的说法，正确的是（　　）。
   A. 期货交易是场内标准化交易
   B. 期货交易是场外柜台交易
   C. 期货交易是场外零售交易
   D. 期货交易是场内个性化交易

36. 普通利率互换可以由（　　）组合复制。
   A. 国债和金融机构债
   B. 金融机构债和企业债
   C. 固定利率债券和浮动利率债券
   D. 商业银行债和央行票据

37. 下列机制中，不属于信用风险管理机制的是（　　）。
   A. 额度管理机制
   B. 支付匹配机制
   C. 审贷分离机制
   D. 授权管理机制

38. 根据《商业银行操作风险管理指引》，不属于操作风险管理体系基本要素的是（　　）。
   A. 监事会的监督控制
   B. 高级管理层的职责
   C. 适当的组织架构
   D. 操作风险管理政策、方法和程序

39. 关于费雪方程式和剑桥方程式差异的说法，错误的是（　　）。
   A. 费雪方程式侧重货币流量分析；剑桥方程式则是从用货币形式保有资产存量的角度考虑货币需求
   B. 费雪方程式属于传统货币数量论；剑桥方程式属于现代货币数量论
   C. 费雪方程式强调货币的交易功能；剑桥方程式强调货币作为一种资产的功能
   D. 费雪方程式从宏观角度用货币数量的变动来解释价格；剑桥方程式从微观角度进行分析，认为人们对持有货币存在一个满足程度的问题

40. 根据凯恩斯的货币需求理论，下列说法正确的是（　　）。
   A. 市场利率越低，交易动机的货币需求越大
   B. 市场利率越低，预防动机的货币需求越大
   C. 收入水平越低，交易动机的货币需求越大
   D. 市场利率越低，投机动机的货币需求越大

41. 根据我国的货币层次划分，金融债券计入（　　）。
   A. M2
   B. M3
   C. M0
   D. M1

42. 下列不属于基础货币的是（　　）。
    A. 超额存款准备金　　　　　　　　B. 法定存款准备金
    C. 流通中的现金　　　　　　　　　D. 同业存款

43. 下列不属于中央银行改变基础货币数量的主要途径的是（　　）。
    A. 变动对企业的债权　　　　　　　B. 变动对政府的债权
    C. 变动对银行的债权　　　　　　　D. 变动其储备资产

44. 一般来说，现金比率越低，货币乘数（　　）。
    A. 不变　　　　　　　　　　　　　B. 越大
    C. 无法确定　　　　　　　　　　　D. 越小

45. 在存款总额一定的情况下，法定存款准备金率越低，商业银行可用于发放贷款的资金数额（　　）。
    A. 越多　　　　　　　　　　　　　B. 越少
    C. 不变　　　　　　　　　　　　　D. 无法确定

46. 货币已完全丧失价值储藏功能，部分丧失了交易媒介功能，这一通货膨胀现象属于（　　）。
    A. 奔腾式通货膨胀　　　　　　　　B. 爬行式通货膨胀
    C. 温和式通货膨胀　　　　　　　　D. 超级通货膨胀

47. 再贴现业务属于中央银行的（　　）。
    A. 中间业务　　　　　　　　　　　B. 负债业务
    C. 表外业务　　　　　　　　　　　D. 资产业务

48. 关于货币政策的说法，正确的是（　　）。
    A. 货币政策主要是直接调控政策
    B. 货币政策是微观经济政策
    C. 货币政策是调节社会总需求的政策
    D. 货币政策无法调节信用总量

49. 近年来我国央行创设的新型货币政策工具不包括（　　）。
    A. 民营企业债券融资支持工具　　　B. 中央银行基准利率
    C. 央行票据互换工具　　　　　　　D. 定向中期借贷便利

50. 2014年4月，为开发性金融支持棚改提供长期稳定、成本适当的资金来源，中国人民银行决定创设（　　）。
    A. 中期借贷便利　　　　　　　　　B. 临时流动性便利
    C. 抵押补充贷款　　　　　　　　　D. 常备借贷便利

51. 党的十九大明确提出的"双支柱"调控框架政策是（　　）。
    A. 金融政策和货币政策　　　　　　B. 宏观审慎政策和微观审慎政策
    C. 健全货币政策和宏观审慎政策　　D. 财政政策和货币政策

52. 根据《商业银行资本管理办法（试行）》，关于商业银行各级资本充足率的说法，正确的是（　　）。
    A. 核心一级资本充足率不得低于4.5%、一级资本充足率不得低于5%、资本充足率不得低于8%
    B. 核心一级资本充足率不得低于4%、一级资本充足率不得低于6%、资本充足率不得低

于 10%

C. 核心一级资本充足率不得低于 4%、一级资本充足率不得低于 5%、资本充足率不得低于 8%

D. 核心一级资本充足率不得低于 5%、一级资本充足率不得低于 6%、资本充足率不得低于 8%

53. 根据《商业银行杠杆率管理办法（修订）》，商业银行并表和未并表的杠杆率均不得低于（　　）。
   A. 8% B. 3%
   C. 25% D. 4%

54. 根据《证券公司监督管理条例》，下列人员中，不需取得任职资格的人员是（　　）。
   A. 监事 B. 分支机构负责人
   C. 董事 D. 首席财务官

55. 一国出现国际收支逆差时，可以采用（　　）。
   A. 紧缩的财政政策 B. 宽松的财政政策
   C. 中性财政政策 D. 混合财政政策

56. 下列政策措施中，既可以调节经常账户收支，又可以调节资本与金融账户收支的是（　　）。
   A. 外贸管制政策 B. 货币政策
   C. 直接动用本国的国际储备 D. 向国家争取短期信用融资

57. 下列资产中，可以作为国际储备资产的是（　　）。
   A. 政府持有的外国珍贵文物 B. 政府持有的外国土地
   C. 货币当局持有的黄金 D. 民间持有的外汇资产

58. 当前国际货币体系属于（　　）。
   A. 固定汇率体系 B. 国际金本位制
   C. 布雷顿森林体系 D. 牙买加体系

59. 欧洲货币市场的借贷交易主体是（　　）。
   A. 本国政府与外国政府 B. 居民与外国政府
   C. 居民与居民 D. 非居民与非居民

60. 国际通行的偿债率警戒线是（　　）。
   A. 20% B. 100%
   C. 25% D. 50%

二、**多项选择题**（共20题，每题2分。每题的备选项中，有2个或2个以上符合题意，至少有1个错项。错选，本题不得分；少选，所选的每个选项得0.5分）

61. 我国回购协议的主要方式有（　　）。
   A. 卖断式回购 B. 质押式回购
   C. 买断式回购 D. 扣押式回购
   E. 卖出式回购

62. 目前我国已经推出的国债期货品种包括（　　）。
   A. 15年期 B. 10年期
   C. 5年期 D. 2年期

E. 1年期

63. 某投资经理要为客户配置资产组合，该客户希望资产组合波动小于市场波动。该投资经理需从不同β值的资产中选择两种，每种资产的配置比率是50%，则不可能被选入组合的资产β值有（   ）。
A. 0.8
B. 1.5
C. 1.1
D. 1.3
E. 0.7

64. 我国利率市场化改革下一步的主要方向和任务包括（   ）。
A. 发挥市场利率定价自律机制作用
B. 推动商业银行利率定价协同
C. 引导和督促金融机构合理定价
D. 增强利率调控能力
E. 疏通货币政策传导

65. 保险公司所筹措的资金除一部分用于应付赔偿需要外，其余资金作为长期性资金主要投资于（   ）。
A. 公司债券
B. 房地产开发
C. 政府债券
D. 发放信用贷款
E. 股票

66. 中国银行间市场交易商协会是包括（   ）等在内的银行间自律组织。
A. 票据市场
B. 期货市场
C. 同业拆借市场
D. 交易所市场
E. 外汇市场

67. 关于商业银行负债业务的说法，正确的有（   ）。
A. 负债是商业银行的资金来源
B. 负债是商业银行开展经营活动的基础
C. 商业银行的存款经营必须不断创新金融产品
D. 现金管理是存款经营的衍生服务
E. 商业银行的负债主要来源于同业借款

68. 下列属于商业银行风险管理流程的有（   ）。
A. 风险监测
B. 风险计量
C. 风险识别
D. 风险对冲
E. 风险控制

69. 商业银行内部控制应当坚持的原则有（   ）。
A. 对称性原则
B. 制衡性原则
C. 审慎性原则
D. 全覆盖原则
E. 相匹配原则

70. 关于企业在科创板首次公开发行股票的说法，正确的有（   ）。
A. 科创板优先支持符合国家战略、拥有关键核心技术、科技创新能力突出、具有较强成长性的企业

B. 企业应依法报深交所进行发行上市审核，并经中国证监会履行发行注册程序
C. 企业应当符合科创板定位，面向世界科技前沿、面向经济主战场、面向国家重大需求
D. 企业具有持续盈利能力
E. 企业最近3年财务会计文件无虚假记载，无其他重大违法行为

71. 根据《证券投资基金法》，基金托管人的职责有（   ）。
    A. 对基金财务会计报告、中期和年度基金报告出具意见
    B. 安全保管基金财产
    C. 按照基金合同的约定，根据基金管理人的投资指令，及时办理清算、交割事宜
    D. 按照规定监督基金管理人的投资运作并确保兑现收益
    E. 办理与基金财产托管业务活动有关的信息披露事项

72. 信托当事人是指与信托有直接利害关系或权利义务关系的人，包括（   ）。
    A. 委托人 B. 受益人
    C. 监督人 D. 受托人
    E. 托管人

73. 根据《金融租赁公司管理办法》，我国金融租赁公司的业务范围包括（   ）。
    A. 同业拆借
    B. 代理销售理财产品
    C. 融资租赁
    D. 固定收益类证券投资
    E. 吸收非银行股东3个月（含）以上定期存款

74. 下列金融活动中，属于金融工程应用领域的有（   ）。
    A. 套利 B. 金融风险管理
    C. 金融产品创新 D. 投融资策略设计
    E. 经营战略管理

75. 若其他条件不变，关于货币乘数的说法，正确的有（   ）。
    A. 货币乘数越高，货币供给量越小
    B. 货币乘数与现金漏损率呈负相关
    C. 货币乘数与超额存款准备金率呈负相关
    D. 货币乘数与法定存款准备金率呈负相关
    E. 法定存款准备金率由商业银行决定

76. 中央银行为降低通货膨胀率可采取的措施有（   ）。
    A. 降低再贴现率、再贷款率
    B. 在公开市场出售政府债券
    C. 提高法定存款准备金率
    D. 提高利率水平
    E. 在公开市场上购买政府债券

77. 中央银行一般性货币政策的"三大法宝"包括（   ）。
    A. 存款准备金政策 B. 再贷款政策
    C. 窗口指导 D. 公开市场操作

E. 再贴现政策

78. 根据《商业银行风险监管核心指标（试行）》，关于对信用风险指标要求的说法，错误的有（　　）。
    A. 单一集团客户授信集中度，即对最大一家集团客户授信总额与资本净额之比，不得高于15%
    B. 单一客户贷款集中度，即对最大一家客户贷款总额与资本净额之比，不得高于10%
    C. 全部关联度，即全部关联授信与加权风险资产总额之比，不得高于50%
    D. 不良贷款率，即不良贷款与贷款总额之比，不得高于7%
    E. 不良资产率，即不良资产与资产总额之比，不得高于5%

79. 国际收支平衡表中的经常账户反映的是居民与非居民之间（　　）的流量。
    A. 出售土地　　　　　　　　B. 货物
    C. 服务　　　　　　　　　　D. 初次收入
    E. 二次收入

80. 当前纳入特别提款权货币篮子的货币有（　　）。
    A. 欧元　　　　　　　　　　B. 瑞士法郎
    C. 人民币　　　　　　　　　D. 美元
    E. 英镑

三、案例分析题（共20题，每题2分，由单选和多选组成。错选，本题不得分；少选，所选的每个选项得0.5分）

（一）

2020年，监管机构对A银行开展了影子银行和交叉金融业务专项现场检查，发现该银行在同业理财、委托贷款等业务中分别或同时存在以下问题：内控管理不完善，业务制度不健全，前期检查发现的部分违法违规行为整改不到位；风险隔离不到位，理财产品之间、理财产品与自营业务之间的不当交易仍时有发生；产品管理不规范，未完全执行"穿透式管理"要求，部分理财产品未准确登记、报告和披露底层资产信息；资金投向不合规，为房地产市场或地方政府违规提供融资等。综上，监管机构决定对A银行罚款1.5亿元。

根据以上资料，回答下列问题：

81. 案例中所提到的监管机构应该为（　　）。
    A. 中国证券监督管理委员会　　　B. 中国银行保险监督管理委员会
    C. 国家外汇管理局　　　　　　　D. 中国人民银行

82. 对A银行罚款1.5亿元属于（　　）。
    A. 没收违法所得　　　　　　　B. 责令改正
    C. 监管强制措施　　　　　　　D. 行政处罚

83. 监管机构对A银行的现场检查形式包括（　　）。
    A. 留置　　　　　　　　　　B. 取证
    C. 审核　　　　　　　　　　D. 察看

84. A银行"风险隔离不到位"在实际经营中的表现形式有（　　）。
    A. 使用理财资金偿还本行贷款
    B. 理财产品相互交易调节收益

C. 出具与事实不符的理财产品投资清单

D. 理财产品信息披露不合规

（二）

假定某一股票的现价为31美元，如果某投资者认为这以后的6个月中股票价不可能发生重大变化，现在6个月期看涨期权的市场价格如下：

执行价格（美元）	看涨期权的价格（美元）
26	13
30	9
34	7

根据以上资料，回答下列问题：

85. 此时，投资者进行套利的方式是（　　）。
    A. 蝶式价差期权   B. 鹰式价差期权
    C. 水平价差期权   D. 盒式价差期权

86. 构造该期权组合的成本为（　　）美元。
    A. 0   B. 1
    C. 2   D. 3

87. 如果6个月后的股票价格为27美元，则投资者收益为（　　）美元。
    A. 0   B. 1
    C. 2   D. 3

88. 6个月后投资者获得了最大利润，当时股票价格为（　　）美元。
    A. 24   B. 29
    C. 30   D. 34

（三）

某商业银行收到一笔200万元的原始存款，法定存款准备金率为5%，并且该银行持有5%的超额准备金，流通中现金漏损率为10%。

根据以上资料，回答下列问题：

89. 根据存款创造规则，存款乘数为（　　）。
    A. 25.0   B. 4.0
    C. 5.0   D. 5.5

90. 根据存款创造的基本原理，上述原始存款通过该商业银行创造的派生存款为（　　）万元。
    A. 1 000   B. 950
    C. 550   D. 650

91. 根据我国的货币层次划分标准，M2不包括（　　）。
    A. 商业票据   B. 流通中的现金
    C. 单位定期存款   D. 储蓄存款

92. 如果中央银行希望增加货币供给量，可以采取措施（　　）。
    A. 提高超额存款准备金率
    B. 提高法定存款准备金率

C. 降低法定存款准备金率
D. 降低超额存款准备金率

(四)

N公司的财务总监在为企业挑选存款产品时，F银行的客户经理为其推荐了两款产品。产品A需要在期初转入100万元，以5%的年利率计息，第5年年末需要再次转入100万元，并继续以5%的年利率计息，第10年年末可以将全部本息取出。产品B需要在期初转入100万元，以6%的年利率计息，第5年年末需要再次转入100万元，以4%的年利率计息，第10年年末可将全部本息取出。

根据以上资料，回答下列问题：

93. 如果以复利计息，A产品到期后，N公司可取出的本息合计为（　　）万元。
  A. 281.25
  B. 300.00
  C. 200.00
  D. 290.52

94. 如果以复利计息，B产品到期后，N公司可取出的本息合计为（　　）万元。
  A. 283.28
  B. 284.48
  C. 282.48
  D. 280.28

95. 下列关于按复利计息的说法，正确的有（　　）。
  A. 每年的计息次数越多，最终的本息和越大
  B. 随着计息间隔的缩短，本息和以递减的速度增加
  C. 每年的计息次数越多，最终的本息和越小
  D. 随着计息间隔的缩短，本息和以递增的速度增加

96. 下列可以解释不同期限的利率风险结构的理论有（　　）。
  A. 预期理论
  B. 分割市场理论
  C. 流动性溢价理论
  D. 可贷资金理论

(五)

某公司拟进行股票投资，计划购买A、B、C三种股票组成投资组合，已知三种股票的β系数分别为1.0、1.2和1.5，该投资组合A、B、C三种股票的投资比重分别为50%、20%和30%，全市场组合的预期收益率为8%，无风险收益率为4%。

根据以上资料，回答下列问题：

97. 该投资组合的β系数为（　　）。
  A. 0.15
  B. 0.80
  C. 1.00
  D. 1.19

98. 投资者在投资A股票时所要求的均衡收益率应当是（　　）。
  A. 4%
  B. 6%
  C. 8%
  D. 10%

99. 下列说法中，正确的有（　　）。
  A. A股票所含系统风险大于A、B、C三种股票的投资组合风险
  B. B股票所含系统风险大于A、B、C三种股票的投资组合风险
  C. C股票所含系统风险大于A、B、C三种股票的投资组合风险
  D. A、B、C三种股票投资组合风险大于全市场组合的投资风险

100. 关于投资组合风险的说法，正确的有（　　）。
    A. 当投资充分组合时，可以分散所有的风险
    B. 投资组合的风险包括公司特有风险和市场风险
    C. 公司特有风险是可分散风险
    D. 市场风险是不可分散风险

参考答案及解析

一、单项选择题

1. B 【解析】金融机构是金融市场上最活跃的交易者，在金融市场上充当资金供给者、需求者和中介者等多重角色。金融机构作为机构投资者在金融市场上具有支配性的作用。

2. C 【解析】大额可转让定期存单是银行发行的有固定面额、可转让流通的定期存款凭证。它产生于美国，由花旗银行首先推出。其特点包括：①一般面额固定且较大；②不记名；③不可提前支取，只能在二级市场上流通转让；④利率既有固定的，也有浮动的，一般高于同期限的传统定期存款利率。

3. A 【解析】在我国，回购主要有质押式回购和买断式回购两种，二者的期限都是1天到365天。其中，买断式回购是指证券持有人（正回购方）将证券卖给证券购买方（逆回购方）的同时，交易双方约定在未来某一日期，正回购方再以约定价格从逆回购方买回相等数量同种证券的交易行为。

4. B 【解析】证券投资基金是指一种利益共享、风险共担的集合投资方式，即通过发行基金单位集中投资者的资金，由基金托管人托管，基金管理人管理和运用资金从事股票、债券等金融工具投资的方式。证券投资基金本质是股票、债券和其他证券投资的机构化。（该知识点在新教材中已修改为：债券投资基金本质上是股票、债券和其他证券投资的组合化管理）

5. C 【解析】目前，主要有三种理论解释利率的期限结构，即预期理论、分割市场理论和流动性溢价理论。预期理论可以解释为：①随着时间的推移，不同到期期限的债券利率有同向运动的趋势，选项C正确。②如果短期利率较低，收益率曲线倾向于向上倾斜；如果短期利率较高，收益率曲线倾向于向下倾斜。

6. D 【解析】"流动性陷阱"发生后，货币需求曲线的形状是一条平行于横轴的直线。

7. A 【解析】名义收益率又称票面收益率，是债券票面收益与债券面值之比，其公式为：$r = C/F$。

8. D 【解析】已知债券的市场价格、面值、票面利率和期限，便可以求出它的到期收益率；反之，已知债券的到期收益率，就可以求出债券的价格。债券的市场价格与到期收益率呈负相关关系。债券的市场价格越高，到期收益率就越低；反之，债券的到期收益率越高，其市场价格就越低。

9. A 【解析】存款类金融机构是接收个人或机构存款，并发放贷款的金融机构，如商业银行、储蓄贷款协会、互助储蓄银行、信用合作社等。

10. A 【解析】政策性金融机构主要包括经济开发政策性金融机构、农业政策性金融机构、进出口政策性金融机构以及住房政策性金融机构。其中，经济开发政策性金融机构是专门为经济开发提供长期投资或贷款的金融机构，这类机构多以配合国家经济发展振兴计划或产业振兴战略为目的设立，贷款和投资方向主要是基础设施、基础产业、支柱产业的大中型基本建设项目和重点企业。(该知识点在新教材中已修改为：开发性金融机构是专门为经济开发提供长期投资或贷款的金融机构，这类机构多以配合国家经济发展振兴计划或产业振兴战略为目的设立，贷款和投资方向主要是基础设施、基础产业、支柱产业的大中型基本建设项目和重点企业。政策性金融机构主要包括农业政策性金融机构、进出口政策性金融机构、住房政策性金融机构)

11. D【解析】中央银行的组织形式即中央银行的存在形式或组成形式，主要有一元式中央银行制度、二元式中央银行制度、跨国的中央银行制度和准中央银行制度四种类型。其中，一元式中央银行制度就是一个国家只设立一家统一的中央银行执行中央银行职能的制度形式。这类中央银行的机构设置一般采取总分行制，逐级垂直隶属。目前世界上绝大部分国家的中央银行都实行一元式中央银行制度，如日本、印度等，我国也是如此。

12. B【解析】中央银行的资本一般由实收资本、在经营活动中的留存利润、财政拨款等构成。

13. A【解析】政策性金融机构的职能主要包括倡导性职能、选择性职能、补充性职能、服务性职能。

14. C【解析】在乡（镇）设立的村镇银行，其注册资本不低于100万元人民币；在县（市）设立的村镇银行，其注册资本不低于300万元人民币。

15. C【解析】原中国银行业监督管理委员会2006年12月公布的《企业集团财务公司管理办法》规定，我国企业集团财务公司的主要业务有：对成员单位办理财务和融资顾问、信用鉴证及相关的咨询、代理业务；协助成员单位实现交易款项的收付；经批准的保险代理业务；对成员单位提供担保；办理成员单位之间的委托贷款及委托投资；对成员单位办理票据承兑与贴现；办理成员单位之间的内部转账结算及相应的结算、清算方案设计；吸收成员单位的存款；对成员单位办理贷款及融资租赁；从事同业拆借；中国银行业监督管理委员会批准的其他业务。(该知识点在新教材中已更新为：中国银行保险监督管理委员会于2022年10月公布的《企业集团财务公司管理办法》规定，企业集团财务公司可以经营下列部分或者全部本外币业务：①吸收成员单位存款；②办理成员单位贷款；③办理成员单位票据贴现；④办理成员单位资金结算与收付；⑤提供成员单位委托贷款、债券承销、非融资性保函、财务顾问、信用鉴证及咨询代理业务。符合条件的财务公司，可以向中国银行保险监督管理委员会及其派出机构申请经营下列本外币业务：①从事同业拆借；②办理成员单位票据承兑；③办理成员单位产品买方信贷和消费信贷；④从事固定收益类有价证券投资；⑤从事套期保值类衍生产品交易；⑥中国银行保险监督管理委员会批准的其他业务)

16. A【解析】中国人民银行监督管理银行间债券市场、货币市场、外汇市场、票据市场、黄金市场及上述市场有关场外衍生产品。

17. B【解析】商业银行经营与管理的基本要求决定了商业银行在经营过程中必须遵循安全性、流动性和效益性三个原则。从本质上说，三性原则是对立统一的，它们共同保证了商业银行正常有效的经营活动。

18. D【解析】根据《中华人民共和国商业银行法》，我国商业银行以效益性、安全性、流动性为经营原则，实行自主经营、自担风险、自负盈亏、自我约束。

19. D【解析】商业银行开展金融创新活动，应当遵循以下原则：①合法合规的原则，遵守法律、行政法规和规章的规定。商业银行不得以金融创新为名，违反法律规定或变相逃避监管。②公平竞争原则，不得以排挤竞争对手为目的，进行低价倾销、恶性竞争或其他不正当竞争。③充分尊重他人的知识产权，不得侵犯他人的知识产权和商业秘密；商业银行应制定有效的知识产权保护战略，保护自主创新的金融产品和服务。④成本可算、风险可控、信息充分披露的原则。

20. A【解析】新型的商业银行业务运营模式的核心是前台与中后台分离。前台的营业网点从会计核算型向服务营销型转变，其主要职责是产品营销、柜台服务；中后台主要职责是风险管理、合规管理、核心业务系统运行维护、集中处理非实时业务批量交易、财务核算以及业务稽核监督，包括集中运行、集中录入、集中交易、集中核算、集中金库和集中监督等事项。（该知识点在新教材中已修改为：新型的业务运营模式是在信息技术的有效支持下，将前台与中后台分离）

21. D【解析】影响存款经营的因素主要有支付机制的创新、存款创造的调控和政府的监管措施。

22. D【解析】商业银行资产管理主要包括贷款管理、债券投资管理、现金资产管理；商业银行负债管理主要包括存款管理和借入款管理。

23. D【解析】根据《商业银行资本管理办法（试行）》，我国商业银行总资本由核心一级资本、其他一级资本和二级资本组成。

24. D【解析】商业银行风险加权资产包括信用风险加权资产、市场风险加权资产和操作风险加权资产。

25. A【解析】在发行市场中，投资银行以承销商身份，通过咨询、信息披露、定价和证券销售等帮助构建证券发行市场。在证券交易市场中，投资银行扮演着证券经纪商、证券做市商和证券自营商三重角色。

26. D【解析】债券资金既可以用于单个债转股项目，也可以用于多个债转股项目，选项D错误。（该知识点在新教材中已删除）

27. A【解析】注册制下的科创板、创业板在集合竞价和连续竞价阶段之外，也适用盘后定价交易。（该知识点在新教材中已删除）

28. A【解析】兼并与收购在运作中的联系远远超过区别，因此兼并与收购常作为同义词一起使用，统称为"并购"。从广义上看，并购实际上是通过资本市场对企业进行一切有关资本经营和资产重组的代称。选项A错误。

29. A【解析】信托是指委托人基于对受托人的信任，将其财产权委托给受托人，由受托人按委托人的意愿以自己的名义，为受益人的利益或者特定目的，进行管理或者处分的行为。

30. D【解析】根据受托人身份的不同，信托可分为民事信托和商事信托；根据信托利益归属的不同，信托可分为自益信托和他益信托；根据信托设立目的的不同，信托可分为私益信托和公益信托；根据委托人人数的不同，信托可分为单一信托和集合信托；根据信托关系设立法律基础的不同，信托可分为自由信托和法定信托；根据委托人性质的不同，信托可分为个人信托、法人信托、个人与法人通用信托；根据信托涉及的地理区域的不同，信托可分为国内信托和国际信托。

31. A【解析】根据《信托公司管理办法》，信托公司在固有业务项下可以开展贷款、租赁、投资等活动，其中投资业务限定为对金融类公司股权投资、金融产品投资和自用固定资产投资。

32. A【解析】融资租赁是一种具有融资、融物双重职能的交易，涉及出租人（为租赁交易提供资金融通）、承租人（选择租赁物并支付租金）、出卖人（为出租人提供租赁物的供应商）三方当事人，包括租赁合同、供货合同等两个或两个以上合同。

33. C【解析】金融租赁公司自担风险的融资租赁业务包括典型的融资租赁业务（简称直接租赁）、转租式融资租赁业务（简称转租赁）和售后回租式融资租赁业务（简称回租）。

34. C【解析】金融工程的基本分析方法包括积木分析法、套利定价法、风险中性定价法和状态价格定价法。

35. A【解析】期货是在场内进行的标准化交易，其逐日盯市结算、每日结清浮动盈亏的制度决定了期货在每日收盘后理论价值归为0，即期货的报价相当于远期合约的协议价格，故期货的报价理论上等于标的资产的远期价格。

36. C【解析】普通利率互换可以由一组远期利率协议复制，也可以由固定利率债券和浮动利率债券的组合复制，因此利率互换的价值等于债券组合的价值，可以运用债券组合对互换进行定价。

37. B【解析】对商业银行而言，信用风险的管理机制主要有审贷分离机制、授权管理机制和额度管理机制。

38. A【解析】原中国银行业监督管理委员会2007年印发的《商业银行操作风险管理指引》中要求，操作风险管理体系至少应包括以下基本要素：董事会的监督控制，高级管理层的职责，适当的组织架构，操作风险管理政策、方法和程序以及计提操作风险所需资本的规定。

39. B【解析】剑桥方程式属于传统货币数量论，选项B错误。

40. D【解析】凯恩斯认为，人们的货币需求行为往往是由交易动机、预防动机和投机动机三种动机决定的。基于交易动机和预防动机的货币需求取决于收入水平，收入水平越低，基于交易动机和预防动机的货币需求越小；基于投机动机的货币需求取决于利率水平，市场利率越低，基于投机动机的货币需求越大。

41. B【解析】1994年10月，中国人民银行正式编制并向社会公布"货币供应量统计表"，将我国的货币供应量划分为以下层次：M0＝流通中的现金；M1＝M0＋单位活期存款；M2＝M1＋储蓄存款＋单位定期存款＋单位其他存款；M3＝M2＋金融债券＋商业票据＋大额可转让定期存单等。

42. D【解析】基础货币又称高能货币，是非银行公众所持有的通货与银行的准备金之和。其中，准备金可以划分为法定存款准备金和超额存款准备金。

43. A【解析】中央银行改变基础货币主要有三种途径：①变动其储备资产，在外汇市场买卖外汇或贵金属；②变动对政府的债权，进行公开市场操作，买卖政府债券；③变动对商业银行的债权，对商业银行办理再贴现业务或发放再贷款。

44. B【解析】货币乘数m可表示为：$m = \dfrac{1+c}{c+r+e}$，在其他条件不变的情况下，可以用代数法代入不同的现金比率，来比较货币乘数的大小。例如，当$r=15\%$，$e=3\%$，$c=2\%$时，代入公式计算，解得$m=5.1$；当$c=7\%$时，代入公式计算，解得$m=4.28$。由此可知，现金比率越低，货币乘数越大。

45. A【解析】在存款总额一定的情况下，法定存款准备金率越低，商业银行可用于发放贷款的资金数额越多。

46. D【解析】按通货膨胀的程度划分，通货膨胀分为爬行式、温和式、奔腾式和恶性通货膨胀。其中，恶性通货膨胀又称超级通货膨胀，是指物价上涨特别猛烈，且呈加速趋势。此时，货币已完全丧失了价值储藏功能，部分丧失了交易媒介功能，成为"烫手山芋"，持有者都设法尽快将其花费出去。货币当局如不采取断然措施，货币制度将完全崩溃。

47. D【解析】中央银行的资产业务主要包括：①贷款；②再贴现；③证券买卖；④管理国际储备；⑤其他资产业务。

48. C【解析】货币政策的基本特征包括：①货币政策是宏观经济政策。货币政策一般涉及的是国民经济运行中的货币供应量、信用总量、利率、汇率等宏观经济总量问题，而不是银行或厂商等微观经济个量问题。选项B、D错误。②货币政策是调节社会总需求的政策。选项C正确。③货币政策主要是间接调控政策。选项A错误。④货币政策是长期连续的经济政策。

49. B【解析】近年来我国央行创设的新型货币政策工具主要有常备借贷便利、中期借贷便利、临时流动性便利、临时准备金动用安排、民营企业债券融资支持工具、定向中期借贷便利、央行票据互换工具等。

50. C【解析】2014年4月，中国人民银行创设抵押补充贷款（PSL）为开发性金融支持棚改提供长期稳定、成本适当的资金来源。

51. C【解析】2017年10月，中国共产党第十九次全国代表大会强调要把主动防范控制系统性金融风险放在更加突出的位置，牢牢守住不发生系统性风险的底线，并明确发出"健全货币政策和宏观审慎政策双支柱调控框架"的政策号令，进一步强化了构建我国宏观审慎政策框架的顶层设计。

52. D【解析】根据2013年1月1日起施行的《商业银行资本管理办法（试行）》，商业银行的核心一级资本充足率不得低于5%、一级资本充足率不得低于6%、资本充足率不得低于8%。

53. D【解析】为有效控制商业银行杠杆化程度，维护商业银行安全、稳健运行，2015年颁布的《商业银行杠杆率管理办法（修订）》规定，商业银行并表和未并表的杠杆率均不得低于4%。

54. D【解析】在证券公司董事、监事、高管人员任职资格方面，防止高管人员无资格任职，《证券公司监督管理条例》规定：①证券公司不得聘任、选任未取得任职资格的人员担任证券公司的董事、监事、高级管理人员、境内分支机构负责人；已经聘任、选任的，有关聘任、选任的决议、决定无效。②任何人未取得任职资格，实际行使证券公司董事、监事、高级管理人员或者境内分支机构负责人职权的，国务院证券监督管理机构应当责令其停止行使职权，予以公告，并可以按照规定对其实施证券市场禁入。③证券公司董事、监事、高级管理人员或者境内分支机构负责人不再具备任职资格条件的，证券公司应当解除其职务并向国务院证券监督管理机构报告；证券公司未解除的，国务院证券监督管理机构应当责令证券公司解除。

55. A【解析】在国际收支逆差时，可以采用紧缩的财政政策。而当国际收支顺差时，能够采用宽松的财政政策。

56. B【解析】财政政策和汇率政策主要调节经常账户收支。货币政策既调节经常账户收支，也调节资本账户收支。

57. C【解析】国际储备的本质特征包括：①国际储备是官方储备，为货币当局所持有，不包括民间持有的黄金、外汇等资产；②国际储备是货币资产，不包括实物资产；③国际储备是被世界各国普遍接受的货币资产；④国际储备是存量的概念，一般以截至某一时点的余额来表示或计量国际储备总量。（第①项在新教材中修改为：国际储备是官方储备。国际储备资产，必须是为一国货币当局所持有和直接掌握并可以加以使用的资产,而不是被其他机构或经济实体持有。非官方金融机构、企业和私人持有的黄金、外汇等资产,不能算作国际储备)

58. D【解析】从国际货币体系的发展历程来看,近现代国际货币体系大致经历了三个发展阶段:①第一次世界大战前的国际金本位制;②第二次世界大战后的布雷顿森林体系;③20 世纪 70 年代以来的牙买加体系。当前国际货币体系属于牙买加体系。

59. D【解析】欧洲货币市场的特点包括:①欧洲货币市场的交易客体是欧洲货币。②欧洲货币市场的交易主体主要是市场所在地的非居民。欧洲货币市场主要从事非居民与非居民之间的借贷。③欧洲货币市场的交易中介是欧洲银行。

60. C【解析】根据国际上通行的标准,20%的负债率、100%的债务率、25%的偿债率和 25%的短期债务率是债务国控制外债总量的警戒线。

二、多项选择题

61. BC【解析】我国回购协议主要有质押式回购和买断式回购两种,二者的期限都是 1 天到 365 天。

62. BCD【解析】2013 年 9 月 6 日,国债期货正式上市交易。国债期货的推出,有利于完善国债发行体制,引导资源优化配置,增强金融机构服务实体经济的能力。目前已经推出的品种包括 2 年期、5 年期和 10 年期国债期货。

63. BD【解析】投资组合的市场风险,即投资组合的 β 系数是个别股票的 β 系数的加权平均数,其权数都等于各种证券在投资组合中的比例。β 值高(大于 1)的证券被称为"激进型"证券,因为它们的收益率趋向于放大全市场的收益率。β 值低(小于 1)的证券被称为"防卫型"证券。

64. ACDE【解析】下一步,我国利率市场化改革的主要方向和任务包括:①继续深化利率市场化改革,完善 LPR 形成机制,做好 LPR 报价和运用工作,通过 MPA 考核等方式推动银行更多地运用 LPR,引导和督促金融机构合理定价,坚决打破银行通过协同行为设定贷款利率隐性下限,疏通货币政策传导,稳妥推进贷款利率"两轨合一轨",以市场化改革办法促进实际利率水平明显降低;②健全中央银行政策利率体系,增强利率调控能力;③发挥好市场利率定价自律机制作用,维护公平定价秩序。

65. ACE【解析】保险公司是主要依靠投保人缴纳保险费的形式建立起保险基金,对那些因发生自然灾害或意外事故而造成经济损失的投保人予以经济补偿的金融机构。保险公司所筹集的资金除保留一部分应付赔偿所需外,其余部分则作为长期性资金主要投资于政府债券和公司股票、债券,以及发放不动产抵押贷款、保单贷款等。

66. ACE【解析】中国银行间市场交易商协会成立于 2007 年 9 月 3 日,是由市场参与者自愿组成的,包括银行间债券市场、同业拆借市场、外汇市场、票据市场和黄金市场在内的银行间市场的自律组织,是经国务院同意、民政部批准成立的全国性的非营利性社会团体法人,其业务主管部门为中国人民银行。

67. ABCD【解析】商业银行的负债主要包括存款和借款,其中最主要的是存款,选项 E 错误。

68. ABCE【解析】我国商业银行的风险管理流程主要包括风险识别、风险计量、风险监测和风险控制四个环节。

69. BCDE【解析】商业银行内部控制的四项基本原则包括全覆盖原则、制衡性原则、审慎性原则和相匹配原则。

70. **ACD**【解析】发行人申请首次公开发行股票并在科创板上市，应当按照中国证监会有关规定制作注册申请文件，由保荐人保荐并向上交所申报，选项B错误。企业在科创板首次公开发行股票没有选项E这个要求。(该知识点在新教材中已删除)

71. **ABCE**【解析】按照《中华人民共和国证券投资基金法》第三十六条，基金托管人应当履行下列职责：①安全保管基金财产。选项B正确。②按照规定开设基金财产的资金账户和证券账户。③对所托管的不同基金财产分别设置账户，确保基金财产的完整与独立。④保存基金托管业务活动的记录、账册、报表和其他相关资料。⑤按照基金合同的约定，根据基金管理人的投资指令，及时办理清算、交割事宜。选项C正确。⑥办理与基金托管业务活动有关的信息披露事项。选项E正确。⑦对基金财务会计报告、中期和年度基金报告出具意见。选项A正确。⑧复核、审查基金管理人计算的基金资产净值和基金份额申购、赎回价格。⑨按照规定召集基金份额持有人大会。⑩按照规定监督基金管理人的投资运作。⑪国务院证券监督管理机构规定的其他职责。

72. **ABD**【解析】信托当事人是指与信托有直接利害关系或权利义务关系的人，包括委托人、受托人和受益人，他们是实施信托活动的主体。

73. **ACDE**【解析】根据《金融租赁公司管理办法》的规定：①我国金融租赁公司可申请经营融资租赁业务、转让和受让融资租赁资产、固定收益类证券投资业务、接受承租人的租赁保证金、吸收非银行股东3个月（含）以上定期存款、同业拆借、向金融机构借款、境外借款、租赁物变卖及处理业务、经济咨询等基本业务；②对于经营状况良好、风险管控能力较强的金融租赁公司，经国务院银行业监督管理机构批准，还可申请经营发行债券、在境内保税地区设立项目公司开展融资租赁业务、资产证券化、为控股子公司和项目公司对外融资提供担保等升级业务。

74. **ABCD**【解析】金融工程的应用领域包括金融产品创新（如货币互换解决了外汇管制带来的换汇困难）、资产定价（核心任务）、金融风险管理（最主要的应用领域）、投融资策略设计、套利等。

75. **BCD**【解析】货币供应量等于基础货币与货币乘数的乘积，选项A错误。货币乘数＝$(1+c)/(c+r+e)$，式中，c表示现金漏损率，r表示法定存款准备金率，e表示超额存款准备金率，选项B、C、D正确。中央银行决定法定存款准备金率和影响超额存款准备金率，商业银行决定超额存款准备金率，储户决定现金漏损率，选项E错误。

76. **BCD**【解析】通货膨胀是一种货币现象，货币供应量的无限制扩张是引起通货膨胀的重要原因，可以采用紧缩性的货币政策来减少社会需求，促使总需求和总供给趋向一致。紧缩性的货币政策主要有以下措施（即"卖高高高"）：①提高法定存款准备金率；②提高再贷款率、再贴现率；③公开市场卖出业务；④直接提高利率。

77. **ADE**【解析】货币政策工具主要有一般性货币政策工具和选择性货币政策工具。一般性货币政策工具主要包括被称为中央银行"三大法宝"的存款准备金政策、再贴现政策和公开市场操作。

78. **CDE**【解析】全部关联度，即全部关联授信与资本净额之比，不得高于50%，选项C错误。不良贷款率，即不良贷款与贷款总额之比，不得高于5%，选项D错误。不良资产率，即不良资产与资产总额之比，不得高于4%，选项E错误。

79. **BCDE**【解析】国际收支平衡表的经常账户反映的是居民与非居民之间货物、服务、初次收入和二次收入的流量。这些项目下收入和支出的差额被称作经常账户差额。

80. ACDE 【解析】2015年11月30日，国际货币基金组织执董会将人民币纳入特别提款权（SDR）货币篮子，SDR货币篮子相应扩大至美元、欧元、人民币、日元、英镑5种货币。受此影响，国际货币基金组织成员持有人民币规模不断扩大，这也对我国国际储备管理提出了新的要求。

三、案例分析题

（一）

81. B 【解析】中国银行保险监督管理委员会依法依规对全国银行业和保险业实行统一监督管理（主要是具体的监管，如机构和业务范围的准入管理、审查高管的任职资格、制定业务人员行为规范等），维护银行业和保险业合法、稳健运行，对派出机构实行垂直领导。负责国有重点银行业金融机构监事会的日常管理工作、实行现场检查与非现场监管。制定小额贷款公司、融资性担保公司、典当行、融资租赁公司、商业保理公司、地方资产管理公司等其他类型机构的经营规则和监管规则。制定网络借贷信息中介机构业务活动的监管制度。

82. D 【解析】按列举式规定的行政处罚包括：①警告、通报批评；②罚款；③没收；④限制开展生产经营活动、责令停产停业、责令关闭、限制从业；⑤暂扣许可证件、降低资质等级、吊销许可证件；⑥行政拘留（只能由公安机关决定和执行；一般只适用于严重违反治安管理法规的自然人；期限为1日以上，15日以下；必须经过传唤、讯问、取证、裁决、执行等程序）。

83. BCD 【解析】现场检查是指通过银行监管机构的实地作业来评估银行机构经营稳健性和安全性的一种方式。具体来说，现场检查是由银行监管机构具备相应专业知识和水平的检查人员组成检查组，按统一规范的程序，带着明确的检查目标和任务，对某一银行进入现场进行的实地审核、察看、取证、谈话等活动的检查形式。

84. AB 【解析】商业银行开展理财业务，应当确保每只理财产品与所投资资产相对应，做到每只理财产品单独管理、单独建账和单独核算，不得开展或者参与具有滚动发行、集合运作、分离定价特征的资金池理财业务；遵守市场交易和公平交易原则，不得在理财产品之间、理财产品投资者之间或者理财产品投资者与其他市场主体之间进行利益输送。根据案例，风险隔离不到位，理财产品之间、理财产品与自营业务之间的不当交易仍时有发生，故选项A、B正确。

（二）

85. A 【解析】蝶式价差套利，我们考虑三种协议价格为 x_1、x_2 和 x_3，相同标的资产，相同到期日的看涨期权，$x_2=(x_1+x_3)/2$，利用套利定价原理我们可以推导出三者的期权应该满足：$2x_2<x_1+x_3$，当该关系满足时，可以通过买入执行价格为 x_1 和 x_3 的期权，卖出执行价格为 x_2 的期权进行套利。依据题干可判断，$(26+34)/2=30$（美元），三者期权满足：$2\times9<13+7$，所以是蝶式价差套利。投资者可分别买入执行价格为26美元和34美元的看涨期权，出售两个执行价格为30美元的看涨期权，构造一个蝶式价差期权。

86. C 【解析】构造期权组合的成本为 $13+7-2\times9=2$（美元）。

87. A 【解析】投资者分别买入执行价格为26美元和34美元的看涨期权，出售两个执行价格为30美元的看涨期权。当股票价格为27美元时，执行26美元的看涨期权，获利 $27-26=1$（美元），放弃34美元的看涨期权，同时出售的两个30美元的看涨期权，买方也会放弃行权。扣除成本2美元，净损失1美元，故收益为零。

88. C【解析】当股票价格为30美元时，会得到最大利润30－26－2＝2（美元）。选项A的收益为0。选项B的收益为1美元。选项D的净损失2美元。

(三)

89. C【解析】存款乘数＝1/（法定存款准备金率＋超额存款准备金率＋现金漏损率）＝1/（5％＋5％＋10％）＝5.0。

90. A【解析】派生存款总额＝原始存款×存款乘数＝200×5＝1 000（万元）。

91. A【解析】我国的货币供应量划分为以下层次：M0＝流通中的现金；M1＝M0＋单位活期存款；M2＝M1＋储蓄存款＋单位定期存款＋单位其他存款；M3＝M2＋金融债券＋商业票据＋大额可转让定期存单等。

92. CD【解析】货币供应量等于基础货币与货币乘数的乘积。货币乘数 m 可表示为：$m = \dfrac{1+c}{c+r+e}$。式中，c 代表现金漏损率，e 代表超额存款准备金率，r 代表法定存款准备金率。

(四)

93. D【解析】$FV = P(1+r)^n = [100 \times (1+5\%)^5 + 100] \times (1+5\%)^5 \approx 290.52$（万元）。

94. B【解析】$FV = P(1+r)^n = [100 \times (1+6\%)^5 + 100] \times (1+4\%)^5 \approx 284.48$（万元）。

95. AB【解析】每年的计息次数越多，最终的本息和越大。随着计息间隔的缩短，本息和以递减的速度增加，最后等于连续复利的本息和。

96. ABC【解析】具有相同风险、流动性和税收特征的债券，由于距离到期日的时间不同，其利率水平也会有所差异，债券利率与到期期限的这种关系被称为利率的期限结构。目前，主要有三种理论解释利率的期限结构，即预期理论、分割市场理论和流动性溢价理论。

(五)

97. D【解析】投资组合的市场风险，即组合的 β 系数是个别股票的 β 系数的加权平均数，其权数等于各种证券在投资组合中的比例，则投资组合的 β 系数＝1.0×50％＋1.2×20％＋1.5×30％＝1.19。

98. C【解析】投资者在投资A股票时所要求的均衡收益率＝4％＋1.0×（8％－4％）＝8％。

99. BCD【解析】β 系数大的系统风险大，A、B、C三种股票投资组合的 β 系数为1.19，全市场组合的 β 系数是1。

100. BCD【解析】系统风险又称不可分散风险，是由那些影响整个市场的风险因素所引起的，这些因素包括宏观经济形势的变动、国家经济政策的变动、税制改革、政治因素等。非系统风险又称可分散风险，是指包括公司财务风险、经营风险等在内的特有风险。

2020年全国经济专业技术资格考试

《金融专业知识与实务》(中级)
机考真题

扫码兑换 备考课程

考场规则

一、自考试开始前 30 分钟起，应试人员凭准考证和有效身份证件（须与报考时所使用的身份证件一致）进入本科目考试所指定考场，按座位号入座，并将准考证和有效身份证件放置在座位右上角。

二、本次考试为电子化考试，须在计算机上作答，应试人员参加考试可携带的用品只限于铅笔。

三、每科目开始 5 分钟后，迟到的应试人员一律不得进入考场。各科目考试时长（最长作答时间）为 1.5 小时，经监考人员同意，应试人员可提前 15 分钟交卷、离场。

四、应试人员须按照考试系统提示的要求进行操作，不得擅自对计算机进行冷、热启动，不得关闭电源或作出其他与考试无关的操作。

五、应试人员应按照考试系统的提示登录系统，须认真阅读《考场规则》及《操作指南》，并点击"我已阅读"按钮。考试开始后，考试系统将自动进行计时，应试人员作答时间以考试系统计时器显示的结果为准。

六、应试人员须在考场内保持安静；独立进行作答，不得与其他应试人员交流讨论，不得要求监考人员解释试题；遇到无法登录、系统故障等异常情况时可举手询问，不得自行处置。

七、应试人员应自觉接受工作人员的监督和检查，服从工作人员安排。

八、应试人员交卷后，须确认界面提示"交卷成功"，方可离开考场；若界面提示"交卷失败"，须及时联系监考人员。

九、应试人员不得将相关考试信息以任何方式带出考场，交卷后不得在考场附近逗留、谈论。

十、考试违纪违规行为按照人力资源社会保障部《专业技术人员资格考试违纪违规行为处理规定》处理。

一、单项选择题（共60题，每题1分。每题的备选项中，只有1个最符合题意）

1. 某公司拟发行票面金额为10 000美元、年贴现率为6％、期限为60天的商业票据，该商业票据的发行价格应是（　　）美元。
   A. 9 900　　　　B. 10 000　　　　C. 36 000　　　　D. 6 000

2. 中国银行间市场交易商协会推出的超短期融资券的最长融资期限是（　　）天。
   A. 180　　　　B. 360　　　　C. 270　　　　D. 90

3. 假设交易主体甲参与金融衍生品市场活动的主要目的是促成交易、收取佣金，则此时甲扮演的角色是（　　）。
   A. 经纪人　　　　　　　　　　B. 投机者
   C. 套期保值者　　　　　　　　D. 套利者

4. 下列利率决定理论中，属于古典利率理论的是（　　）。
   A. 利率决定于储蓄与投资的相互作用
   B. 利率决定于投资与消费的相互作用
   C. 利率决定于消费与储蓄的相互作用
   D. 利率决定于投资与利润的相互作用

5. 下列关于债券违约风险的说法，正确的是（　　）。
   A. 债券期限越长，违约风险越低
   B. 违约风险不同是导致到期期限相同的债券利率不同的重要原因
   C. 地方政府债券的违约风险通常低于中央政府债券的违约风险
   D. 公司债券的违约风险通常低于政府债券的违约风险

6. 下列关于预期理论对利率的期限结构解释的说法，正确的是（　　）。
   A. 随着时间的推移，不同到期期限的债券利率有反向运动的趋势
   B. 如果短期利率较低，收益率曲线倾向于向下倾斜
   C. 随着时间的推移，不同到期期限的债券利率有同向运动的趋势
   D. 如果短期利率较高，收益率曲线倾向于向上倾斜

7. 凯恩斯认为"流动性陷阱"发生后，货币需求曲线的形状是（　　）。
   A. 一条向上倾斜的直线　　　　B. 一条平行于纵轴的直线
   C. 一条平行于横轴的直线　　　D. 一条向下倾斜的直线

8. 金融机构通过负债业务和资产业务为资金供求双方提供服务，这一操作体现出金融机构的职能是（　　）。
   A. 促进资金融通职能　　　　　B. 支付结算职能
   C. 降低交易成本职能　　　　　D. 减少信息成本职能

9. 2019年非洲某国家受灾严重，农业大面积减产，中国政府及时伸出援手为其提供优惠贷款。在我国，办理这项贷款的金融机构是（　　）。
   A. 国家开发银行　　　　　　　B. 中国农业银行
   C. 中国农业发展银行　　　　　D. 中国进出口银行

10. 目前，我国牵头负责制定预防系统性金融风险和应急处置预案的监督管理机构是（　　）。
    A. 中国证监会　　　　　　　　B. 中国人民银行
    C. 中国银保监会　　　　　　　D. 国家外汇管理局

11. 我国中央银行的资本结构是（　　）。
   A. 全部资本为非国家所有的资本结构
   B. 国家和民间股份混合所有的资本结构
   C. 全部资本为国家所有的资本结构
   D. 无资本金的资本结构

12. 下列关于中国银保监会职责的说法，正确的是（　　）。
   A. 中国银保监会依法依规任命银行、保险业高级管理人员
   B. 中国银保监会制定银行业和保险业审慎监管与行为监管规则
   C. 中国银保监会监督管理银行间债券市场、票据市场
   D. 中国银保监会负责推进金融基础设施改革与互联互通工作

13. 下列职责中，属于中国证监会职责的是（　　）。
   A. 制定网络借贷信息中介机构业务活动的监管制度
   B. 对票据市场、黄金市场进行监督管理
   C. 审批资产评估机构及其成员从事证券期货中介业务的资格
   D. 协助境内企业直接或间接到境外发行股票

14. 在信息技术的有效支持下，商业银行新型业务运营模式与传统业务运营模式相比的突出特点是（　　）。
   A. 管理半径短　　　　　　　B. 前台与中后台分离
   C. 人工成本高　　　　　　　D. 空间上一体

15. 商业银行在经济全球化背景下更加重视关系营销策略，这一策略的最大特点是（　　）。
   A. 以成本为导向　　　　　　B. 以竞争为导向
   C. 以价格为导向　　　　　　D. 以产品为导向

16. 根据《商业银行理财业务监督管理办法》，商业银行权益类理财产品投资于权益类资产的最低比例应是（　　）。
   A. 65%　　　　　　　　　　B. 80%
   C. 60%　　　　　　　　　　D. 70%

17. 商业银行开展理财业务，正确的做法是（　　）。
   A. 理财业务与其他业务相结合　　B. 向投资者充分披露产品信息
   C. 与客户共担投资风险　　　　　D. 向客户宣传预期收益率

18. 银行要求申请贷款的客户提供保证担保，这种做法在风险管理中称为（　　）。
   A. 风险对冲　　　　　　　　B. 风险抑制
   C. 风险分散　　　　　　　　D. 风险转移

19. 通常情况下，商业银行税后利润的分配顺序为（　　）。
   A. 提取公益金→弥补以前年度亏损→提取法定公积金→向投资者分配利润
   B. 提取法定公积金→向投资者分配利润→提取公益金→弥补以前年度亏损
   C. 弥补以前年度亏损→提取法定公积金→提取公益金→向投资者分配利润
   D. 向投资者分配利润→提取公益金→提取法定公积金→弥补以前年度亏损

20. 下列关于证券投资基金的说法，正确的是（　　）。
   A. 证券投资基金所募集资金在法律上不具有独立性

B. 证券投资基金管理人是基金存续期内基金所有者

C. 证券投资基金通过发行基金份额的方式募集资金

D. 证券投资基金是一种直接投资工具

21. 下列关于契约型基金与公司型基金比较的说法，正确的是（　　）。
    A. 契约型基金与公司型基金都具有法人资格
    B. 契约型基金与公司型基金都依据公司章程营运
    C. 契约型基金与公司型基金的区别主要表现在法律形式不同
    D. 契约型基金与公司型基金投资者地位相同

22. 下列关于开放式基金的说法，正确的是（　　）。
    A. 基金在存续期内不能赎回
    B. 基金交易价格受市场供求关系影响
    C. 基金份额不固定
    D. 基金一般有固定存续期

23. 下列关于基金运营服务的说法，正确的是（　　）。
    A. 基金运营服务是基金管理公司最核心的一项业务
    B. 基金运营服务内容包括基金募集和销售
    C. 基金运营服务内容包括基金清算和信息披露
    D. 基金运营服务内容包括基金注册登记和销售

24. 作为一种重要的财产管理制度，信托成立的基础是（　　）。
    A. 资产   B. 财产
    C. 收益   D. 信任

25. 在信托业务运作中，处于掌握、管理和处分信托财产中心位置的当事人是（　　）。
    A. 投资人   B. 受托人
    C. 受益人   D. 委托人

26. 随着市场的发展，融资租赁的功能在不断增加，但其最基本的功能始终是（　　）。
    A. 产品促销   B. 风险分散
    C. 资产管理   D. 融资与投资

27. 下列关于融资租赁合同主要特征的说法，错误的是（　　）。
    A. 融资租赁合同是不可单方解除的合同
    B. 融资租赁合同是投资—租赁一体化合同
    C. 融资租赁合同是一种双务、有偿合同
    D. 融资租赁合同是一种诺成、要式合同

28. 下列租赁业务中，金融租赁公司不用承担风险的是（　　）。
    A. 杠杆租赁   B. 委托租赁
    C. 转租赁   D. 联合租赁

29. 2019年年末，我国某金融租赁公司的净资本额为60亿元。该公司若通过同业拆借市场融入资金，其最高拆入资金限额是（　　）亿元。
    A. 60   B. 30
    C. 42   D. 90

30. 钱先生看准棉花期货价格大跌的时机，借入10万元买入棉花期货。在期货交易中，钱先生的操作方式是（　　）。
    A. 对冲
    B. 买空
    C. 套利
    D. 卖空

31. 假设一支现金收益为3元的股票当前的股价为20元，无风险连续复利为0.05，已知$e^{0.05} \approx 1.05127$，该股票1年期的远期价格为（　　）元。
    A. 17.25
    B. 17.34
    C. 17.87
    D. 18.03

32. 某商业银行为降低信用风险，运用多种方式进行信用风险缓释，成效显著。下列结果中，能够体现信用风险缓释功能的是（　　）。
    A. 违约意愿的下降
    B. 违约风险敞口的下降
    C. 违约成本的下降
    D. 违约人员的下降

33. 某商业银行对其内部控制系统进行评估，属于其评估内容的是（　　）。
    A. 信息与沟通
    B. 组织流程再造
    C. 技术手段创新
    D. 信贷资产管理

34. 凯恩斯认为，由交易动机和预防动机引起的货币需求主要取决于（　　）。
    A. 利率
    B. 汇率
    C. 收入
    D. 物价

35. 在弗里德曼货币需求函数模型中，影响实际货币需求的机会成本变量是（　　）。
    A. 非人力财富占总财富比例
    B. 资本品的转手量
    C. 恒久性收入
    D. 股票的预期收益率

36. 根据我国货币统计口径划分标准，下列货币构成中，属于M_3与M_2差异项的是（　　）。
    A. 单位定期存款
    B. 通货
    C. 储蓄存款
    D. 商业票据

37. 假定某商业银行原始存款增加1 000万元，法定存款准备金率为20%，超额存款准备金率为2%，现金漏损率为5%。则该商业银行的派生存款总额应为（　　）万元。
    A. 4 000
    B. 4 546
    C. 5 000
    D. 3 704

38. 货币均衡分析通常采用$IS-LM-BP$模型，该模型中IS曲线上的点所对应的均衡是（　　）。
    A. 产品市场均衡
    B. 劳动力市场均衡
    C. 国际收支均衡
    D. 货币市场均衡

39. 中央银行根据货币流通需要调拨库款，这体现的中央银行职能是（　　）。
    A. 政府的银行
    B. 管理金融的银行
    C. 银行的银行
    D. 发行的银行

40. 关于金融监管社会选择论的说法，正确的是（　　）。
    A. 社会选择论认为自由的市场机制并不能为社会带来资源的最优化配置
    B. 社会选择论认为金融管制制度作为产品并不存在供给和需求的问题
    C. 社会选择论主要从社会公众个人选择的角度来解释政府的金融管制

D. 社会选择论强调只能由代表社会利益的政府来安排和实施金融管制

41. 中央银行在公开市场卖出政府债券的意图是（　　）。
    A. 获取差价收益
    B. 减少商业银行在中央银行的存款
    C. 筹集资金帮助政府弥补财政赤字
    D. 减少流通中的基础货币以紧缩货币供给

42. 下列货币政策工具中，调控作用最猛烈、央行具有完全自主权的政策工具是（　　）。
    A. 存款准备金政策　　　　　　B. 公开市场操作
    C. 再贷款政策　　　　　　　　D. 再贴现政策

43. 在国际金融监管实践中，促使各国监管当局重视并加强宏观审慎管理的重大催化性事件是（　　）。
    A. 2008年全球金融危机　　　　B. 1997年亚洲金融危机
    C. 1994年墨西哥金融危机　　　D. 2009年欧洲债务危机

44. 在金本位制下，汇率的决定标准是（　　）。
    A. 铸币平价　　　　　　　　　B. 黄金平价
    C. 利率平价　　　　　　　　　D. 购买力平价

45. 布雷顿森林体系下的汇率制度是（　　）。
    A. 以黄金为中心的固定汇率制　B. 以美元为中心的浮动汇率制
    C. 以黄金为中心的浮动汇率制　D. 以美元为中心的固定汇率制

46. 下列关于牙买加协议内容的说法，错误的是（　　）。
    A. 国际货币基金组织各成员国的基金份额被压缩
    B. 特别提款权作用进一步增强
    C. 国际货币基金组织各成员国可以自主决定汇率制度
    D. 国际货币基金组织成员没有以黄金清偿债务的义务

47. 避税港型离岸金融中心的一个突出特点是（　　）。
    A. 资金源于居民，也运用于居民
    B. 资金源于非居民，运用于居民
    C. 资金源于居民，运用于非居民
    D. 资金源于非居民，也运用于非居民

48. 在欧洲中长期信贷市场上，双边贷款适用的贷款类型是（　　）。
    A. 金额较小、期限较短的中期贷款　　B. 金额较小、期限较长的长期贷款
    C. 金额较大、期限较长的长期贷款　　D. 金额较大、期限较短的中期贷款

49. 在英国债券市场发行的以英镑计价的外国债券称为（　　）。
    A. 伦勃朗债券　　　　　　　　B. 猛犬债券
    C. 武士债券　　　　　　　　　D. 扬基债券

50. 通常情况下，国际收支均衡指的是（　　）。
    A. 金融性交易收支是否均衡　　B. 商品性交易收支是否均衡
    C. 自主性交易收支是否均衡　　D. 补偿性交易收支是否均衡

51. 某商业银行发行的大额固定利率存单，面额为10万元，期限为180天，年利率为10%。则

该大额固定利率存单的利息为（　　）元。
A. 100　　　　B. 1 000　　　　C. 500　　　　D. 5 000

52. 我国设立财务公司的主要目的是（　　）。
A. 为非企业集团成员提供财务管理服务
B. 为企业集团成员提供财务管理服务
C. 为社会公众提供财务管理服务
D. 为集团员工提供财务服务

53. 根据《商业银行理财业务监督管理办法》，购买私募理财产品的合格法人投资者最近一年末净资产不得低于（　　）万元。
A. 100　　　　　　　　　　B. 500
C. 800　　　　　　　　　　D. 1 000

54. 在商业银行成本管理中，固定资产折旧属于（　　）。
A. 税费支出　　　　　　　　B. 补偿性支出
C. 营业外支出　　　　　　　D. 利息支出

55. 2016年8月31日，国际复兴开发银行获准在中国发行特别提款权计价债券，该债券属于（　　）。
A. 扬基债券　　　　　　　　B. 欧洲债券
C. 熊猫债券　　　　　　　　D. 国内债券

56. Q银行由于经营不善，发生挤兑事件。监管部门为防止产生多米诺骨牌效应，决定对该银行进行管控，这属于防控（　　）。
A. 合规风险　　　　　　　　B. 声誉风险
C. 系统性风险　　　　　　　D. 市场风险

57. 国际大宗商品价格上涨，导致A国重要原材料和中间产品的价格持续上涨，由此引发A国通货膨胀的是（　　）。
A. 供求混合型通货膨胀　　　B. 生产结构型通货膨胀
C. 需求拉上型通货膨胀　　　D. 成本推进型通货膨胀

58. 根据国际通行的标准，一国外债总量适度和安全的标准不包括（　　）。
A. 偿债率不高于25%　　　　B. 负债率不高于20%
C. 短期负债率不高于25%　　D. 债务率不高于100%

59. 订制国际收支平衡表所依据的记账方法是（　　）。
A. 复式簿记的借贷记账法　　B. 单式簿记的单式记账法
C. 复式簿记的增减记账法　　D. 复式簿记的收付记账法

60. 根据《国际货币基金协定》，一国货币可兑换主要是指（　　）。
A. 资本项目可兑换　　　　　B. 经常项目可兑换
C. 货币完全可兑换　　　　　D. 有条件可兑换

二、**多项选择题**（共20题，每题2分。每题的备选项中，有2个或2个以上符合题意，至少有1个错项。错选，本题不得分；少选，所选的每个选项得0.5分）

61. 下列金融市场中，属于资本市场的有（　　）。
A. 同业拆借市场　　　　　　B. 股票市场

C. 债券市场 D. 商业票据市场
E. 证券投资基金市场

62. 下列关于商业票据的说法，正确的有（　　）。
   A. 商业票据依靠信用发行，不需要担保
   B. 商业票据的发行期限较短，发行面额较大
   C. 商业票据融资成本低，融资方式灵活
   D. 商业票据融资成本高，融资方式灵活
   E. 商业票据的发行期限较长，发行面额较小

63. 下列利率期限结构理论观点中，属于分割市场理论观点的有（　　）。
   A. 不同到期期限的债券根本无法相互替代是该理论的假设条件
   B. 不同期限的债券市场是完全独立和分割开来的市场
   C. 到期期限不同的每种债券的利率取决于该债券的供给与需求
   D. 收益率曲线不同的形状可由不同到期期限的债券的供求因素解释
   E. 到期期限不同的每种债券的利率取决于该债券的流动性

64. 下列关于债券收益率的说法，正确的有（　　）。
   A. 债券到期收益率等于债券面值与债券期限之比
   B. 债券名义收益率等于债券票面收益与债券面值之比
   C. 债券本期收益率等于本期获得的债券利息与债券本期市场价格之比
   D. 债券实际收益率等于名义收益率与通货膨胀率之差
   E. 债券持有期收益率等于债券买入价与债券持有期收益之比

65. 下列关于世界银行的说法，正确的有（　　）。
   A. 世界银行是促进地区经济发展的政府间多边开发银行机构
   B. 世界银行鼓励国际投资，促进成员方国际贸易的平衡发展
   C. 世界银行贷款主要用于成员国各种基础设施工程项目
   D. 世界银行提供贷款以鼓励经济不发达成员国的生产和资源开发
   E. 世界银行资金来源主要由成员方缴纳的股金、借款、出让债权及净收益构成

66. 下列关于政策性金融机构的说法，正确的有（　　）。
   A. 政策性金融机构以政策性为经营原则
   B. 政策性金融机构旨在实现政府的政策目标
   C. 政策性金融机构对需支持的产业提供无偿服务
   D. 政策性金融机构的资金主要来源于政府
   E. 政策性金融机构具有政策性和金融性双重特征

67. 商业银行运用"5C"标准对客户进行信用调查时，需要考虑的因素有（　　）。
   A. 成本（cost） B. 品格（character）
   C. 经营环境（condition） D. 担保品（collateral）
   E. 资本（capital）

68. 我国商业银行理财产品可以直接投资的对象有（　　）。
   A. 银行存款 B. 国债
   C. 公募证券投资基金 D. 信贷资产

E. 公司信用类债券

69. 完善的商业银行内部控制应具备的基本特征有（　　）。
   A. 职责分离、相互制约的部门和岗位设置
   B. 内部控制的文化氛围
   C. 完善的信息系统
   D. 审慎经营的理念
   E. 横向的授权与审批制度

70. 根据《关于证券公司证券自营业务投资范围及有关事项的规定》，我国证券公司可以从事的证券自营投资品种有（　　）。
   A. 在境内证券交易所上市转让的股票
   B. 在符合规定的区域性股权交易市场挂牌转让的股票
   C. 在全国银行间市场流通的大额存单
   D. 在全国中小企业股份转让系统转让的证券
   E. 在符合规定的区域性股权交易市场挂牌转让的私募债券

71. 金融衍生品是依据基础产品或基础变量派生出来的金融产品，其基本特征有（　　）。
   A. 跨期性   B. 联动性
   C. 稳定性   D. 杠杆性
   E. 高风险性

72. 假设有一份 3×9 的远期利率协议，关于这份协议的说法，正确的有（　　）。
   A. 该协议签订时并不发生实际的借贷行为
   B. 该协议在交割日按协议利率和参考利率之间的差额的折现值进行交割
   C. 该协议的买方订立协议的目的在于规避利率上升的风险
   D. 该协议表示的是 3 个月后开始的期限为 9 个月贷款的远期利率
   E. 该协议的卖方是名义借款人

73. 在存款货币创造过程中，能够影响存款创造乘数的因素有（　　）。
   A. 超额存款准备金率   B. 现金漏损率
   C. 再贴现率   D. 再贷款率
   E. 法定存款准备金率

74. 下列经济因素中，能够引发成本推进型通货膨胀的有（　　）。
   A. 垄断企业为获取利润人为提高产品价格
   B. 工资增长率超过生产率的增长率
   C. 部门之间相互攀比抬升价格
   D. 过多的货币追求过少的商品
   E. 环境污染造成原材料价格上涨，成本上升

75. 下列关于中央银行性质和职责的说法，正确的有（　　）。
   A. 中央银行在国家金融体系中处于主导地位
   B. 中央银行代表国家制定和实施货币政策
   C. 中央银行开展货币信用业务服务实体经济
   D. 中央银行肩负着对金融业实施管理的职责

E. 中央银行业务运作应保证有适度的盈利

76. 2019年，中国人民银行进一步完善宏观审慎政策框架（MPA），在优化信贷结构和促进金融供给侧结构性改革中的作用涉及的内容有（　　）。
   A. 绿色金融　　　　　　　　　B. LPR运用情况
   C. 民营企业融资　　　　　　　D. 合意贷款
   E. 小微企业融资

77. 根据衡量货币价值的需要，汇率可以划分为（　　）。
   A. 市场汇率　　　　　　　　　B. 实际汇率
   C. 名义汇率　　　　　　　　　D. 有效汇率
   E. 官方汇率

78. 可以被非货币基金组织成员国当作国际储备资产的有（　　）。
   A. 外汇储备　　　　　　　　　B. 特别提款权
   C. 黄金储备　　　　　　　　　D. 实物资产
   E. 在国际货币基金组织的储备头寸

79. 资本项目可兑换带来的风险主要有（　　）。
   A. 要素流动固化　　　　　　　B. 资本外逃
   C. 政府课税能力下降　　　　　D. 宏观经济不稳定
   E. 货币替代

80. 关于信托登记的说法，正确的有（　　）。
   A. 信托登记由信托登记公司办理　　　B. 信托登记由信托机构提出申请
   C. 信托登记一经完成即不能变更　　　D. 信托机构开展信托业务须办理信托登记
   E. 信托终止时无须再进行登记

三、案例分析题（共20题，每题2分，由单选和多选组成。错选，本题不得分；少选，所选的每个选项得0.5分）

（一）

王先生拟投资某个茶饮项目，需要一次性投资100 000元，王先生目前可用流动资金为50 000元，因而拟向银行申请贷款50 000元，贷款期限为5年。他分别向A、B、C三家银行进行了贷款咨询，三家银行给出的贷款年利率均为5％，且均为到期还本付息。利息计算方式分别为：A银行采用单利计息，B银行按年计算复利，C银行按半年计算复利。

根据以上资料，回答下列问题：

81. 若王先生从A银行贷款，则到期应付利息为（　　）元。
    A. 12 500　　　　　　　　　　B. 15 000
    C. 10 000　　　　　　　　　　D. 11 500

82. 若王先生从B银行贷款，则到期时的本息和应为（　　）元。
    A. 63 142.08　　　　　　　　B. 61 512.08
    C. 62 451.08　　　　　　　　D. 63 814.08

83. 若王先生从C银行贷款，则到期时的本息和应为（　　）元。
    A. 64 004.23　　　　　　　　B. 65 017.23
    C. 65 090.23　　　　　　　　D. 62 335.23

84. 如果银行贷款按复利计算，王先生对该笔贷款的评估结果是（　　）。
   A. 随着计息间隔的缩短，本息和以递增的速度减少
   B. 每年的计息次数越少，最终应付的本息金额越小
   C. 每年的计息次数越少，最终应付的利息金额越大
   D. 随着计息间隔的缩短，本息和以递减的速度增加

（二）

2020年6月18日，为有效调节市场流动性，维护季度末、半年末流动性的合理适度，中国人民银行通过公开市场业务操作，以利率招标方式开展了规模为500亿元、期限为7天的逆回购操作，中标利率为2.2%，与前次操作时持平；同时还开展了规模为700亿元、期限为14天的逆回购操作，中标利率为2.3%，较前次操作时下降20个基点。此外，当日市场上有800亿元的逆回购到期。

根据以上资料，回答下列问题：

85. 从货币政策工具类型看，当日中国人民银行所开展的逆回购操作是（　　）。
   A. 选择性货币政策工具操作　　　B. 间接信用指导货币政策工具操作
   C. 一般性货币政策工具操作　　　D. 直接信用控制货币政策工具操作

86. 中国人民银行在进行7天期和14天期逆回购操作时，其交易对象是（　　）。
   A. 柜台交易商　　　　　　　　　B. 一级交易商
   C. 场外交易商　　　　　　　　　D. 二级交易商

87. 当日的中国人民银行逆回购操作，对市场产生的直接影响是（　　）。
   A. 增加了400亿元的资金供给　　B. 减少了1 200亿元的资金供给
   C. 增加了1 200亿元的资金供给　D. 减少了400亿元的资金供给

88. 通过当日的货币政策操作，中国人民银行希望实现的货币政策意图是（　　）。
   A. 营造从紧预期　　　　　　　　B. 刺激经济扩张
   C. 收缩货币供应　　　　　　　　D. 引导利率下行

（三）

G公司是天然气生产企业。新冠疫情开始以后，投资者小李认为北半球的暖冬，加上天然气供过于求，又受到疫情影响，工业用气需求会下滑，因此不看好2020年天然气价格，认为G公司股票价格剧变的可能性很大。该股票的现行市场价格为每股90美元。小李同时购买了到期期限为6个月、执行价格为95美元的一个看涨期权和一个看跌期权来进行套利。看涨期权成本为8美元，看跌期权成本为10美元。

根据以上资料，回答下列问题：

89. 如果到期股票价格并未发生变化，则小李的盈利为（　　）美元。
   A. 13　　　　　　　　　　　　　B. −18
   C. −13　　　　　　　　　　　　D. 18

90. 如果到期时股票价格为75美元，则小李的盈利为（　　）美元。
   A. 2　　　　　　　　　　　　　B. 3
   C. −3　　　　　　　　　　　　D. −2

91. 如果到期时股票价格为120美元，小李的盈利为（　　）美元。
   A. −22　　　　　　　　　　　　B. 7

C. —7
D. 22

92. 如果某时点小李达到盈亏平衡，此时股票的价格可能是（　　）美元。
  A. 65
  B. 77
  C. 113
  D. 100

（四）

2008年年底爆发的全球金融危机波及了H国，导致H国外贸出口大幅度下降。大量企业倒闭、工人失业，经济增长停滞。为保障经济增长和提升就业，H国出台了一揽子经济刺激方案，如增加国家基础建设投资支出、通过公开市场操作向市场释放大量流动性（2010年M2余额比上年增长19.7%，M1余额比上年增长21.2%）等，造成市场需求旺盛但有效供给不足。与此同时，在国际上，由于美国不断推出量化宽松的货币政策，美元泛滥造成国际大宗商品价格猛涨，传导到H国造成原材料价格上涨。2010年H国各月CPI同比增长的数据如下：1月增长1.5%，2月增长3.1%，3月增长3.3%，4月增长3%，5月增长3.4%，6月增长3.5%，7月增长3.7%，8月增长3.7%，9月增长3.9%，10月增长4.4%，11月增长5.1%，12月增长5.2%。人们在经济生活中普遍形成了价格持续上涨的预期。

根据以上资料，回答下列问题：

93. 2010年，H国通货膨胀的类型是（　　）。
  A. 奔腾式通货膨胀
  B. 温和式通货膨胀
  C. 恶性通货膨胀
  D. 爬行式通货膨胀

94. 2010年，H国通货膨胀的成因是（　　）。
  A. 成本推进
  B. 经济结构变化
  C. 需求拉上
  D. 国际收支失衡

95. 应对全球金融危机给本国造成的经济停滞，除增加基础建设投资支出外，H国还可以采取的财政政策是（　　）。
  A. 提高工资收入
  B. 改革币制
  C. 增加税收
  D. 收入指数化

96. 针对日益严重的通货膨胀预期，H国中央银行可能采取的货币政策措施是（　　）。
  A. 提高再贴现率
  B. 降低存款准备金率
  C. 增加对商业银行再贷款
  D. 降低利率

（五）

中国外汇交易中心显示的人民币对主要币种的汇率中间价如下表所示：

币种	日期	
	2020-01-02	2020-05-28
美元/人民币	6.961 4	7.127 7
欧元/人民币	7.811 3	7.852 2
100日元/人民币	6.406 0	6.615 4
英镑/人民币	9.226 3	8.743 3
澳元/人民币	4.884 6	4.719 9
加元/人民币	5.364 7	5.182 0

币种	日期	
	2020－01－02	2020－05－28
人民币/南非兰特	2.012 4	2.433 6
人民币/俄罗斯卢布	8.899 0	9.908 9
人民币/韩元	165.84	173.10
人民币/泰铢	4.322 9	4.470 7

根据以上资料，回答下列问题：

97. 上表中，运用间接标价法进行标价的币种是（　　）。
   A. 韩元 B. 日元
   C. 泰铢 D. 加元

98. 与2020年1月2日相比，5月28日人民币对美元的变动情况是（　　）。
   A. 贬值2.30% B. 升值2.30%
   C. 贬值6.63% D. 升值6.63%

99. 自2020年1月2日至5月28日，相对于人民币，升值的货币是（　　）。
   A. 日元 B. 澳元
   C. 泰铢 D. 英镑

100. 2020年1月2日至5月28日期间，人民币对美元汇率的变动可能带来的影响是（　　）。
   A. 出口需求降低 B. 跨境资金流入增加
   C. 刺激本国居民赴美国旅游 D. 加大国内企业的美元债务负担

参考答案及解析

一、单项选择题

1. A 【解析】商业票据的发行一般采用贴现方式，相关公式为：发行价格＝票面金额－贴现金额，贴现金额＝票面金额×年贴现率×期限÷360，则该商业票据的发行价格＝10 000－10 000×6‰×60÷360＝9 900（美元）。

2. C 【解析】2010年12月，中国银行间市场交易商协会推出了一种新型短期直接债务融资产品——超短期融资券。超短期融资券是指具有法人资格、信用评级较高的非金融企业在银行间债券市场发行的，期限在270天以内的短期融资券。

3. A 【解析】根据交易目的的不同，金融衍生品市场上的交易主体分为四类，即套期保值者、投机者、套利者和经纪人。其中，经纪人作为交易的中介，以促成交易、收取佣金为目的。

4. A 【解析】古典学派认为，利率决定于储蓄与投资的相互作用。储蓄（S）为利率（r）的递增函数，投资（I）为利率（r）的递减函数。

5. B 【解析】短期债券流动性强于中长期债券的流动性，同等条件下，流动性较差的债券，风险相对较大。所以债券期限越长，风险越大。选项A错误。到期期限相同的债券利率不同，由三个原因引起，即违约风险、债券的流动性和所得税。选项B正确。地方政府债券的违约风险通常高于中央政府债券的违约风险。选项C错误。公司债券的违约风险通常高于政府债券的违约风险。选项D错误。

6. C 【解析】目前，主要有三种理论解释利率的期限结构，分别是预期理论、分割市场理论和流动性溢价理论。预期理论可以解释为：①随着时间的推移，不同到期期限的债券利率有同向运动的趋势（选项A错误，选项C正确）。②如果短期利率较低，收益率曲线倾向于向上倾斜；如果短期利率较高，收益率曲线倾向于向下倾斜（选项B、D错误）。

7. C 【解析】当利率下降到某一水平时，市场就会产生未来利率上升的预期，这样货币的投机需求就会达到无穷大，这时无论中央银行供应多少货币，都会被相应的投机需求所吸收，从而使利率不能继续下降而"锁定"在这一水平。这就是所谓的"流动性陷阱"问题。"流动性陷阱"发生后，货币需求曲线的形状是一条平行横轴的直线。在"流动性陷阱"区间，货币政策是完全无效的，此时只能依靠财政政策。

8. A 【解析】金融机构的职能包括：①促进资金融通。间接金融机构借助于信用，一方面通过负债业务，动员和集中社会闲散货币资金；另一方面通过资产业务把这些资金投向有关经济部门，实现资金盈余方和资金短缺方的资金融通。直接金融机构的职能体现在为投融资提供各种服务。②便利支付结算。③降低交易成本和风险。④减少信息成本。⑤反映和调节经济活动。

9. D 【解析】传统上我国政策性银行有中国进出口银行、中国农业发展银行、国家开发银行（已转型为开发性金融机构）。其中，中国进出口银行的业务范围主要是办理出口信贷和进口信贷，办理对外承包工程和境外投资贷款，提供对外担保，转贷外国政府和金融机构提供的贷款，办理中国政府对外优惠贷款等。

10. B 【解析】中国人民银行的职责之一是牵头负责系统性金融风险防范和应急处置，负责金融控股公司等金融集团和系统重要性金融机构基本规则制定、监测分析和并表监管，视情责成有关监管部门采取相应监管措施，并在必要时经国务院批准对金融机构进行检查监督，牵头组织制定实施系统重要性金融机构恢复和处置计划。

11. C【解析】中央银行资本构成的结构形式主要有五种类型：①全部资本为国家所有的资本结构，如英国、法国、德国、加拿大、中国、印度、俄罗斯、印度尼西亚等大多数国家的中央银行资本结构；②国家和民间股份混合所有的资本结构，如日本、墨西哥、巴基斯坦、比利时、卡塔尔的中央银行资本结构；③全部资本非国家所有的资本结构，如美国、意大利、瑞士等少数国家的中央银行资本结构；④无资本金的资本结构，韩国的中央银行是目前唯一没有资本金的中央银行；⑤资本为多国共有的资本结构，如欧洲中央银行资本结构。

12. B【解析】中国银保监会依法依规对银行业和保险业机构及其业务范围实行准入管理，审查高级管理人员任职资格，选项A错误。中国银保监会依据审慎监管和金融消费者保护基本制度，制订银行业和保险业审慎监管与行为监管规则，选项B正确。"监督管理银行间债券市场、货币市场、外汇市场、票据市场、黄金市场及上述市场有关场外衍生产品"属于中国人民银行的职责，选项C错误。"牵头负责重要金融基础设施建设规划并统筹实施监管，推进金融基础设施改革与互联互通，统筹互联网金融监管工作"属于中国人民银行的职责，选项D错误。

13. C【解析】"制定网络借贷信息中介机构业务活动的监管制度"属于中国银保监会的职责，选项A错误。"监督管理银行间债券市场、货币市场、外汇市场、票据市场、黄金市场及上述市场有关场外衍生产品"属于中国人民银行的职责，选项B错误。"会同有关部门审批会计师事务所、资产评估机构及其成员从事证券期货中介业务的资格，并监管律师事务所、律师及有资格的会计师事务所、资产评估机构及其成员从事证券期货相关业务的活动"属于中国证监会的职责，选项C正确。中国证监会监管境内企业直接或间接到境外发行股票、上市以及在境外上市的公司到境外发行可转换债券，而并非协助，选项D错误。

14. B【解析】新型的业务运营模式在信息技术的有效支持下，将前台与中后台分离。

15. B【解析】随着经济全球化和金融自由化的深入，商业银行的营销越来越注重关系营销，将商业银行与客户关系的建立、培养、发展作为营销的对象，不断发现和满足顾客的需求，帮助顾客实现和扩大其价值，并建成以中长期的良好的关系基础。在这种情况下，商业银行采取了以竞争为导向的"4R"营销组合策略。

16. B【解析】根据投资标的的不同，商业银行理财产品可分为固定收益类理财产品、权益类理财产品、商品及金融衍生品类理财产品和混合类理财产品。固定收益类理财产品投资于存款、债券等债权类资产的比例不低于80%；权益类理财产品投资于权益类资产的比例不低于80%；商品及金融衍生品类理财产品投资于商品及金融衍生品类资产的比例不低于80%；混合类理财产品投资于债权类资产、权益类资产、商品及金融衍生品类资产，且任一资产的投资比例未达到前三类理财产品标准。

17. B【解析】商业银行开展理财业务，应当做到每只理财产品单独管理、单独建账和单独核算，不得开展或者参与具有滚动发行、集合运作、分离定价特征的资金池理财业务，选项A错误。商业银行开展理财业务，应当诚实守信、勤勉尽职地履行受人之托、代人理财职责，投资者自担投资风险并获得收益，选项C错误。商业银行发行理财产品，不得宣传理财产品预期收益率，在理财产品宣传销售文本中只能登载该理财产品或者本行同类理财产品的过往平均业绩和最好、最差业绩，并以醒目文字提醒投资者"理财产品过往业绩不代表其未来表现，不等于理财产品实际收益，投资须谨慎"，选项D错误。

18. D【解析】风险转移是指商业银行通过购买某种金融产品或采取其他合法的经济措施将风险

转移给其他经济主体的一种策略选择。风险转移分为保险转移和非保险转移两类。出口信贷保险是典型的保险转移策略，银行办理信贷业务时要求用信人提供保证担保属于典型的非保险转移策略。选项D正确。

19. C 【解析】商业银行实现的利润总额按照国家规定进行调整后，首先依法缴纳所得税。税后利润再按以下顺序进行分配：①抵补已缴纳的、在成本和营业外支出中无法列支的有关惩罚性或赞助性支出。②弥补以前年度亏损。③按照税后净利润的10%提取法定盈余公积金，法定盈余公积金已达注册资本的50%时可不再提取。④提取公益金。公益金主要用于职工集体福利设施的支出。⑤向投资者分配利润。选项C正确。

20. C 【解析】证券投资基金简称基金，是指通过发售基金份额，将众多投资者的资金集中起来，形成独立财产，由基金托管人托管，基金管理人管理，以投资组合的方式进行证券投资的一种利益共享、风险共担的集合投资方式。选项A错误，选项C正确。基金份额持有人即基金投资者，是基金的出资人、基金资产的所有者和基金投资回报的受益人。基金管理人是基金产品的募集者和管理者，其最主要的职责就是按照基金合同的约定，负责基金资产的投资运作，在有效控制风险的基础上为基金投资者争取最大的投资收益，选项B错误。与直接投资股票或债券不同，证券投资基金是一种间接投资工具，选项D错误。

21. C 【解析】契约型基金不具有法人资格，选项A错误。契约型基金依据基金合同营运基金，选项B错误。契约型基金与公司型基金的区别主要表现在法律形式的不同，并无优劣之分，选项C正确。契约型基金持有人大会赋予基金持有者的权利相对较小，公司型基金的股东大会赋予基金持有人的权利较大，选项D错误。

22. C 【解析】开放式基金是指基金份额不固定，基金份额可以在基金合同约定的时间和场所进行申购或者赎回的一种基金运作方式，选项A错误，选项C正确。开放式基金买卖价格以基金份额净值为基础，不受市场供求关系的影响，选项B错误。开放式基金一般无固定期限，封闭式基金有一个固定的存续期，选项D错误。

23. C 【解析】证券投资基金业务主要包括基金募集与销售、基金的投资管理和基金运营服务。其中，投资管理业务是基金管理公司最核心的一项业务，选项A错误。基金运营服务通常包括基金注册登记、核算与估值、基金清算和信息披露等业务，选项B、D错误。

24. D 【解析】信托的定义包括了四方面的含义：①信任和诚信是信托成立的前提和基础（选项D正确）；②信托财产是信托关系的核心；③受托人以自己的名义管理或者处分信托财产；④受托人按委托人的意愿为受益人的利益或者特定目的管理信托事务。

25. B 【解析】信托当事人是指与信托有直接利害关系或权利义务关系的人，包括委托人、受托人和受益人，他们是实施信托活动的主体。在信托三方当事人中，受托人处于掌握、管理和处分信托财产的中心位置。选项B正确。

26. D 【解析】融资与投资是融资租赁的基本功能。产品促销与资产管理是融资租赁的扩展功能。

27. B 【解析】融资租赁合同的特征包括：①融资租赁合同是诺成、要式合同（选项D正确）；②融资租赁合同是双务、有偿合同（选项C正确）；③融资租赁合同是不可单方解除的合同（选项A正确）。融资租赁合同是融信贷与租赁为一体的租赁合同（选项B错误）。

28. B 【解析】金融租赁公司的融资租赁业务分为公司自担风险的融资租赁业务、公司同其他机构分担风险的融资租赁业务和公司不担风险的融资租赁业务三大类。金融租赁公司不担风险的融资租赁业务主要是委托租赁。选项A、D属于公司同其他机构分担风险的融资租赁业务；选项C属于公司自担风险的融资租赁业务。

29. A 【解析】金融租赁公司同业拆入资金余额不得超过资本净额的100%，选项A正确。

30. B 【解析】投资者借入资金买入标的资产，称为买空。当预测标的资产价格会上涨时，执行买空操作,即借入资金以低价买入标的资产,标的资产价格上涨后,用卖出标的资产的资金平仓,可以达到盈利的目的。但是,如果预测与实际结果不符,标的资产价格下跌,则买空者将出现亏损。

31. D【解析】有现金收益资产的远期价格公式为:$F_t = (S_t - I_t) e^{r(T-t)}$,其中,$F_t$是远期价格;$S_t$是股票当前的价格;$r$是无风险连续复利;$e$为自然对数的底;$t$为当前时间;$T$是远期合约的到期日;$T$是到期时间;$I_t$是在$[t,T]$时间段内持有资产获得现金收益的折现值。则$F_t = (20 - 3/e^{0.05}) e^{0.05} ≈ 18.03$(元)。

32. B【解析】信用风险缓释是指商业银行运用合格的抵押质押品、净额结算、保证和信用衍生工具等方式转移或降低信用风险。商业银行采用内部评级法计量信用风险监管资本,信用风险缓释功能体现为违约概率、违约损失率或违约风险敞口的下降。选项B正确。

33. A【解析】COSO在其《内部控制——整合框架》中正式提出内部控制由五项要素构成:①控制环境。②风险评估。它是整个风险管理决策的基础。③控制活动。④信息与沟通。它贯穿于内部控制的过程之中。⑤监督。巴塞尔委员会在颁布的《银行内部控制系统的框架》中提出,商业银行的内部控制系统包括:①管理监督与控制文化;②风险识别与评估;③控制活动与职责划分;④信息与沟通;⑤监管活动与错误纠正。两个文件都提到"信息与沟通",选项A正确。

34. C【解析】凯恩斯认为,人们的货币需求行为是由交易动机、预防动机和投机动机三种动机决定的。基于交易动机和预防动机的货币需求取决于收入水平;基于投机动机的货币需求则取决于利率水平。

35. D【解析】弗里德曼的货币需求函数为:$\frac{M_d}{P} = f(y, w, r_m, r_b, r_e, \frac{1}{p} \cdot \frac{dp}{dt}, u)$。在影响货币需求量的诸多因素中,弗里德曼把它们划分为三组:①第一组。y和w代表收入及其构成。y为恒久性收入;w为非人力财富占总财富的比例。②第二组。r_m、r_b、r_e和$\frac{1}{p} \cdot \frac{dp}{dt}$被统称为机会成本变量,即能从这几个变量的相互关系中衡量出持有货币的潜在收益或损失。r_m为货币的预期收益率;r_b为债券的预期收益率;r_e为股票的预期收益率;$\frac{1}{p} \cdot \frac{dp}{dt}$为价格的预期变动率。③第三组。$u$代表影响货币需求的其他因素,包括资本品的转手量、人们的主观偏好以及客观技术与制度等,是一个代表多种因素的综合变量,可能从不同方向对货币需求产生影响。

36. D【解析】我国的货币供应量划分为:①M0=流通中的现金;②M1=M0+单位活期存款;③M2=M1+储蓄存款+单位定期存款+单位其他存款;④M3=M2+金融债券+商业票据+大额可转让定期存单等。选项D属于M3与M2的差异项。

37. D【解析】派生存款总额$\Delta D = \Delta B \times 1/(c+r+e)$,式中$\Delta B$代表原始存款额,$r$代表法定存款准备金率,$e$代表超额存款准备金率,$c$代表现金漏损率。$\Delta D = 1\,000 \times 1/(20\% + 2\% + 5\%) ≈ 3\,704$(万元)。

38. A【解析】IS曲线上的点表示产品市场达到均衡。LM曲线上的点表示货币市场达到均衡。BP曲线上的点表示国际收支达到均衡。

39. D【解析】中央银行的职能包括发行的银行、政府的银行、银行的银行、管理金融的银行四个方面。中央银行作为发行的银行,具有以下几个基本职能:①中央银行应根据国民经济的发展的客观情况,适时适度发行货币,保持货币供给与流通中货币需求的基本一致,为国民经济稳定持续增长提供良好的货币金融环境。②中央银行应从宏观经济角度控制信用模式,调节货币供应量。中央银行应以稳定货币为前提,适时适度增加货币供给,正确处理好货币稳定与经济增长的关系。③中央银行应根据货币流通需要，适时印刷、铸造或销毁票币，调拨库款，调剂地区间货币分布、货币面额比例，满足流通中货币支取的不同要求。

40. D【解析】金融监管的理论基础是管制理论。目前管制理论主要有公共利益论、特殊利益论和社会选择论。公共利益论认为自由的市场机制不能带来资源的最优配置，选项A错误。管制制度作为产品，同样存在着供给和需求的问题，但其作为一种公共产品，则只能由代表社会利益的政府来供给和安排，各种利益主体则是管制制度的需求者，选项B错误。社会选择论从公共选择的角度来解释政府管制，属于公共选择问题，选项C错误。

41. D【解析】公开市场操作指中央银行在金融市场上买卖国债或中央银行票据等有价证券，影响货币供应量和市场利率的行为。当金融市场资金缺乏时，中央银行通过公开市场操作买进有价证券，从而投放基础货币，引起货币供应量的增加和利率的下降；当金融市场资金过多时，中央银行通过公开市场操作卖出有价证券，从而收回基础货币，引起货币供应量的减少和利率的提高。选项D正确。

42. A【解析】存款准备金政策的优点包括：①中央银行具有完全的自主权，在货币政策工具中最易实施；②对货币供应量的作用迅速，一旦确定，各商业银行及其他金融机构必须立即执行；③对松紧信用较公平，一旦变动，能同时影响所有的金融机构。存款准备金政策的缺点包括：①作用猛烈，缺乏弹性，不宜作为中央银行日常调控货币供给的工具；②政策效果在很大程度上受超额存款准备金的影响。

43. A【解析】2008年的全球金融危机中断了世界经济持续三十多年的黄金增长期，危机的迅速蔓延及其所产生的巨大危害，使各国货币当局进一步认识到建立宏观审慎政策框架、强化金融运行宏观审慎管理的必要性和重要性。

44. A【解析】金本位制下，汇率决定的标准是铸币平价，即两国单位货币的含金量之比。

45. D【解析】国际金本位制下的汇率制度是自发形成的固定汇率制，是典型的固定汇率制。第二次世界大战后布雷顿森林货币体系下的汇率制度是以美元为中心的固定汇率制。选项D正确。

46. A【解析】牙买加协议规定：①浮动汇率合法化。各成员可以自由做出汇率制度方面的安排，国际货币基金组织允许其采取浮动汇率制度或其他形式的固定汇率制度（选项C正确）。②黄金非货币化。废除黄金官价，取消成员之间或与国际货币基金组织之间以黄金清偿债务的义务（选项D正确）。③扩大特别提款权的作用（选项B正确）。④扩大发展中国家的资金融通且增加各成员的基金份额（选项A错误）。

47. D【解析】避税港型离岸金融中心的特点包括：①资金流动几乎不受任何限制，且免征有关税收；②资金源于非居民，也运用于非居民；③市场上几乎没有实际的交易，而只是起着其他金融中心资金交易的记账和转账作用，所以又被称为走账型或簿记型离岸金融中心。

48. A【解析】在欧洲中长期信贷市场上，中长期贷款的主要形式有银团贷款和双边贷款。金额较低、期限较短的中期贷款一般只由一家银行提供，这种形式的贷款被称为双边贷款，或独家银行贷款。

49. B【解析】外国债券是指非居民在异国债券市场上以市场所在地货币为面值货币发行的国际债券。在美国发行的外国债券称为扬基债券，在日本发行的外国债券称为武士债券，在英国发行的外国债券称为猛犬债券，在西班牙发行的外国债券称为斗牛士债券，在荷兰发行的外国债券称为伦勃朗债券，在中国发行的外国债券称为熊猫债券。

50. C【解析】国际收支均衡是指自主性交易的收入和支出的均衡。

51. D【解析】该大额固定利率存单的利息 $I = Prn = 100\,000 \times 10\% \times 180/360 = 5\,000$（元）。

52. B【解析】我国的财务公司也称为企业集团财务公司，是以加强企业集团资金集中管理和提高企业集团资金使用效率为目的，为企业集团成员单位提供财务管理服务的非银行金融机构。

53. D【解析】合格投资者是指具备相应风险识别能力和风险承受能力，投资于单只理财产品不低于一定金额且符合下列条件的自然人、法人或者依法成立的其他组织：①具有2年以上投资经历，且满足家庭金融净资产不低于300万元人民币，或者家庭金融资产不低于500万元人民币，或者近3年本人年均收入不低于40万元人民币；②最近1年末净资产不低于1 000万元人民币的法人或依法成立的其他组织；③国务院银行业监督管理机构规定的其他情形。

54. B【解析】商业银行的成本主要包括利息支出、经营管理费用、税费支出、补偿性支出、营业外支出。其中，补偿性支出包括固定资产折旧、无形资产摊销、递延资产摊销等。

55. B【解析】欧洲债券是指借款人在本国以外市场发行的以第三国货币为面值货币的国际债券。欧洲债券的发行人、发行地以及面值货币分别属于三个不同的国家。例如，墨西哥政府在东京发行的美元债券就属于欧洲债券。特别提款权不是任何国家的法定货币，因此以其为面值的国际债券都是欧洲债券。

56. C【解析】系统性风险主要表现为本国政府政策、法律或法规发生变化，本国出现经济危机或金融危机，本国个别银行或其他金融机构违约或破产产生多米诺骨牌效应和连锁反应，外国的经济危机或金融危机向本国传递等。

57. D【解析】通货膨胀成因包括需求拉上、成本推进、供求混合作用和经济结构变化。汇率变动引起进出口产品和原材料成本上升，以及石油危机、资源枯竭、环境保护政策不当等造成原材料、能源生产成本的提高，都是引起成本推进型通货膨胀的原因。

58. C【解析】根据国际通行的标准，20%的负债率、100%的债务率、25%的偿债率和25%的短期债务率是债务国控制外债总量的警戒线。

59. A【解析】国际收支平衡表是按照复式簿记的借贷记账法编制的，在表中分设借方和贷方。

60. B【解析】国际货币基金组织认为的货币可兑换主要是指经常项目可兑换，而不是完全可兑换，选项B正确。

二、多项选择题

61. BCE【解析】资本市场是指以期限在1年以上的金融资产为交易标的物的金融市场。通常，资本市场主要是指债券市场、股票市场和证券投资基金市场。选项A、D属于货币市场。

62. ABC【解析】商业票据是公司为了筹措资金，以贴现的方式出售给投资者的一种短期无担保的信用凭证。商业票据没有担保，完全依靠公司的信用发行（选项A正确），因此，其发行者一般都是规模较大、信誉良好的公司。一般来说，商业票据的发行期限较短，面额较大（选项B正确，选项E错误），具有融资成本低、融资方式灵活（选项C正确，选项D错误）等特点。

63. ABCD【解析】分割市场理论的假设条件是不同到期期限的债券根本无法相互替代，选项A正确。分割市场理论将不同期限的债券市场看作完全独立和分割开来的市场，选项B正确。分割市场理论认为到期期限不同的每种债券的利率取决于该债券的供给与需求，选项C正确、选项E错误。根据分割市场理论，收益率曲线不同的形状可以由不同到期期限的债券的供求因素解释，选项D正确。

64. BCD【解析】到期收益率又称最终收益率，是使从债券上获得的未来现金流的现值等于债券当前市场价格的贴现率，选项A错误。持有时间较短（不超过1年）的债券，直接按债券持有期间的收益额除以买入价计算持有期收益率，选项E错误。

65. BCDE【解析】开发银行分为国际性开发银行、区域性开发银行和本国性开发银行三种。国际性开发银行以联合国下属的世界银行集团为代表，世界银行集团由国际复兴开发银行（世界银行)、国际开发协会、国际金融公司、多边投资担保机构和国际投资争端解决中心等组成。也就是说，世界银行是国际性开发银行，不是区域性开发银行。选项A错误。

66. BDE【解析】政策性金融机构的经营原则包括政策性原则、安全性原则和保本微利原则，选项A错误。金融性表现在资金运动坚持遵循信贷资金的运动规律，体现有偿性、效益性和安全性，选项C错误。

67. BCDE【解析】对客户进行信用调查通常采用信用的"5C"标准，即品格、偿还能力、资本、经营环境、担保品。

68. ABCE【解析】商业银行理财产品可以投资于国债、地方政府债券、中央银行票据、政府机构债券、金融债券、银行存款、大额存单、同业存单、公司信用类债券、在银行间市场和证券交易所市场发行的资产支持证券、公募证券投资基金、其他债权类资产、权益类资产以及国务院银行业监督管理机构认可的其他资产。

69. ABCD【解析】商业银行内部控制应当与其管理模式、业务范围和风险特点相适应，以合理的成本实现内部控制的目标。从内部控制的角度看，成功的银行一般具有以下共同的特征：①审慎经营的理念和内部控制的文化氛围；②职责分离、相互制约的部门和岗位设置；③纵向的授权与审批制度；④系统内部控制和业务活动融为一体的控制活动；⑤完善的信息系统。

70. ABDE【解析】我国证券公司从事证券自营业务的范围包括：①已经和依法可以在境内证券交易所上市交易和转让的证券；②已经在全国中小企业股份转让系统挂牌转让的证券；③已经和依法可以在符合规定的区域性股权交易市场挂牌转让的私募债券，已经在符合规定的区域性股权交易市场挂牌转让的股票；④已经和依法可以在境内银行间市场交易的证券；⑤经国家金融监管部门或者其授权机构依法批准或备案发行并在境内金融机构柜台交易的证券。

71. ABDE【解析】金融衍生品的特征有跨期性、杠杆性、联动性、高风险性、零和性。

72. ABC【解析】之所以称为"名义"，是因为借贷双方不必交换本金，并不发生实际上的借贷行为，只是在交割日根据协议利率和参考利率之间的差额，交割利息差的折现值，选项A、B正确。远期利率协议的买方是名义借款人，其订立远期利率协议的目的是规避利率上升的风险，选项C正确、选项E错误。远期利率协议通常用交割日×到期日来表示，如，3×9的远期利率协议表示3个月之后开始的期限为6个月贷款的远期利率，选项D错误。

73. ABE【解析】存款乘数的公式为：$K=\dfrac{1}{r+e+c}$。根据公式可知，法定存款准备金率（r）、现金漏损率（c）、超额存款准备金率（e）都能够影响存款创造乘数。选项A、B、E正确。

74. ABE【解析】成本推进论认为，通货膨胀的根源并非总需求过度，而是由于总供给方面生产成本上升所引起。促使生产成本上升的原因包括：①工资成本推进型通货膨胀。在现代经济中有组织的工会对工资成本具有操纵能力。工会要求企业提高工人的工资，迫使工资的增长率超过生产率的增长率，企业会提高价格转嫁工资成本的上升，工人会在物价上涨后要求提高工资，形成工资—物价的螺旋上升。选项B正确。②利润推进型通货膨胀。垄断性大公司具有对价格的操纵能力，是提高价格水平的重要力量。垄断企业为获取利润会人为地提高产品价格。选项A正确。③成本推进型通货膨胀。在开放经济条件下，汇率变动引起进出口产品和原材料成本上升，以及石油危机、资源枯竭、环境保护政策不当等造成原材料、能源生产成本的提高，这些都是引起成本推进型通货膨胀的原因。选项E正确。选项C可以引发结构型通货膨胀。选项D可以引发需求拉上型通货膨胀。

75. ABD【解析】中央银行是在国家金融体系中处于主导地位，代表国家制定和执行货币政策，承担最后贷款人责任，对国民经济进行宏观调控和管理的特殊金融机构，是一个国家的最高货币金融管理机构。选项A、B、D正确。中央银行的业务目标不是实现盈利（但它有盈利），而是实现国家的宏观经济目标；中央银行不是一个办理货币信用业务的经济实体，不是经营型银行，而是管理型银行。选项C、E错误。

76. BCE【解析】2019年，中国人民银行进一步完善宏观审慎政策框架。一是发挥好宏观审慎评估体系在优化信贷结构和促进金融供给侧结构性改革中的作用。在MPA考核中增设民营企业融资、小微企业融资、制造业中长期贷款和信用贷款专项指标，加大MPA对小微企业、民营企业等领域的鼓励引导；将相关金融机构使用降准资金发放小微企业、民营企业贷款情况纳入MPA考核，引导相关金融机构将降准资金全部用于发放小微企业、民营企业贷款，降低小微企业、民营企业贷款利率；创新和运用结构性货币政策工具，调整普惠金融小微企业贷款考核口径，扩大普惠金融定向降准优惠政策覆盖面；创设定向中期借贷便利操作；改革完善LPR形成机制，将LPR运用情况及贷款利率竞争行为纳入MPA的定价行为项目考核。二是创设央行票据互换工具，为银行发行无固定期限资本债补充资本提供流动性支持。三是坚守底线、精准拆弹，依法依规、稳妥有序接管并处置包商银行风险，遏制风险扩散，最大限度地保护客户合法权益；建立完善再贴现、常备借贷便利、存款准备金和流动性再贷款等防范中小银行流动性风险的"四道防线"，防范化解重大金融风险，有效维护金融市场稳定。

77. BCD【解析】根据衡量货币价值的需要，汇率可以划分为名义汇率、实际汇率和有效汇率。选项A、E是根据汇率形成的机制划分的。

78. AC【解析】国际储备的构成包括黄金储备、外汇储备、在国际货币基金组织的储备头寸和特别提款权。后两项国际储备，只有国际货币基金组织的成员方才拥有。选项A、C正确。

79. BCDE【解析】资本项目可兑换能够提高经济的对外开放度，使资本流动更加自由，能带来许多潜在的利益，如使各国获得金融服务专业化带来的便利，有助于增强金融部门的活力，使国内居民得以在全球范围内实现资产多样化，但这些潜在的利益能否变成现实取决于各国的具体情况。资本项目可兑换在给一个国家带来潜在利益的同时，也带来许多风险，如货币替代、资本外逃、资本流动不稳定、政府课税能力下降等，可能引起宏观经济不稳定，甚至引发经济和金融危机。

80. ABD【解析】信托登记由信托机构提出申请，信托登记公司接受信托机构提出的信托登记申请，依法办理信托登记业务。选项A、B正确。根据《信托法》《信托登记管理办法》等，信托机构开展信托业务，应当办理信托登记；否则，该信托不产生效力。选项D正确。信托登记的类型包括信托预登记、信托初始登记、信托变更登记、信托终止登记和信托更正登记等。选项C、E错误。

三、案例分析题

（一）

81. A【解析】单利利息额 $I = Prn = 50\,000 \times 5\% \times 5 = 12\,500$（元）。

82. D【解析】年复利本息和 $FV = P(1+r)^n = 50\,000 \times (1+5\%)^5 \approx 63\,814.08$（元）。

83. A【解析】在一年算m次利息的复利下，第n年年末的本息和 $FV_n = P\left(1+\dfrac{r}{m}\right)^{nm} = 50\,000 \times (1+5\%/2)^{5\times 2} \approx 64\,004.23$（元）。

84. BD【解析】复利计息的本息和结论：每年的计息次数越多，最终的本息和越大，随着计息间隔的缩短，本息和以递减的速度增加，最后等于连续复利的本息和。选项B、D正确。

（二）

85. C【解析】货币政策工具主要有一般性货币政策工具和其他货币政策工具。一般性货币政策工具主要包括被称为中央银行"三大法宝"的存款准备金政策、再贴现政策和公开市场操作。其他货币政策工具包括选择性货币政策工具、直接信用控制的货币政策工具和间接信用指导的货币政策工具。

86. B 【解析】逆回购是指中国人民银行向一级交易商购买有价证券，并约定在未来特定日期将有价证券卖给原一级交易商的交易行为，为中国人民银行向市场上投放流动性的操作；逆回购到期则为从市场收回流动性的操作。

87. A 【解析】逆回购是指买入有价证券，并约定在未来特定日期卖出有价证券的行为。逆回购期初是投放货币，到期是回笼货币。所以，基础货币的变动=500+700-800=400（亿元），即基础货币增加了400亿元。

88. BD 【解析】中国人民银行通过公开市场业务操作，基础货币增加了400亿元，货币供应量在货币乘数的作用下，会成倍扩张，这属于扩张性的货币政策，目的是刺激经济增长。中国人民银行通过公开市场业务操作，开展了规模为700亿元、期限为14天的逆回购操作，中标利率为2.3%，较前次操作时下降20个基点，这属于引导利率下行。

（三）

89. C 【解析】如果到期时股票价格保持90美元不变，初始投资=8+10=18（美元），此时看涨期权到期价值为0，看跌期权到期价值=95-90=5（美元），则该策略的盈利=5-18=-13（美元）。选项C正确。

90. A 【解析】如果到期时股票价格为75美元，初始投资=8+10=18（美元），此时看涨期权到期价值为0，看跌期权到期价值=95-75=20（美元），则该策略的盈利=20-18=2（美元）。选项A正确。

91. B 【解析】如果到期时股票价格为120美元，初始投资=8+10=18（美元），此时看跌期权到期价值为0，看涨期权到期价值=120-95=25（美元），则该策略的盈利=25-18=7（美元）。选项B正确。

92. BC 【解析】如果到期时股票价格为65美元，则该策略的盈利=95-65-18=12（美元），选项A错误。如果到期时股票价格为77美元，则该策略的盈利=95-77-18=0（美元），选项B正确。如果到期时股票价格为113美元，则该策略的盈利=113-95-18=0（美元），选项C正确。如果到期时股票价格为100美元，则该策略的盈利=100-95-18=-13（美元），选项D错误。

（四）

93. B 【解析】按通货膨胀的程度划分，通货膨胀分为爬行式通货膨胀、温和式通货膨胀、奔腾式通货膨胀和恶性通货膨胀四种。爬行式通货膨胀是指一般物价水平年平均上涨率不超过2%~3%，并且在经济生活中没有形成通货膨胀的预期。温和式通货膨胀是一般物价水平年平均上涨率比爬行式通货膨胀高，但发展速度不是很快。奔腾式通货膨胀是一般物价水平年平均上涨率在2位数以上，且发展速度很快。恶性通货膨胀又称超级通货膨胀，是指一般物价水平上涨特别猛烈，且呈加速趋势。此时，货币已完全丧失了价值储藏功能，部分丧失了交易媒介功能，成为"烫手山芋"，持有者都设法尽快将其花费出去。货币当局如不采取断然措施，货币制度将完全崩溃。本题中，H国的通货膨胀率高于3%，但还没到2位数，属于温和式通货膨胀。

94. AC 【解析】通货膨胀的成因包括需求拉上、成本推进、供求混合作用和经济结构变化。根据材料，H国出台了一揽子经济刺激方案，如增加国家基础建设投资支出、通过公开市场操作向市场释放大量流动性（2010年M2余额比上年增长19.7%，M1余额比上年增长21.2%）等，造成市场需求旺盛但有效供给不足。这属于需求拉上型通货膨胀。选项C正确。根据材料，美国不断推出量化宽松的货币政策，美元泛滥造成国际大宗商品价格猛涨，传导到 H 国造成原材料价格上涨。这属于成本推进型通货膨胀。选项 A 正确。

95. A【解析】应对全球金融危机给本国造成的经济停滞，可以采用扩张性的财政政策——"增支节收"。扩张性的财政政策主要包括减税和增加财政支出两种方法。选项 C 错误。减税涉及税法和税收制度的改变，不是一种经常性的调控手段，但在对付较严重的通货紧缩时也会被采用。财政支出是指在市场经济条件下，政府为提供公共产品和服务，满足社会共同需要而进行的财政资金的支付。财政支出是总需求的重要组成部分，因此，增加财政支出可以直接增加总需求。同时，财政支出增加还可能通过投资的乘数效应带动私人投资的增加。政府既可增加基础设施的投资和加强技术改造投资，以扩大投资需求，又可通过增发国家机关和企事业单位职工及退休人员的工资，以扩大消费需求。选项 A 正确。选项 B、D 属于治理通货膨胀的其他措施。

96. A【解析】针对日益严重的通货膨胀预期，H 国中央银行可能采取紧缩性的货币政策措施。紧缩性的货币政策包括：①提高法定存款准备率。选项 B 错误。②提高再贷款率、再贴现率。选项 A 正确，选项 C 错误。③公开市场卖出业务（出售政府债券）。④直接提高利率。选项 D 错误。

(五)

97. AC【解析】汇率有直接标价法和间接标价法两种标价方法。直接标价法又称应付标价法，是以一定整数单位（1、100、10 000 等）的外国货币为标准，折算为若干单位的本国货币。这种标价法是以本国货币表示外国货币的价格，因此可以称为外汇汇率。目前，我国和世界其他绝大多数国家和地区都采用直接标价法。间接标价法又称应收标价法，是以一定整数单位（1、100、10 000 等）的本国货币为标准，折算为若干单位的外国货币。这种标价法是以外国货币表示本国货币的价格，因此可以称为本币汇率。目前，世界上只有英国、美国等少数几个国家采用间接标价法。

98. A【解析】2020 年 1 月 2 日，美元/人民币的汇率为 6.961 4，人民币/美元的汇率为 $\frac{1}{6.961\ 4}$ ≈ 0.143 6；2020 年 5 月 28 日，美元/人民币的汇率为 7.127 7，人民币/美元的汇率为 $\frac{1}{7.127\ 7}$ ≈ 0.140 3。这说明人民币对美元贬值了，贬值幅度 = $\frac{0.143\ 6 - 0.140\ 3}{0.143\ 6}$ ≈ 2.30%。

99. A【解析】自 2020 年 1 月 2 日至 5 月 28 日：100 日元/人民币的汇率由 6.406 0 到 6.615 4，日元相对于人民币升值。选项 A 正确。澳元/人民币的汇率由 4.884 6 到 4.719 9，澳元相对于人民币贬值。选项 B 错误。泰铢/人民币的汇率由 0.231 3（$\frac{1}{4.322\ 9}$）到 0.223 7（$\frac{1}{4.470\ 7}$），泰铢相对于人民币贬值。选项 C 错误。英镑/人民币的汇率由 9.226 3 到 8.743 3，英镑相对于人民币贬值。选项 D 错误。

100. D【解析】2020 年 1 月 2 日至 5 月 28 日期间，人民币对美元汇率贬值。当本币贬值以后，以外币计价的本国出口商品与劳务的价格下降，而以本币计价的本国进口商品与劳务的价格上涨，从而刺激出口，限制进口，增加经常项目收入，减少经常项目支出。选项 A、C 错误。本币贬值，会加重偿还外债的本币负担，减轻外国债务人偿还本币债务的负担，从而减少借贷资本流入，增加借贷资本流出；会提高国外直接投资和证券投资的本币利润，降低外国在本国直接投资和证券投资的外国货币利润，从而刺激直接投资项下的资本流出，限制直接投资和证券投资项下的资本流入。选项 B 错误，选项 D 正确。

全国经济专业技术资格考试辅导用书

克|题|制|胜 2

金融
专业知识与实务（中级）
历年真题及考前预测卷

全国经济专业技术资格考试辅导用书编写组 ◇ 组编

立信会计出版社
LIXIN ACCOUNTING PUBLISHING HOUSE

图书在版编目(CIP)数据

金融专业知识与实务(中级)历年真题及考前预测卷 / 全国经济专业技术资格考试辅导用书编写组组编. —上海：立信会计出版社，2024.3

全国经济专业技术资格考试辅导用书

ISBN 978-7-5429-7458-7

Ⅰ.①金… Ⅱ.①全… Ⅲ.①金融—资格考试—习题集 Ⅳ.①F83-44

中国国家版本馆CIP数据核字(2024)第057983号

责任编辑　蔡伟莉
助理编辑　胡蒙娜

金融专业知识与实务(中级)历年真题及考前预测卷

Jinrong Zhuanye Zhishi yu Shiwu(Zhongji) Linian Zhenti ji Kaoqian Yucejuan

出版发行	立信会计出版社			
地　　址	上海市中山西路2230号	邮政编码	200235	
电　　话	(021)64411389	传　　真	(021)64411325	
网　　址	www.lixinaph.com	电子邮箱	lixinaph2019@126.com	
网上书店	http://lixin.jd.com		http://lxkjcbs.tmall.com	
经　　销	各地新华书店			
印　　刷	三河市文阁印刷有限公司			
开　　本	787毫米×1092毫米　　1/16			
印　　张	10.5			
字　　数	276千字			
版　　次	2024年3月第1版			
印　　次	2024年3月第1次			
书　　号	ISBN 978-7-5429-7458-7/F			
定　　价	40.00元(含配套资料)			

如有印订差错，请与本社联系调换

前　言

全国经济专业技术资格考试实行全国统一考试制度,全国统一组织、统一大纲、统一命题、统一评分标准。参加考试且成绩合格者,即可获得相应级别的专业技术资格,并由各省、自治区、直辖市人事(职改)部门颁发人力资源和社会保障部统一印制并用印的"经济专业技术资格证书",该证书在全国范围内有效。全国经济专业技术资格考试设置两个级别:经济专业初级资格和经济专业中级资格。每个级别的考试均设两个科目,分别为经济基础知识和专业知识与实务,全部实行机考。其中,经济基础知识试卷题型为单项选择题和多项选择题,专业知识与实务试卷题型为单项选择题、多项选择题和案例分析题。

为促进经济专业技术人员不断提高业务知识和能力,满足广大考生和各地人事(职改)管理机构的需求,帮助广大考生熟悉考试题型、掌握命题规律、把握解题技巧,顺利通过全国经济专业技术资格考试,我们组织了一批长期从事经济专业技术资格考试教学研究、具有深厚理论功底及实务操作经验的专家和老师,依据最新发布的《全国经济专业技术资格考试大纲》,精心组织编写了本套全国经济专业技术资格考试辅导用书"历年真题及考前预测卷"。本套考试辅导用书内容构成如下。

历年真题　本书收录了4套近年中级经济专业技术资格考试真题或汇编。考生通过做真题试卷不仅可以检验自己现有的知识水平,查漏补缺,还可以通过对真题试卷的研读,总结出各科目的命题规律,提炼出各科目的重难点、高频考点及热点,更深刻地理解考试大纲的要求,从而有针对性地进行复习,达到事半功倍的学习效果。

考前预测卷　编写组专家认真研究历年考试真题,综合分析最新考试信息,结合最新考试动态,精心编写了4套中级经济专业技术资格考试考前预测卷。试卷内容涵盖了近几年考试涉及的所有考点,预测了考试命题趋势,具有较强的实战模拟性质。通过考前预测卷的训练,考生可以更加直观地把握考试动向,明确考试重点,从而保证复习备考的针对性与高效性。

参考答案及解析　编写组专家对每套试题的答案及解析都作了反复推敲,确保答案精准无误,解析透彻全面。详尽的答案和解析不仅为考生提供了清晰的答题思路,更有助于考生进行全面的复习备考。

本套考试辅导用书集权威性与时效性、针对性与实用性于一体,不仅充分展现了经济专业技术资格考试独有的特色,而且对考生快速提高应试能力有很大的帮助与促进作用。

虽然编者努力精益求精,但由于水平和时间有限,书中可能仍存在疏漏与不足之处,敬请广大考生和读者斧正。最后,预祝广大考生顺利通过考试,轻松取得中级经济专业技术资格证书!

全国经济专业技术资格考试辅导用书编写组

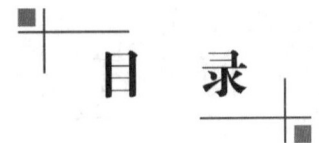

目 录

第一部分　历年真题

> 周周刷题精讲

2023 年《金融专业知识与实务》（中级）机考真题 ·················· （共 12 页）
参考答案及解析 ··· （共 9 页）
2022 年《金融专业知识与实务》（中级）机考真题 ·················· （共 11 页）
参考答案及解析 ··· （共 11 页）
2021 年《金融专业知识与实务》（中级）机考真题 ·················· （共 12 页）
参考答案及解析 ··· （共 9 页）
2020 年《金融专业知识与实务》（中级）机考真题 ·················· （共 12 页）
参考答案及解析 ··· （共 10 页）

第二部分　考前预测

> 周周刷题精讲

《金融专业知识与实务》（中级）考前预测卷（一） ·················· （共 10 页）
《金融专业知识与实务》（中级）考前预测卷（二） ·················· （共 11 页）
《金融专业知识与实务》（中级）考前预测卷（三） ·················· （共 10 页）
《金融专业知识与实务》（中级）考前预测卷（四） ·················· （共 10 页）
参考答案及解析 ··· （共 27 页）

如果您对本书有任何感受、建议、纠错，都可以告诉我们。我们会精益求精，为您提供更好的产品和服务。

《金融专业知识与实务》（中级）
考前预测卷（一）

（考试时间 90 分钟　满分 140 分）

一、单项选择题（共 60 题，每题 1 分。每题的备选项中，只有 1 个最符合题意）

1. 在金融市场上，既是重要的资金需求者和供给者，又是金融衍生品市场上重要的套期保值主体的是（　　）。
   A. 家庭　　　　B. 企业　　　　C. 个人　　　　D. 政府

2. 在金融工具的性质中，呈反比关系的是（　　）。
   A. 期限性与收益性　　　　B. 风险性与期限性
   C. 期限性与流动性　　　　D. 风险性与收益性

3. 在金融期权中，赋予合约的买方在未来某一确定时间或确定的时期之内，以确定的价格出售相关资产的权利的合约是（　　）。
   A. 看涨期权　　　　B. 欧式期权
   C. 看跌期权　　　　D. 美式期权

4. 金融工具在金融市场上能够转化为现金的能力，是指金融工具的（　　）。
   A. 期限性　　　　B. 流动性　　　　C. 收益性　　　　D. 风险性

5. 在我国债券市场中，以下不属于交易所市场的交易品种的是（　　）。
   A. 质押式回购　　　　B. 融资融券
   C. 远期交易　　　　　D. 现券交易

6. 若某笔贷款的名义收益率是 7%，而同期通货膨胀率为 3%，则该笔贷款的实际收益率为（　　）。
   A. 3%　　　　B. 4%　　　　C. 5%　　　　D. 10%

7. 某人借款 100 万元，年利率为 10%，2 年后还本付息。如果按复利每年计息一次，则第二年年末借款人应支付的本息和总计为（　　）万元。
   A. 110.00　　　　B. 110.25　　　　C. 121.00　　　　D. 121.25

8. 2023 年 3 月，中共中央、国务院印发《党和国家机构改革方案》，对金融监管体制进行了改革调整。下列不属于调整内容的是（　　）。
   A. 组建国家金融监督管理总局　　　　B. 深化地方金融监管体制改革
   C. 完善国有金融资本管理体制　　　　D. 统筹推进中国人民银行改革

9. 面值为 1 000 元的两年期零息债券，购买价格为 950 元，如果按半年复利计算，那么债券的到期收益率是（　　）。
   A. 2.58%　　　　B. 2.59%　　　　C. 5.00%　　　　D. 5.26%

10. 金融工具的风险来源之一是（　　）。
    A. 信用风险　　　　B. 逆选择风险
    C. 操作风险　　　　D. 经营风险

11. 在各类金融机构中，最典型的间接金融机构是（　　）。
    A. 投资银行　　　　B. 商业银行
    C. 证券公司　　　　D. 中央银行

12. 由境内外金融机构、境内非金融机构企业法人、境内自然人出资，在农村地区设立的主要为当地农民、农业和农村经济发展提供服务的金融机构是（　　）。
   A. 村镇银行　　　　　　　　　　B. 小额贷款公司
   C. 农村信用社　　　　　　　　　D. 邮政储蓄银行

13. 下列金融机构中，属于契约型金融机构的是（　　）。
   A. 投资银行　　　　　　　　　　B. 保险公司
   C. 投资基金　　　　　　　　　　D. 农村信用社

14. 我国黄金市场的监管者是（　　）。
   A. 国家外汇管理局　　　　　　　B. 中国人民银行
   C. 中国外汇交易中心　　　　　　D. 中国证券监督管理委员会

15. 以下各项不属于证券交易所职能的是（　　）。
   A. 提供证券交易设施　　　　　　B. 制定交易规则
   C. 组织证券承销　　　　　　　　D. 监督证券交易

16. 《中华人民共和国商业银行法》规定，商业银行以安全性、流动性和（　　）为经营原则。
   A. 政策性　　　　　　　　　　　B. 公益性
   C. 效益性　　　　　　　　　　　D. 审慎性

17. 下列收入中，属于商业银行营业外收入的是（　　）。
   A. 违约金　　　　　　　　　　　B. 投资收益
   C. 赔偿金　　　　　　　　　　　D. 罚没收入

18. 在商业银行资产负债管理中，如果资产的平均到期日与负债的平均到期日之比（　　），表明资产运用过度。
   A. 等于1　　　　　　　　　　　B. 大于1
   C. 小于1　　　　　　　　　　　D. 小于或等于1

19. 根据"巴塞尔协议"的规定，商业银行资本充足率是按资本与（　　）的比例计算的。
   A. 风险加权资产总额　　　　　　B. 关注类贷款总额
   C. 信贷类资产总额　　　　　　　D. 损失类贷款总额

20. 下列贷款中，不属于根据贷款五级分类所确定的不良贷款的是（　　）。
   A. 逾期贷款　　　　　　　　　　B. 次级贷款
   C. 损失贷款　　　　　　　　　　D. 可疑贷款

21. 买断式回购最长不能超过（　　）天。
   A. 1　　　　B. 60　　　　C. 91　　　　D. 365

22. 商业银行的新型业务运营模式区别于传统业务运营模式的核心是（　　）。
   A. 集中核算　　　　　　　　　　B. 业务外包
   C. 前台与中后台分离　　　　　　D. 综合经营

23. 假定年贴现率为6%，2年后一笔10 000元资金的现值为（　　）元。
   A. 8 900　　B. 8 929　　C. 9 100　　D. 9 750

24. 假设某公司股票的β系数为1.15，市场投资组合的收益率为8%，当前国债的利率（无风险收益率）为3%。则该公司股票的预期收益率为（　　）。
   A. 8.25%　　　　　　　　　　　B. 8.50%
   C. 8.75%　　　　　　　　　　　D. 9.00%

25. 2010年，原中国银行业监督管理委员会发布了《信托公司净资本管理办法》，建立了以（　　）为核心的风险控制指标体系。
   A. 净资产　　　　　　　　　　　　B. 净资本
   C. 总资产　　　　　　　　　　　　D. 总资本

26. （　　）是信托业首要和基本的功能。
   A. 财产管理功能　　　　　　　　　B. 融通资金功能
   C. 社会投资功能　　　　　　　　　D. 风险隔离功能

27. 按金融交易的交割时间，金融市场可以分为即期市场和（　　）。
   A. 货币市场　　　　　　　　　　　B. 资本市场
   C. 远期市场　　　　　　　　　　　D. 公开市场

28. 现代信托制度起源于中世纪的英国，（　　）通常被认为是最初的信托形态。
   A. 有益制　　　　　　　　　　　　B. 信托制
   C. 用益制　　　　　　　　　　　　D. 积累制

29. 信托设立最常见的方式是（　　）。
   A. 信托约定　　　　　　　　　　　B. 遗嘱信托
   C. 信托合同　　　　　　　　　　　D. 口头信托

30. 在（　　）管理方面，通常采用各类商品期货对冲未来商品价格波动风险的方式。
   A. 商品风险　　　　　　　　　　　B. 股票风险
   C. 汇率风险　　　　　　　　　　　D. 利率风险

31. 在影响货币乘数的诸多因素中，由商业银行决定的因素是（　　）。
   A. 活期存款准备金率　　　　　　　B. 定期存款准备金率
   C. 超额存款准备金率　　　　　　　D. 提现率

32. 凯恩斯主义的货币需求理论认为，私人部门用于储存财富的金融资产可分为货币和（　　）。
   A. 股票　　　B. 债券　　　C. 存款　　　D. 不动产

33. 西方学者一直主张把"流动性"作为划分货币层次的主要依据。所谓的"流动性"是指某种金融资产转化为（　　）的能力。
   A. 现金　　　　　　　　　　　　　B. 债券
   C. 存款　　　　　　　　　　　　　D. 不动产

34. 以下选项既不包括在M1中，也不包括在M2中的是（　　）。
   A. 流通中现金　　　　　　　　　　B. 单位活期存款
   C. 个人储蓄存款　　　　　　　　　D. 商业票据

35. 某货币当局资产负债表显示，当前基础货币余额为27.5万亿元，流通中货币M_0余额为5.8万亿元，金融机构超额存款准备金为2.2万亿元，则法定存款准备金为（　　）万亿元。
   A. 3.6　　　B. 19.5　　　C. 21.7　　　D. 25.3

36. 下列不属于金融风险中的战略风险主要体现的是（　　）。
   A. 金融机构战略目标具有很好的整体兼容性
   B. 为实现战略目标所需要的资源匮乏
   C. 整个战略实施过程的质量难以保证
   D. 为实现战略目标而制定的经营策略存在缺陷

37. 石油危机、资源枯竭等造成原材料、能源价格上升，从而导致一般物价水平上涨，这种通货膨胀类型属于（　　）。
    A. 需求拉上型　　　　　　　　　B. 成本推进型
    C. 结构型　　　　　　　　　　　D. 隐蔽型

38. 与其他金融机构相比，商业银行最明显的特征是（　　）。
    A. 以盈利为目的　　　　　　　　B. 提供金融服务
    C. 吸收活期存款　　　　　　　　D. 执行国家金融政策

39. 通货紧缩的基本标志是（　　）。
    A. 国民收入持续下降　　　　　　B. 物价总水平持续下降
    C. 货币供应量持续下降　　　　　D. 经济增长率持续下降

40. 菲利普斯曲线是用来研究（　　）之间的矛盾。
    A. 稳定物价与充分就业　　　　　B. 充分就业与经济增长
    C. 稳定物价与国际收支平衡　　　D. 经济增长与国际收支平衡

41. 在一般性货币政策工具中，能做到既调节货币总量又调节货币信贷结构的政策工具是（　　）。
    A. 存款准备金政策　　　　　　　B. 再贴现政策
    C. 公开市场操作　　　　　　　　D. 优惠利率政策

42. 下列不属于中央银行负债业务的是（　　）。
    A. 中国人民银行通过贷款渠道发行人民币
    B. 中国人民银行吸收存款准备金
    C. 中国人民银行接受政府委托管理国库
    D. 中国人民银行组织全国商业银行进行资金清算

43. 商业银行的缺口管理属于（　　）管理。
    A. 利率风险　　　　　　　　　　B. 信用风险
    C. 汇率风险　　　　　　　　　　D. 投资风险

44. 金融工程最主要的应用领域是（　　）。
    A. 金融产品创新　　　　　　　　B. 资产定价
    C. 金融风险管理　　　　　　　　D. 套利

45. 中央银行的公开市场业务的优点是（　　）。
    A. 主动权在政府　　　　　　　　B. 主动权在企业
    C. 主动权在商业银行　　　　　　D. 主动权在中央银行

46. 我国某企业在出口收汇时正逢人民币升值，结果以收入的外汇兑换到人民币的金额减少。此种情形说明该企业承受了汇率风险中的（　　）。
    A. 交易风险　　　B. 折算风险　　　C. 转移风险　　　D. 经济风险

47. 商业银行无法以合理成本及时获得充足资金，用于偿付到期债务、履行其他支付义务和满足正常业务开展的其他资金需求的风险是（　　）。
    A. 流动性风险　　　　　　　　　B. 国家风险
    C. 操作风险　　　　　　　　　　D. 市场风险

48. （　　）是全面风险管理、资本监管和经济资本配置得以有效实施的基础和关键环节。
    A. 风险识别　　　　　　　　　　B. 风险监测

C. 风险计量 D. 风险控制

49. 下列不属于《商业银行风险监管核心指标（试行）》包含的三个层次的是（　　）。
    A. 风险水平 B. 风险迁徙
    C. 风险抵补 D. 风险控制

50. 金融监管机构实施有效金融监管的基本前提是（　　）。
    A. 依法监管 B. 保持适度竞争
    C. 监管主体的独立性 D. 外部监管与自律监管

51. 以下不属于市场准入监管的是（　　）。
    A. 审批资本充足率 B. 审批注册机构
    C. 审批注册资本 D. 审批董事和高级管理人员的任职资格

52. 根据《商业银行风险监管核心指标（试行）》，我国商业银行不良贷款率不得超过（　　）。
    A. 5% B. 8%
    C. 10% D. 15%

53. 从国际保险业监管发展趋势看，越来越多的国家将对保险业监管的核心转向（　　）监管。
    A. 安全性 B. 投资收益
    C. 偿付能力 D. 流动性

54. 根据购买力平价理论，如果一国的物价水平与其他国家的物价水平相比相对上涨，则该国货币对其他国家货币（　　）。
    A. 升值 B. 贬值
    C. 升水 D. 贴水

55. 自2005年7月21日我国实行人民币汇率形成机制改革以来，人民币对美元不断升值，其主要原因是（　　）。
    A. 我国物价总水平持续下降 B. 我国国际收支持续顺差
    C. 我国对外直接投资持续增多 D. 美国债务上限屡被突破

56. 在金本位制度下，汇率的决定基础是（　　）。
    A. 购买力平价 B. 黄金输送点
    C. 铸币平价 D. 利率

57. 美元与黄金挂钩，实行可调整的固定汇率制度，是（　　）的特征。
    A. 布雷顿森林体系 B. 国际金本位制
    C. 牙买加体系 D. 国际金块—金汇兑本位制

58. 我国先后成立中央汇金投资有限公司和具有（　　）性质的中国投资有限责任公司，提升外汇储备经营管理的规范化与专业化水平，保障外汇储备的安全、流动和保值增值。
    A. 国资委 B. 开放式基金
    C. 主权财富基金 D. 封闭式基金

59. 如果日本公司在英国伦敦发行一笔英镑债券，则该笔债券属于（　　）范畴。
    A. 熊猫债券 B. 扬基债券
    C. 武士债券 D. 猛犬债券

60. 根据我国国家外汇管理局的定义，我国外债不包括（　　）。
    A. 外国政府贷款 B. 外国银行贷款

C. 外国股权投资　　　　　　　　D. 发行外币债券

二、**多项选择题**（共20题，每题2分。每题的备选项中，有2个或2个以上符合题意，至少有1个错项。错选，本题不得分；少选，所选的每个选项得0.5分）

61. 构成金融市场的最基本要素有（　　）。
    A. 金融市场主体　　　　　　　B. 金融市场客体
    C. 金融市场中介　　　　　　　D. 金融市场价格
    E. 金融市场类型

62. 目前，在我国金融监管中存在的问题主要有（　　）。
    A. 监管严苛　　　　　　　　　B. 监管重叠
    C. 监管缺位　　　　　　　　　D. 监管套利
    E. 监管脱节

63. 金融稳定理事会成立后，在多方面的工作上均取得了重大进展，包括（　　）。
    A. 加强对薪酬和激励机制的监管　B. 加强宏观审慎管理
    C. 督促修改国际会计标准　　　　D. 扩大监管范围
    E. 形成新监管框架

64. 金融市场基础设施可为金融交易提供的服务有（　　）。
    A. 支付　　　　　　　　　　　B. 结算
    C. 清算　　　　　　　　　　　D. 核算
    E. 存管

65. 政策性金融机构的经营原则有（　　）。
    A. 政策性原则　　　　　　　　B. 财政性原则
    C. 安全性原则　　　　　　　　D. 盈利性原则
    E. 保本微利原则

66. 以下关于缺口分析的描述，正确的有（　　）。
    A. 在利率上升的环境中，保持正缺口对银行有利
    B. 在利率下降的环境中，保持正缺口对银行有利
    C. 在利率下降的环境中，保持负缺口对银行有利
    D. 在利率上升的环境中，保持负缺口对银行有利
    E. 久期分析是商业银行衡量利率变动对全行经济价值影响的方法

67. 货币市场基金可以投资的金融工具有（　　）。
    A. 现金　　　　　　　　　　　B. 期限在1年以内的银行存款
    C. 同业存单　　　　　　　　　D. 股票
    E. 可转换债券、可交换债券

68. 在金融行业发展过程中，我国金融行业自律组织起到的积极作用主要有（　　）。
    A. 实现金融行业的自我约束和自我管理　B. 保护行业共同利益
    C. 提高政府的监管水平　　　　　　　　D. 提高金融行业的管理水平
    E. 优化金融行业的业务品种

69. 关于基金管理人，下列说法正确的有（　　）。
    A. 基金管理人是负责基金的发起设立与经营管理的专业性机构

B. 基金管理人由基金管理公司担任
C. 基金管理费用是基金管理人的主要收入来源
D. 基金管理人的目标函数是自身利益的最大化
E. 基金管理人负责办理基金备案手续

70. 设立信托应具备的条件包括（　　）。
    A. 要有合法的信托目的
    B. 信托财产应当明确合法
    C. 信托文件应当采用书面形式
    D. 要依法办理信托登记
    E. 设立信托要向社会进行公示

71. 在通货紧缩时期，中央银行可以采取的政策措施有（　　）。
    A. 扩大中央银行基础货币的投放
    B. 加大公开市场操作的力度
    C. 推进产业结构的升级
    D. 适当下调利率和存款准备金
    E. 在公开市场卖出证券

72. 以下属于完全套期保值效果的影响因素的有（　　）。
    A. 要避险的资产与期货标的资产不完全一致
    B. 套期保值者不能确切地知道未来拟出售或购买资产的时间
    C. 需要避险的期限与避险工具的期限不一致
    D. 要避险的资产与期货标的资产完全一致
    E. 套期保值者确切地知道未来拟出售或购买资产的时间

73. 巴塞尔协议Ⅲ的内容涉及（　　）。
    A. 强化银行资本充足率监管要求
    B. 提高资本透明度
    C. 强调对风险资产的计量
    D. 建立流动性标准
    E. 引入杠杆率监管标准

74. 公开市场业务作为货币政策工具的主要缺点有（　　）。
    A. 作用猛烈
    B. 影响证券市场稳定
    C. 时滞较长
    D. 中央银行处于被动地位
    E. 干扰其实施效果的因素多

75. 选择性货币政策工具包括（　　）。
    A. 消费者信用控制
    B. 贷款限额
    C. 利率限制
    D. 优惠利率
    E. 直接干预

76. 全面风险管理的企业目标维度包括（　　）。
    A. 战略目标
    B. 经营目标
    C. 报告目标
    D. 合规目标
    E. 控制目标

77. 金融监管是指金融监管机构通过制定一些标准，对金融机构的经营行为实施有效约束，确保金融体系的安全稳健运行，这些标准主要涉及金融机构的（　　）。
    A. 收益标准
    B. 公司治理
    C. 市场准入
    D. 市场运营
    E. 市场退出

78. 在银行监管的方法中，现场检查内容包括（　　）。
    A. 充分性检查
    B. 临时检查

C. 有效性检查 D. 稽核检查
E. 常规检查

79. 一个国家的国际收支出现逆差，一般会导致（　　）。
   A. 外汇汇率下降 B. 通货紧缩
   C. 利率水平下降 D. 外汇储备减少
   E. 外汇供大于求

80. 下列属于我国外债范畴的有（　　）。
   A. 外国政府贷款 B. 外国银行和金融机构贷款
   C. 外国企业贷款 D. 外国的股权投资
   E. 国际金融组织贷款

三、**案例分析题**（共20题，每题2分，由单选和多选组成。错选，本题不得分；少选，所选的每个选项得0.5分）

（一）

某公司拟进行股票投资，计划购买A、B、C三种股票，并设计了甲、乙两种投资组合，A、B、C三种股票的β系数分别为1.6、1.0、0.5。甲种投资组合中，A、B、C三种股票的投资比重分别为50%、20%、30%。同期市场上所有股票的平均收益率为8%，当前国债的利率（无风险收益率）是3%。

根据以上资料，回答下列问题：

81. A股票的预期收益率是（　　）。
   A. 9%   B. 10%
   C. 10.5% D. 11%

82. 甲种投资组合的β系数是（　　）。
   A. 0.9   B. 1
   C. 1.05 D. 1.15

83. 资本市场线反映有效投资组合（　　）的均衡关系，而证券市场线反映了单个风险证券（　　）之间的关系。
   A. 预期收益率和标准差，预期收益率与风险
   B. 预期收益率和标准差，收益与标准差
   C. 预期收益率和风险，收益与标准差
   D. 收益和标准差，收益与风险

84. 关于投资组合风险的说法，正确的是（　　）。
   A. 可以消除系统风险
   B. 可以消除非系统风险
   C. 公司财务风险是可分散风险
   D. 市场风险是不可分散风险

（二）

张先生需要借款10 000元，借款期限为2年，当前市场年利率为6%。他向3家银行进行咨询，A银行给予张先生单利计算的借款条件；B银行给予张先生按年计算复利的借款条件；C银行给予张先生按半年计算复利的借款条件。

根据以上资料，回答下列问题：

85. 如果张先生从 A 银行借款，到期应付利息为（　　）元。
    A. 1 000
    B. 1 200
    C. 1 400
    D. 1 500

86. 如果张先生从 B 银行借款，到期时的本息和为（　　）元。
    A. 11 210
    B. 11 216
    C. 11 236
    D. 11 240

87. 如果张先生从 C 银行借款，到期时的本息和为（　　）元。
    A. 11 245
    B. 11 246
    C. 11 252
    D. 11 255

88. 通过咨询，张先生发现，如果按复利计算，则（　　）。
    A. 每年的计息次数越多，最终的本息和越大
    B. 随着计息间隔的缩短，本息和以递减的速度增加
    C. 每年的计息次数越多，最终的本息和越小
    D. 随着计息间隔的缩短，本息和以递增的速度增加

（三）

假定某一股票的现价为 32 美元，如果某投资者认为在这以后的 3 个月中股票价格不可能发生重大变化，现在 3 个月期看涨期权的市场价格如下：

执行价格（美元）	看涨期权的价格（美元）
26	12
30	8
34	6

根据以上资料，回答下列问题：

89. 此时，投资者进行套利的方式是（　　）。
    A. 水平价差期权
    B. 盒式价差期权
    C. 蝶式价差期权
    D. 鹰式价差期权

90. 构造该期权组合的成本为（　　）美元。
    A. 0
    B. 1
    C. 2
    D. 3

91. 如果 3 个月后，股票价格为 27 美元，投资者收益为（　　）美元。
    A. 0
    B. 1
    C. 2
    D. 3

92. 3 个月后投资者获得了最大利润，当时股票价格为（　　）美元。
    A. 25
    B. 29
    C. 30
    D. 34

（四）

我国某商业银行数据显示（单位：人民币）：2022 年年末，总资产 351 713 亿元，总负债 318 961 亿元，年度实现净利润 3 502 亿元，平均总资产回报率 1.02%，加权平均权益回报率

11.95%，核心一级资本充足率13.31%，一级资本充足率14.94%，资本充足率18.02%。营业收入9 427亿元，其中，利息净收入6 906亿元。该商业银行的注册资本金为3 564亿元人民币。

根据以上资料，回答下列问题：

93. 该银行应计提的法定盈余公积金为（　　）亿元人民币。
    A. 35
    B. 175
    C. 317
    D. 350

94. 若该银行计提的法定盈余公积金已达到（　　）亿元人民币时，该行可以不再提取法定盈余公积金。
    A. 1 240
    B. 1 345
    C. 1 567
    D. 1 782

95. 关于该商业银行的说法，错误的是（　　）。
    A. 核心一级资本充足率未达到监管要求
    B. 一级资本充足率未达到监管要求
    C. 资本充足率达到监管要求
    D. 商业银行的利润总额一般由营业利润和营业外收支净额两部分构成

96. 增加商业银行利润的途径包括（　　）。
    A. 提高资产质量，减少资产风险损失
    B. 提高存款利率
    C. 降低成本
    D. 加强经营管理

（五）

我国某商业银行在某发达国家新设了一家分行，获准开办所有的金融业务。该发达国家有发达的金融市场，能够进行传统的交易和现代金融衍生产品交易。

根据以上资料，回答下列问题：

97. 该分行在将所获利润汇回国内时，承受的金融风险有（　　）。
    A. 信用风险
    B. 汇率风险中的交易风险
    C. 汇率风险中的折算风险
    D. 国家风险中的主权风险

98. 该分行为了控制在当地经营中的利率风险，可以采取的方法是（　　）。
    A. 进行远期外汇交易
    B. 进行货币期货交易
    C. 进行利率衍生产品交易
    D. 进行缺口管理

99. 该分行通过风险转移来管理操作风险可以采取的机制和手段是（　　）。
    A. 对职员定期轮岗
    B. 保证信息系统的安全
    C. 出口信贷保险
    D. 优化管理流程

100. 该分行为了控制在当地贷款中的信用风险，可以采取的方法有（　　）。
    A. 进行持续期管理
    B. 对借款人进行信用的"5C"和"3C"分析
    C. 建立审贷分离机制
    D. 保持负债的流动性

《金融专业知识与实务》(中级)
考前预测卷(二)

(考试时间90分钟 满分140分)

一、单项选择题(共60题,每题1分。每题的备选项中,只有1个最符合题意)

1. 金融衍生品市场上重要的套期保值主体是( )。
   A. 企业　　　　　　　　　　B. 家庭
   C. 政府　　　　　　　　　　D. 金融机构

2. 同业拆借活动都是在金融机构之间进行的,对参与者要求严格,因此,其拆借活动基本上都是( )拆借。
   A. 质押　　　　　　　　　　B. 抵押
   C. 担保　　　　　　　　　　D. 信用

3. 2014年11月17日,( )正式启动。
   A. 股票期货　　　　　　　　B. 股指期货
   C. 沪港通　　　　　　　　　D. 金融期权

4. 关于我国回购协议市场的说法,错误的是( )。
   A. 我国的回购市场从1997年国债回购开始
   B. 非银行金融机构可以参与回购市场
   C. 银行间回购利率已经成为货币市场资金价格的重要指标
   D. 质押式回购期限为1天到365天

5. 超短期融资券的期限在( )天以内。
   A. 150　　B. 170　　C. 270　　D. 290

6. 若本金为 P,年利率为 r,每年的计息次数为 m,则第 n 年年末该投资的终值计算公式为( )。
   A. $FV_n = P(1+r)^n$　　　　B. $FV_n = P(1+r/n)^{mn}$
   C. $FV_n = P(1+r/m)^{mn}$　　D. $FV_n = P(1+r/m)^n$

7. 投资者用100万元进行为期2年的投资,年利率为5%,一年计息一次,按单利计算,则2年末投资者可得到的本息和为( )万元。
   A. 110.00　　B. 110.25　　C. 115.00　　D. 120.00

8. 关于利率风险结构的说法,错误的是( )。
   A. 到期期限相同的债券利率不同的原因是违约风险、债券的流动性和所得税
   B. 一般来说,债券违约风险越大,其利率越高
   C. 流动性差的债券,风险相对较大,利率相对较高
   D. 在同等条件下,具有免税特征的债券利率要高一些

9. 下列各项中,( )属于"虚拟"资本。
   A. 会计资本　　　　　　　　B. 监管资本
   C. 经济资本　　　　　　　　D. 实收资本

10. 某证券的 β 值为1.1,且市场投资组合的实际收益率比预期收益率高10%,则该证券实际收

益率比预期收益率高（　　）。
A. 5% B. 10%
C. 11% D. 85%

11. 港币发行由（　　）承担。
   A. 香港金融管理局、汇丰银行、渣打银行
   B. 汇丰银行、渣打银行、中国银行香港分行
   C. 香港金融管理局、汇丰银行、中国银行香港分行
   D. 香港金融管理局、渣打银行、中国银行香港分行

12. 下列国家中，不采用超级金融监管模式的是（　　）。
   A. 英国 B. 新加坡
   C. 韩国 D. 美国

13. 1998年6月1日成立的欧洲中央银行的组织形式属于（　　）制度。
   A. 一元式中央银行 B. 二元式中央银行
   C. 跨国的中央银行 D. 准中央银行

14. 信托是随着商品经济的发展而出现的一种财产管理制度，其本质是（　　）。
   A. 吸收存款，融通资金 B. 受人之托，代人理财
   C. 项目融资 D. 规避风险，发放贷款

15. 下列不属于金融监管国际协调的形式的是（　　）。
   A. 多边论坛 B. 统一监管
   C. 以统一的监管标准为基础的协调 D. 多边的谅解备忘录

16. 商业银行中间业务的特点不包括（　　）。
   A. 赚取差价收入 B. 运用银行自有资金
   C. 以接受客户委托为前提为客户办理业务 D. 不承担或不直接承担市场风险

17. 在商业银行资产负债管理中，规模对称原理动态平衡的基础是（　　）。
   A. 合理经济体制 B. 合理经济结构
   C. 合理经济增长 D. 合理效益增长

18. 商业银行存款经营的衍生服务是（　　）。
   A. 利率管理 B. 账户管理
   C. 现金管理 D. 投资管理

19. 现代商业银行财务管理的核心是基于（　　）的管理。
   A. 利润 B. 效率
   C. 价值 D. 核心资本

20. 根据《商业银行资本管理办法（试行）》，以下不属于商业银行核心一级资本的是（　　）。
   A. 实收资本 B. 盈余公积
   C. 少数股东权益 D. 优先股及溢价

21. 当证券公司帮助发行人向投资者发售收益凭证时，证券公司在证券运作中承担（　　）角色。
   A. 做市商 B. 自营商
   C. 经纪商 D. 承销商

22. 下列不属于信托功能的是（　　）。
    A. 融通资金功能　　　　　　　　B. 财产管理功能
    C. 社会投资功能　　　　　　　　D. 风险分散功能

23. 将金融机构划分为银行业金融机构和非银行金融机构的划分标准是（　　）。
    A. 融资方式　　　　　　　　　　B. 职能作用
    C. 业务特征　　　　　　　　　　D. 资金来源方式

24. 证券公司和商业银行同样是资金供求媒介，但证券公司侧重于为企业筹措（　　）。
    A. 短期资金　　　　　　　　　　B. 流动资金
    C. 中长期资金　　　　　　　　　D. 投资渠道

25. 下列不属于商业银行资产管理的是（　　）。
    A. 存款管理　　　　　　　　　　B. 现金资产管理
    C. 债券投资管理　　　　　　　　D. 贷款管理

26. 信托财产拥有特殊的所有权性质，表现为所有权在受托人和（　　）之间的分离。
    A. 管理人　　　　　　　　　　　B. 委托人
    C. 受益人　　　　　　　　　　　D. 托管人

27. 股票基金所面临的投资风险不包括（　　）。
    A. 系统性风险　　　　　　　　　B. 非系统性风险
    C. 管理运作风险　　　　　　　　D. 通货膨胀风险

28. 信托登记的信息不包括（　　）。
    A. 信托产品名称　　　　　　　　B. 信托类别
    C. 信托目的和期限　　　　　　　D. 信托关系

29. 关于基金管理人和基金托管人的说法，错误的是（　　）。
    A. 基金管理费是基金管理人的主要收入来源，基金托管人主要通过托管业务获取托管费作为其主要收入来源，托管费与托管规模正相关
    B. 基金管理人在基金的经营与管理中处于中心地位
    C. 根据我国有关规定，基金管理人只能由依法设立的基金管理公司担任
    D. 基金托管人是基金的组织者和管理者

30. 负责非法集资的认定、查处和取缔的是（　　）。
    A. 证监会　　　　　　　　　　　B. 银保监会
    C. 银行业协会　　　　　　　　　D. 证券业协会

31. 凯恩斯主义认为货币政策传导变量为（　　）。
    A. 货币供应量　　　　　　　　　B. 利率
    C. 超额存款准备金　　　　　　　D. 基础货币

32. 在市场机制作用下，（　　）不仅是货币供求是否均衡的重要信号，而且对货币供求具有明显的调节功能。
    A. 货币流通速度　　　　　　　　B. 国际收支水平
    C. 社会就业率　　　　　　　　　D. 利率

33. 关于基金管理公司专户业务的说法，错误的是（　　）。
    A. 资产管理计划的初始募集规模不得低于1 000万元

B. 基金管理公司自有资金参与集合资产管理计划的持有期限不得少于6个月
C. 一个集合资产管理计划投资于同一资产的资金不得超过该计划资产净值的25%
D. 固定收益类资产管理计划优先级与劣后级的比例不得超过2∶1

34. 契约型基金与公司型基金的区别不包括（　　）。
    A. 法律主体资格不同　　　　　　B. 投资者地位不同
    C. 交易场所不同　　　　　　　　D. 基金营运依据不同

35. 由于不同国家的经济部门结构的某些特点，当一些产业和部门在需求方面或成本方面发生变动时，往往会通过部门之间的相互看齐过程而影响其他部门，从而导致一般物价水平的上升，这种情形属于（　　）通货膨胀。
    A. 需求拉上型　　　　　　　　　B. 成本推进型
    C. 结构型　　　　　　　　　　　D. 隐蔽型

36. 从通货膨胀的程度来看，一般物价水平上涨幅度最小的是（　　）通货膨胀。
    A. 爬行式　　　　　　　　　　　B. 温和式
    C. 奔腾式　　　　　　　　　　　D. 恶性

37. 对冲基金的主要运作特点不包括（　　）。
    A. 投资策略高度保密
    B. 高杠杆操作，专门从事各种买空、卖空交易
    C. 主要投资于金融衍生品市场，更多地呈现全球化特征
    D. 操作手法单一

38. 关于商业银行的成本，说法正确的是（　　）。
    A. 商业银行的成本主要包括利息支出、经营管理费用、税费支出、制造成本、补偿性支出和营业外支出
    B. 员工工资、电子设备运转费、保险费等是税费支出
    C. 业务招待费、业务宣传费是经营管理费用
    D. 固定资产折旧、无形资产摊销、递延资产摊销等是补偿性支出

39. 下列各项中，可用于治理通货膨胀的货币政策措施是（　　）。
    A. 提高法定存款准备金率　　　　B. 降低利率
    C. 降低再贴现率　　　　　　　　D. 公开市场上买入政府债券

40. 证券公司、证券投资咨询机构接受客户委托，按照约定，向客户提供涉及证券及证券相关产品的投资建议服务，辅助客户做出投资决策，并直接或者间接获取经济利益的经营活动是（　　）。
    A. 证券经纪业务　　　　　　　　B. 证券投资咨询业务
    C. 发行证券研究报告　　　　　　D. 证券投资顾问业务

41. 货币政策的最终目标之间存在矛盾，根据菲利普斯曲线，（　　）之间就存在矛盾。
    A. 稳定物价与充分就业　　　　　B. 稳定物价与经济增长
    C. 稳定物价与国际收支平衡　　　D. 经济增长与国际收支平衡

42. 货币政策中介目标的选择标准一般不包括（　　）。
    A. 外生性　　　　　　　　　　　B. 相关性
    C. 可控性　　　　　　　　　　　D. 可测性

43. 根据凯恩斯的货币政策传导机制理论，货币政策增加国民收入的效果取决于投资和货币需求的利率弹性，其中，增加货币供给能导致国民收入增长较大的组合是（　　）。
    A. 投资的利率弹性小，货币需求的利率弹性大
    B. 投资的利率弹性大，货币需求的利率弹性小
    C. 投资和货币需求的利率弹性都大
    D. 投资和货币需求的利率弹性都小

44. 商业银行采用的贷款五级分类方法，属于信用风险的（　　）管理。
    A. 机制　　　　　　　　　　　B. 事前
    C. 事中　　　　　　　　　　　D. 事后

45. 某企业从某银行借入一笔贷款后，到期不能如期、足额还本付息，这种情形属于该银行的（　　）。
    A. 市场风险　　　　　　　　　B. 信用风险
    C. 流动性风险　　　　　　　　D. 操作风险

46. 在汇率风险中，（　　）又称为会计风险。
    A. 交易风险　　　　　　　　　B. 折算风险
    C. 经济风险　　　　　　　　　D. 信用风险

47. 我国某企业在海外承建了某项目，但因海外爆发政府与反政府武装的冲突而不得不中断项目建设并撤出人员，项目工地被洗劫，这种情形属于该企业的（　　）。
    A. 市场风险　　　　　　　　　B. 信用风险
    C. 国别风险　　　　　　　　　D. 操作风险

48. 根据我国的货币供应量层次划分，假定M2余额为107.7万亿元，M1余额为31.5万亿元，流通中货币M0余额为5.6万亿元，则单位活期存款为（　　）万亿元。
    A. 25.9　　　　　　　　　　　B. 70.6
    C. 75.6　　　　　　　　　　　D. 102.1

49. 以下属于操作风险评估方法的是（　　）。
    A. 风险与控制自评估　　　　　B. 概率法
    C. 情景分析法　　　　　　　　D. KMV模型

50. 某投资者欲买入一份3×9的远期利率协议，该协议表示的是（　　）。
    A. 3个月之后开始的期限为9个月贷款的远期利率
    B. 自生效日开始的以3个月后利率为交割额的9个月贷款的远期利率
    C. 3个月之后开始的期限为6个月贷款的远期利率
    D. 自生效日开始的以6个月后利率为交割额的6个月贷款的远期利率

51. 信托公司未能按期筹建的，可以申请（　　）次延期，延长期限不得超过（　　）个月。
    A. 1；3　　　　　　　　　　　B. 2；3
    C. 1；1　　　　　　　　　　　D. 2；1

52. 关于债券与债券基金的说法，错误的是（　　）。
    A. 债券基金的收益不如债券的利息固定
    B. 债券基金没有确定的到期日
    C. 单一债券随着到期日的临近，所承担的利率风险会上升

D. 债券基金的收益率较难预测

53. 证券公司应当有（　　）名以上在证券业担任高级管理人员满2年的高级管理人员。
    A. 2　　　　　　B. 3　　　　　　C. 4　　　　　　D. 5

54. 银行监管的非现场监管的审查对象是（　　）。
    A. 会计师事务所的审计报告　　　　　B. 银行的合规性和风险性
    C. 银行的各种报告和统计报表　　　　D. 银行的治理情况

55. 根据《商业银行风险监管核心指标（试行）》，我国银行机构的全部关联度，即全部关联授信与资本净额之比，不应高于（　　）。
    A. 5%　　　　　B. 10%　　　　　C. 15%　　　　　D. 50%

56. 金本位制下，各国汇率决定的标准是（　　）。
    A. 铸币平价　　　　　　　　　　　　B. 购买力平价
    C. 利率平价　　　　　　　　　　　　D. 黄金平价

57. 关于国际收支平衡表的账户，说法正确的是（　　）。
    A. 经常账户反映的是非居民与非居民之间货物、服务、初次收入和二次收入的流量
    B. 资本账户显示的是居民与非居民之间的资本转移和非生产、金融资产的取得和处置
    C. 金融账户反映的是金融资产和负债的获得及处置金额
    D. 误差与遗漏净额是作为残差项推算的，可按从金融账户推算的净贷款或净借款，减去从经常账户和资本账户中推算的净贷款或净借款来推算

58. 国际收支均衡是指（　　）的收入和支出的均衡。
    A. 自主性交易　　　　　　　　　　　B. 货币交易
    C. 经济交易　　　　　　　　　　　　D. 补偿性交易

59. 如果中国政府在美国纽约发行一笔美元债券，则该笔债券属于（　　）的范畴。
    A. 外国债券　　　　　　　　　　　　B. 猛犬债券
    C. 武士债券　　　　　　　　　　　　D. 欧洲债券

60. 一国居民可以在国际收支所有项目下自由地将本国货币与外国货币兑换，则该国实现了（　　）。
    A. 经常项目可兑换　　　　　　　　　B. 资本项目可兑换
    C. 贸易项目可兑换　　　　　　　　　D. 完全可兑换

二、**多项选择题**（共20题，每题2分。每题的备选项中，有2个或2个以上符合题意，至少有1个错项。错选，本题不得分；少选，所选的每个选项得0.5分）

61. 关于我国商业银行理财业务发展趋势的说法，正确的有（　　）。
    A. 从存款替代型理财向真正的代客理财回归，理财服务范围从单一理财服务向全面财富管理转变
    B. 理财投资类型从权益型向债务型转变，投资策略从被动投资组合向主动投资组合转变
    C. 理财客户群将加速向高净值个人客户与机构投资者迁移
    D. 管理方式从动态流动性管理向静态流动性管理转变
    E. 理财产品形态从预期收益型向净值收益型转变

62. 我国商业银行的现金资产主要包括（　　）。
    A. 保存在金库中的现钞和硬币　　　　B. 法定存款准备金
    C. 超额存款准备金　　　　　　　　　D. 存放同业及其他金融机构款项

E. 向中央银行借款

63. 契约性金融机构是以契约方式吸收持约人的现金，而后按契约规定承担向持约人履行赔付或资金返还义务的金融机构。以下属于契约性金融机构的有（   ）。
    A. 保险公司　　　　　　　　B. 养老基金
    C. 投资基金　　　　　　　　D. 投资银行
    E. 储蓄银行

64. 关于金融市场构成要素的描述，正确的有（   ）。
    A. 企业是重要的资金需求者和供给者
    B. 政府通常是资金的需求者
    C. 金融机构是最活跃的交易者
    D. 价格机制是金融市场高速运行的基础
    E. 金融市场主体和金融市场中介是金融市场形成的基础

65. 根据《中国人民银行职能配置、内设机构和人员编制规定》，中国人民银行的主要职责有（   ）。
    A. 承担最后贷款人的职责
    B. 依法制定和执行货币政策
    C. 负责制定和实施人民币汇率政策
    D. 负责国有重点银行金融机构监事会的日常管理工作
    E. 发行人民币，管理人民币流通

66. 商业银行利润总额的构成包括（   ）。
    A. 税前利润　　　　　　　　B. 税后利润
    C. 营业利润　　　　　　　　D. 投资收益
    E. 营业外收支净额

67. 下列属于商业银行"4R"营销策略的有（   ）。
    A. 关联　　　　　　　　　　B. 反应
    C. 关系　　　　　　　　　　D. 回报
    E. 活力

68. 下列属于信托公司业务风险的有（   ）。
    A. 战略风险　　　　　　　　B. 操作风险
    C. 合规与法律风险　　　　　D. 市场风险
    E. 信用风险

69. 金融工具的基本分析方法包括（   ）。
    A. 积木分析法　　　　　　　B. 套利定价法
    C. 风险中性定价法　　　　　D. 状态价格定价法
    E. 风险分析定价法

70. 下列关于金融产品定价基本假设的说法，错误的有（   ）。
    A. 市场不存在摩擦　　　　　B. 考虑对手违约风险
    C. 不允许现货卖空行为　　　D. 市场不存套利机会
    E. 不可以买卖资产

71. 在市场经济条件下，货币均衡的前提条件有（　　）。
    A. 稳定的物价水平　　　　　　　　B. 足额的国际储备
    C. 健全的利率机制　　　　　　　　D. 发达的金融市场
    E. 有效的中央银行调控机制

72. 关于融资融券业务的说法，正确的有（　　）。
    A. 客户向证券公司借资金买证券为融券交易
    B. 客户向证券公司借证券卖出为融资交易
    C. 证券公司开展融资融券业务须经批准
    D. 证券公司向客户融资融券，应当向客户收取一定比例的保证金，保证金不可以证券充抵
    E. 证券公司在向客户融资、融券前，应当与其签订载有中国证券业协会规定的必备条款的融资融券合同

73. 关于证券公司与商业银行经营机制的说法，正确的有（　　）。
    A. 商业银行作为间接融资的中介，仅充当中介人的角色
    B. 证券公司作为直接融资的中介，同时具有资金需求者和资金供给者双重身份
    C. 在直接融资中，证券公司只是收取佣金和服务费
    D. 在直接融资中，证券公司一般不承担投资者和融资者之间的权利和义务
    E. 在间接融资中，资金存款人和借款人之间并不直接发生权利和义务关系

74. 作为货币政策工具之一，公开市场操作具有的优点有（　　）。
    A. 中央银行处于主动地位
    B. 可以稳定证券市场
    C. 富有弹性
    D. 可以较容易地逆向修正货币政策
    E. 干扰其实施效果的因素比存款准备金率、再贴现少

75. 下列货币政策工具中，属于直接信用控制的有（　　）。
    A. 道义劝告　　　　　　　　　　　B. 贷款限额
    C. 利率限制　　　　　　　　　　　D. 流动性比率
    E. 窗口指导

76. 下列政策工具中，属于选择性货币政策工具的有（　　）。
    A. 贷款限额　　　　　　　　　　　B. 不动产信用控制
    C. 优惠利率　　　　　　　　　　　D. 直接干预
    E. 流动性比率

77. 下列方法中，属于利率风险管理的方法有（　　）。
    A. 做远期外汇交易　　　　　　　　B. 缺口管理
    C. 做货币衍生产品交易　　　　　　D. 做利率衍生品交易
    E. 做结构性套期保值

78. 根据外汇交易的交割期限，可以将汇率分为（　　）。
    A. 即期汇率　　　　　　　　　　　B. 远期汇率
    C. 双边汇率　　　　　　　　　　　D. 基本汇率
    E. 套算汇率

79. 运用财政政策调节国际收支逆差，是因为财政政策对国际收支可以产生（　　）等调节作用。
   A. 需求效应
   B. 价格效应
   C. 利率效应
   D. 结构效应
   E. 供给效应

80. 汇率变动的影响因素包括（　　）。
   A. 物价的相对变动
   B. 国际收支差额的变化
   C. 国际储备余额的变化
   D. 市场预期的变化
   E. 政府干预汇率

三、案例分析题（共20题，每题2分，由单选和多选组成。错选，本题不得分；少选，所选的每个选项得0.5分）

（一）

2022年年末，按照贷款五级分类的口径，我国某商业银行各类贷款余额及贷款损失准备的情况如下：正常贷款800亿元，关注贷款150亿元，次级贷款25亿元，可疑贷款15亿元，损失贷款10亿元，贷款损失准备100亿元。对最大一家客户贷款总额与资本净额之比为11%。

根据以上资料，回答下列问题：

81. 该商业银行的不良贷款率是（　　）。
   A. 12%
   B. 6%
   C. 5%
   D. 4%

82. 该商业银行的贷款拨备率是（　　）。
   A. 14.4%
   B. 10.0%
   C. 8.8%
   D. 4.0%

83. 根据我国《商业银行风险监管核心指标（试行）》和《商业银行贷款损失准备管理办法》的监管要求，该商业银行的（　　）。
   A. 不良贷款率符合监管指标要求
   B. 不良贷款率不符合监管指标要求
   C. 贷款拨备率不符合监管指标要求
   D. 贷款拨备率符合监管指标要求

84. 根据2005年12月发布的《商业银行风险监管核心指标（试行）》，有关信用风险指标的说法，正确的有（　　）。
   A. 不良资产率，即不良资产与资产总额之比，不得高于4%
   B. 单一客户贷款集中度，即最大一家客户贷款总额与资本净额之比，不得高于15%
   C. 单一集团客户授信集中度，即对最大一家集团客户授信总额与资本净额之比，不得高于10%
   D. 全部关联度，即全部关联授信与资本净额之比，不得高于50%

（二）

某债券票面利率为5%，面值为100元，每年付息一次，期限为2年，到期还本。假设市场利率为4%。

根据以上资料，回答下列问题：

85. 该债券的合理发行价格应该是（　　）元。
   A. 95.5
   B. 100.5

C. 101.9 D. 105.4

86. 在债券发行时市场利率低于债券票面利率,则( )。
   A. 债券的购买价高于面值
   B. 债券的购买价低于面值
   C. 按面值出售时投资者对该债券的需求减少
   D. 按面值出售时投资者对该债券的需求增加

87. 假设该债券以平价发行,投资者认购后的本期收益率为( )。
   A. 4.0% B. 5.0%
   C. 8.0% D. 8.5%

88. 假设发行满1年后,市场利率升为4.5%,发行人决定将该债券转化为年息不变的永久债券,则该债券的市场价格应该为( )元。
   A. 95.4 B. 100.0
   C. 111.1 D. 115.0

(三)

2010年9月末,我国广义货币供应量M2余额为69.6万亿元,狭义货币供应量M1余额为24.4万亿元,流通中现金余额为4.2万亿元;全年现金净投放3 844亿元。

根据以上资料,回答下列问题:

89. 2010年9月末,我国单位活期存款总额为( )万亿元。
   A. 13.2 B. 20.2
   C. 38.6 D. 45.2

90. 2010年9月末,我国居民个人储蓄存款和单位定期存款总额为( )万亿元。
   A. 28.6 B. 41.0
   C. 45.2 D. 65.4

91. 关于货币层次划分的界定,正确的有( )。
   A. M0=活期存款货币 B. M0=流通中现金
   C. M1=M0+单位活期存款 D. M2=M1+单位定期存款

92. 下列做法中,属于中央银行投放基础货币的渠道有( )。
   A. 对金融机构的再贷款和再贴现 B. 收购黄金、外汇等储备资产投放的货币
   C. 通过公开市场业务等投放货币 D. 对工商企业贷款

(四)

某金融租赁公司为一规模中等的租赁公司,其从业人员有1 000人,注册资本为30亿元人民币,资本净额为10亿元人民币,在行业内享有较高的声誉。但受市场及经济环境影响,该公司在发展中也面临着融资受限、资金供应紧张、盈利能力不足和内部风险控制缺失等一系列问题。目前,公司正在积极探索出路,希望尽快解决所面临的问题。

根据以上资料,回答下列问题:

93. 从性质上看,该金融租赁公司属于( )。
   A. 存款性金融机构 B. 非银行金融机构
   C. 政策性金融机构 D. 银行业金融机构

94. 根据我国《金融租赁公司管理办法》,该公司从业人员中具有金融或融资租赁工作经历3年

以上的人员应不少于（　　）人。
A. 600　　　　　　　　　　　　B. 300
C. 500　　　　　　　　　　　　D. 800

95. 该公司可通过同业拆借融入资金的最高限额是（　　）亿元。
A. 5　　　　　　　　　　　　　B. 10
C. 20　　　　　　　　　　　　 D. 15

96. 为解决面临的问题，推动公司持续性健康发展，该金融租赁公司可以采取的措施有（　　）。
A. 发行债券筹措资金　　　　　B. 吸收银行股东存款
C. 建立风险管理体系　　　　　D. 获取财务杠杆收益

（五）

假设某国2022年的各项经济指标如下：国民生产总值为4 800亿美元；年底未清偿外债余额为600亿美元，其中大约有60%的债务从邻国借入，并且短期外债达到65%；当年货物服务出口总额为700亿美元；当年外债还本付息总额为350亿美元。

根据以上资料，回答下列问题：

97. 该国的债务率是（　　）。
A. 50.0%　　　　　　　　　　 B. 85.7%
C. 12.1%　　　　　　　　　　 D. 120.1%

98. 该国的债务率（　　）国际通行的警戒线。
A. 超过　　　　　　　　　　　B. 未超过
C. 大大超过　　　　　　　　　D. 等于

99. 该国外债管理的重点应该在（　　）。
A. 优化外债的期限结构　　　　B. 优化外债的利率结构
C. 优化外债的国别结构　　　　D. 优化外债的投向结构

100. 下列不属于外债的是（　　）。
A. 外国企业贷款　　　　　　　B. 国际金融租赁
C. 发行外币债券　　　　　　　D. 外商直接投资和股票投资

《金融专业知识与实务》(中级)
考前预测卷（三）

（考试时间 90 分钟　满分 140 分）

一、单项选择题（共 60 题，每题 1 分。每题的备选项中，只有 1 个最符合题意）

1. 我国境内非金融企业发行的一年期以内的融资工具属于（　　）。
   A. 中期票据　　　　　　　　　　B. 企业债券
   C. 短期融资券　　　　　　　　　D. 可转换债券

2. 同业拆借市场是指具有法人资格的金融机构或经过法人授权的金融分支机构之间进行短期资金头寸调节、融通的市场，其最长期限不得超过（　　）。
   A. 1 个月　　　B. 3 个月　　　C. 6 个月　　　D. 1 年

3. 某公司打算运用 6 个月期的沪深 300 股价指数期货，为其价值 600 万元的股票组合套期保值，该组合的 β 值为 1.2，当时的期货价格为 400 元，则该公司应卖出的期货合约数量为（　　）份。
   A. 15　　　B. 27　　　C. 30　　　D. 60

4. 在金融运行中处于枢纽地位的是（　　）。
   A. 同业拆借市场　　　　　　　　B. 债券市场
   C. 大额可转让存单市场　　　　　D. 金融市场基础设施

5. 下列各项中，属于存款类金融机构的是（　　）。
   A. 保险公司　　　　　　　　　　B. 养老基金
   C. 证券投资基金　　　　　　　　D. 财务公司

6. 对我国利率市场化改革的思路描述，错误的是（　　）。
   A. 先放开货币市场利率和债券市场利率，再逐步推进存、贷款利率的市场化
   B. 先放开本币存款利率，再放开外币存款利率
   C. 建立健全由市场供求决定的利率形成机制
   D. 中央银行通过货币政策工具引导市场利率

7. 某机构发售了面值为 100 元、年利率为 6%、到期期限为 10 年的债券，按年付息。某投资者以 92 元的价格买入该债券，1 年后以 95 元的价格卖出，则该投资者的持有期收益率为（　　）。
   A. 9.6%　　　B. 9.7%　　　C. 9.8%　　　D. 9.5%

8. 某股票的每股预期股息收入为每年 4 元，如果市场年利率为 6%，则该股票的每股市场价格应为（　　）元。
   A. 57　　　B. 67　　　C. 70　　　D. 72

9. 投资者用 10 万元进行为期 3 年的投资，年利率为 5%，按复利每年计息一次，则第 3 年年末投资者可获得的本息和为（　　）万元。
   A. 11.2　　　B. 11.6　　　C. 12.0　　　D. 12.1

10. 与流动性溢价理论密切相关的理论是（　　）。
    A. 预期理论　　　　　　　　　　B. 分割市场理论
    C. 期限优先理论　　　　　　　　D. 流动性偏好理论

11. （　　）是指债券持有人（正回购方）在将债券卖给债券购买方（逆回购方）的同时，交易双方约定在将来某一日期，正回购方再以约定价格从逆回购方买回相等数量同种债券的交易行为。
    A. 质押式回购　　　　　　　　　B. 买断式回购
    C. 卖断式回购　　　　　　　　　D. 逆回购

12. 在我国的政策性银行中最先转型成为开发性金融机构的是（　　）。
    A. 中国进出口银行　　　　　　　B. 国家开发银行
    C. 中国农业发展银行　　　　　　D. 中国邮政储蓄银行

13. 美国中央银行的资本结构是（　　）形式。
    A. 国有　　　　　　　　　　　　B. 多国共有
    C. 全部非国有　　　　　　　　　D. 混合所有

14. 目前唯一没有资本金的中央银行是（　　）的中央银行。
    A. 中国香港　　　　　　　　　　B. 新加坡
    C. 韩国　　　　　　　　　　　　D. 德国

15. 关于商业银行组织制度的描述，正确的是（　　）。
    A. 单一银行制抵御风险的能力较强
    B. 分支银行制度下管理难度小
    C. 连锁银行制又称集团银行制
    D. 持股公司制是一种为了规避法律限制开设分行的策略

16. 下列支出中，属于商业银行营业外支出的是（　　）。
    A. 违约金　　　　　　　　　　　B. 利息支出
    C. 税费支出　　　　　　　　　　D. 罚没收入

17. 商业银行资本的核心功能是（　　）。
    A. 投资　　　　　　　　　　　　B. 满足日常经营
    C. 吸收损失　　　　　　　　　　D. 提供贷款资金

18. 在商业银行的资本管理中，能够切实反映银行因承担风险而真正需要的资本是（　　）。
    A. 账面资本　　B. 经济资本　　C. 监管资本　　D. 会计资本

19. 以下各项中，不属于风险补偿的方法的是（　　）。
    A. 合同补偿　　　　　　　　　　B. 保险补偿
    C. 法律补偿　　　　　　　　　　D. 风险转移

20. 《商业银行资本管理办法（试行）》规定的一级资本充足率是（　　）。
    A. 5%　　　　　B. 6%　　　　　C. 7%　　　　　D. 8%

21. 封闭式基金的存续期应在（　　）年以上，期满后可以通过一定的法定程序延期。目前，我国封闭式基金的存续期大多在（　　）年。
    A. 3，10　　　　B. 3，15　　　　C. 5，10　　　　D. 5，15

22. 同一基金管理公司管理的全部资产管理计划投资于同一资产的资金，不得超过该资产的（　　）。
    A. 15%　　　　B. 20%　　　　C. 25%　　　　D. 30%

23. 下列不属于信托基本要素的是（　　）。
    A. 信托期限　　　　　　　　　　B. 信托目的

C. 信托财产　　　　　　　　　　D. 信托行为

24. 证券公司从事证券自营业务，其净资本不得低于（　　）万元人民币。
   A. 2 000　　　B. 3 000　　　C. 4 000　　　D. 5 000

25. 按照（　　）的不同，金融市场可以划分为直接融资市场和间接融资市场。
   A. 市场中交易标的物　　　　　B. 融资方式
   C. 交易性质　　　　　　　　　D. 交易期限

26. 中国香港特别行政区中央银行的职能由香港金融管理局和若干商业银行共同执行，属于（　　）。
   A. 跨国的中央银行制度　　　　B. 准中央银行制度
   C. 一元式中央银行制度　　　　D. 二元式中央银行制度

27. 根据《企业年金基金管理办法》，我国企业年金基金管理的基本模式是（　　）。
   A. 信托　　　　　　　　　　　B. 资产管理
   C. 理财　　　　　　　　　　　D. 托管

28. 以下不属于信托产品管理方式的是（　　）。
   A. 信托产品的现场检查　　　　B. 受益人大会
   C. 外派人员管理　　　　　　　D. 委托人大会

29. 远期价格的公式表明资产的远期价格仅与（　　）有关。
   A. 未来资产价格　　　　　　　B. 当前现货价格
   C. 交割价格　　　　　　　　　D. 资产真实价值

30. （　　）是买卖双方将一种货币的本金和固定利息与另一货币的等价本金和利息进行交换的协议。
   A. 利率互换　　　　　　　　　B. 货币互换
   C. 金融互换　　　　　　　　　D. 指数互换

31. 凯恩斯认为，投机性货币需求受未来（　　）的影响。
   A. 利率不确定性　　　　　　　B. 收入不稳定性
   C. 证券行市不稳定　　　　　　D. 国家政策

32. 简化的存款乘数公式是（　　）。
   A. $1/c$　　　　　　　　　　　B. $1/r$
   C. $1/e$　　　　　　　　　　　D. $1/(c+r)$

33. 货币供给过程中（　　）的作用最重要。
   A. 中央银行　　　　　　　　　B. 商业银行
   C. 存款机构　　　　　　　　　D. 个人存款人

34. 货币均衡的实现所依赖的最重要的条件是（　　）。
   A. 健全的利率机制　　　　　　B. 发达的金融市场
   C. 有效的央行调控　　　　　　D. 二级银行体制

35. 凯恩斯认为，如果人们预期利率下降，其理性行为应是（　　）。
   A. 多买债券、多存货币　　　　B. 少存货币、多买债券
   C. 卖出债券、多存货币　　　　D. 少买债券、少存货币

36. 弗里德曼认为，货币需求量是稳定的、可以预测的，因此，货币政策应（　　）。
   A. "相机行事"　　　　　　　　B. 重在调整利率

C. 实行"单一规则" D. "走走停停"

37. 根据货币供给机制，货币供应量等于基础货币与货币乘数的（　　）。
    A. 和　　　　B. 乘积　　　　C. 差额　　　　D. 商

38. 下列不属于紧缩性的收入政策的是（　　）。
    A. 工资—物价指导线　　　　B. 以税收为基础的收入政策
    C. 工资—价格管制　　　　　D. 收入指数化

39. 紧缩性收入政策主要针对（　　）类型的通货膨胀。
    A. 需求拉上　　　　　　　B. 成本推进
    C. 供求混合作用　　　　　D. 经济结构变化

40. （　　）是指由于股票价格发生不利变动而给银行带来损失的风险。
    A. 商品风险　　　　　　　B. 股票风险
    C. 汇率风险　　　　　　　D. 利率风险

41. 根据《金融租赁公司管理办法》，金融租赁公司应当遵守的监管指标不包括（　　）。
    A. 全部关联度　　　　　　B. 资产负债率
    C. 同业拆借比例　　　　　D. 单一股东关联度

42. 关于货币政策特征的描述，错误的是（　　）。
    A. 货币政策是调节总需求的政策　　B. 货币政策是短期连续的政策
    C. 货币政策是间接调控政策　　　　D. 货币政策是宏观经济政策

43. 根据凯恩斯学派的货币政策传导机制理论，货币政策增加国民收入的效果主要取决于（　　）。
    A. 投资的利率弹性和货币需求的利率弹性
    B. 投资的利率弹性和货币供给的利率弹性
    C. 投资的收入弹性和货币需求的收入弹性
    D. 投资的收入弹性和货币供给的收入弹性

44. 在公开市场业务操作中，当逆回购到期，中国人民银行要进行的操作是向市场（　　）。
    A. 现券买断　　　　　　　B. 投放流动性
    C. 收回流动性　　　　　　D. 现券卖断

45. 以下不属于直接信用控制工具的是（　　）。
    A. 贷款限额　　　　　　　B. 利率限制
    C. 流动性比率　　　　　　D. 优惠利率

46. 下列不属于银行一级资本的是（　　）。
    A. 超额贷款损失准备　　　B. 资本公积
    C. 盈余公积　　　　　　　D. 少数股东资本

47. 同一基金管理公司管理的全部资产管理计划及公开募集证券投资基金合计持有单一上市公司发行的股票不得超过该上市公司可流通股票的（　　）。
    A. 15%　　　　　　　　　B. 20%
    C. 25%　　　　　　　　　D. 30%

48. 在市场经济条件下，银行机构承担全部风险和亏损的保证是（　　）。
    A. 资本　　　　　　　　　B. 资产
    C. 负债　　　　　　　　　D. 存款

49. 金融租赁公司通过自有资金或外部融资采购设备后,向承租人租赁设备获得的租金收益与资金成本之间的利差收益称为( )。
   A. 债权收益   B. 余值收益
   C. 服务收益   D. 运营收益

50. 下列不属于我国证券发行制度先后历经的阶段的是( )。
   A. 审批制   B. 核准制
   D. 注册制   D. 备案制

51. 以下不属于全面风险管理三个维度的是( )。
   A. 企业目标   B. 风险管理的要素
   C. 企业层级   D. 风险管理的目标

52. 以下属于信用风险评估方法的是( )。
   A. 风险价值法   B. 概率法
   C. 基本指标法   D. KMV 模型

53. 根据汇率的制定方法,可以将汇率划分为( )。
   A. 买入汇率与卖出汇率   B. 基本汇率与套算汇率
   C. 官方汇率与市场汇率   D. 固定汇率与浮动汇率

54. 一国货币的法定含金量与另一国货币的法定含金量之比是( )。
   A. 铸币平价   B. 法定平价
   C. 购买力平价   D. 汇率平价

55. 在我国的货币层次划分中,商业票据属于( )。
   A. M0   B. M1
   C. M2   D. M3

56. 官方在不特别指明或事先承诺汇率目标的情况下,通过积极干预外汇市场来影响汇率变动。按国际货币基金的划分,这种是( )汇率制度。
   A. 传统钉住安排   B. 爬行区间
   C. 独立浮动   D. 事先不公布汇率目标的管理浮动

57. 用来衡量外债总量是否适度的偿债率指标的计算方法是( )。
   A. $\dfrac{当年外债还本付息总额}{当年货物和服务出口总额} \times 100\%$ B. $\dfrac{当年未清偿外债余额}{当年国民生产总值} \times 100\%$
   C. $\dfrac{当年未清偿外债余额}{当年货物和服务出口总额} \times 100\%$ D. $\dfrac{当年外债还本付息总额}{当年国民生产总值} \times 100\%$

58. 以下因素中容易导致一国倾向采取固定汇率制度的因素是( )。
   A. 经济开放程度高   B. 进出口商品地域分布多样化
   C. 同国际金融市场联系密切   D. 经济规模小

59. 在管理上,( )离岸金融中心对经营离岸业务没有严格的申请程序。
   A. 伦敦型   B. 纽约型
   C. 避税港型   D. 巴哈马型

60. 以下不属于牙买加体系内容的是( )。
   A. 取消对经常账户交易的外汇管制   B. 黄金非货币化

C. 扩大发展中国家的资金融通　　　D. 扩大特别提款权的作用

二、**多项选择题**（共20题，每题2分。每题的备选项中，有2个或2个以上符合题意，至少有1个错项。错选，本题不得分；少选，所选的每个选项得0.5分）

61. 关于我国债券市场的描述，正确的有（　　）。
    A. 银行间债券市场是债券市场的主体
    B. 商业银行柜台债券市场是零售市场
    C. 交易所债券市场的交易品种有现券交易和回购
    D. 商业银行柜台债券市场的交易品种是现券交易
    E. 上市商业银行不能在交易所债券市场进行交易

62. 关于我国金融市场的描述，正确的有（　　）。
    A. 大额可转让定期存单市场起源于英国
    B. 我国的债券市场首先从国债市场产生并发展
    C. 1996年全国统一的同业拆借市场正式建立
    D. 我国的回购市场从国债回购开始
    E. 我国1994年对外汇管理体制进行了重大改革

63. 以下关于利率计算的说法，正确的有（　　）。
    A. 我国的银行存款利息按照单利计算
    B. 每年的计息次数越少，终值越小
    C. 每年的计息次数越多，现值越大
    D. 每年的计息次数越多，现值越小
    E. 每年的计息次数越少，终值越大

64. 金融资本资产定价理论模型假定包括（　　）。
    A. 投资者是厌恶风险的
    B. 市场上存在无风险资产
    C. 税收和交易费用不可忽略不计
    D. 投资者总是追求投资效用最大化
    E. 投资者根据投资组合在单一投资期内的预期收益率和标准差来评价投资组合

65. 基础货币是中央银行的货币性负债，其具体构成要素有（　　）。
    A. 外汇储备
    B. 法定存款准备金
    C. 超额存款准备金
    D. 再贴现贷款
    E. 流通中现金

66. 根据《商业银行资本管理办法（试行）》，我国商业银行的风险加权资产有（　　）。
    A. 信用风险加权资产
    B. 系统风险加权资产
    C. 市场风险加权资产
    D. 声誉风险加权资产
    E. 操作风险加权资产

67. 商业银行财务管理的内容包括（　　）。
    A. 成本管理
    B. 利润管理
    C. 财产管理
    D. 人力资源开发与管理
    E. 绩效评价

68. 基础性的资产负债管理方法包括（　　）。
    A. 缺口分析
    B. 久期分析
    C. 外汇敞口与敏感性分析
    D. 情景模拟
    E. 流动性压力测试

69. 证券公司通过（　　）作用发挥其资金供求媒介功能。
    A. 信用中介
    B. 期限中介
    C. 风险中介
    D. 信息中介
    E. 流动性中介

70. 根据我国法律法规的要求，基金资产托管业务主要包括（　　）。
    A. 财产保管
    B. 资金清算
    C. 资产核算
    D. 投资运作监督
    E. 收益分配

71. 下列属于信托公司从事的主流信托业务的有（　　）。
    A. 基础设施信托业务
    B. 证券投资信托业务
    C. 固有业务
    D. 房地产信托业务
    E. 特别许可业务

72. 下列各项中，不属于融资租赁的功能的有（　　）。
    A. 融资
    B. 投资
    C. 产品促销
    D. 资产管理
    E. 资产促销

73. 弗里德曼把影响货币需求量的诸因素划分为（　　）。
    A. 各种金融资产
    B. 恒久性收入与非人力财富占总财富的比例
    C. 机会成本变量
    D. 综合变量
    E. 各种有价证券

74. 政府为治理恶性通货膨胀而进行的币制改革，其措施主要有（　　）。
    A. 冻结存款
    B. 废除旧币
    C. 发行新币
    D. 提高利率
    E. 变更钞票面值

75. 银行业市场准入监管的内容有（　　）。
    A. 审批注册地点
    B. 审批注册机构
    C. 审批注册资本
    D. 审批董事和高级管理人员的任职资格
    E. 审批业务范围

76. 以下对融资租赁合同的变更和解除的描述，正确的有（　　）。
    A. 融资租赁合同一经合法成立便具有了法律效力，此时任何一方当事人都不得随意变更或解除合同
    B. 双方当事人协商变更融资租赁合同，不需要征得担保人的同意或事先通知担保人
    C. 变更或解除融资租赁合同，应采用书面形式
    D. 融资租赁合同订立后，不得因承办人或法定代表人的变动而变更或解除
    E. 融资租赁合同解除，影响当事人因其所受损失向有过错的对方当事人要求赔偿的权利

77. 在中央银行的货币政策工具中，存款准备金政策的主要内容包括（　　）。
    A. 规定存款准备金计提的基础
    B. 规定法定存款准备金率
    C. 规定存款准备金运用的方式
    D. 规定存款准备金提取的时间
    E. 规定存款准备金的构成

78. 下列方法中，属于汇率风险管理的方法有（　　）。
    A. 做远期外汇交易　　　　　　　　B. 缺口管理
    C. 做货币衍生品交易　　　　　　　D. 做利率衍生品交易
    E. 做结构性套期保值

79. 与传统的风险管理手段相比，金融工程利用衍生工具进行风险管理所具有的特点有（　　）。
    A. 准确性较高　　　　　　　　　　B. 时效性较高
    C. 成本高　　　　　　　　　　　　D. 容易产生时滞问题
    E. 灵活性

80. 银行业监管的方法包括（　　）。
    A. 非现场监督　　　　　　　　　　B. 现场检查
    C. 并表监管　　　　　　　　　　　D. 监管评级
    E. 公司治理监管

三、案例分析题（共20题，每题2分，由单选和多选组成。错选，本题不得分；少选，所选的每个选项得0.5分）

（一）

某商业银行的财务指标如下表所示（单位：亿元）

期初资产	460
期末资产	480
净利润	3.5
期初所有者权益	28
期末所有者权益	30
营业费用	80
营业收入	210
不良资产	15
资产总额	300
不良贷款	4
贷款总额	100

根据以上资料，回答下列问题：

81. 该银行的不良资产率为（　　）。
    A. 4%　　　　B. 5%　　　　C. 6%　　　　D. 8%

82. 该银行的不良贷款率为（　　）。
    A. 2%　　　　B. 3%　　　　C. 4%　　　　D. 5%

83. 该银行的资产利润率为（　　）。
    A. 0.8%　　　B. 0.6%　　　C. 0.5%　　　D. 0.4%

84. 该银行的资本利润率为（　　）。
    A. 11%　　　B. 12%　　　C. 13%　　　D. 14%

85. 关于该银行不良资产率和不良贷款率的说法，正确的是（　　）。
    A. 前者符合监管要求，后者不符合监管要求

B. 前者不符合监管要求，后者符合监管要求
C. 两者均不符合监管要求
D. 两者均符合监管要求

（二）

货币供给是相对于货币需求而言的，它包括货币供给行为和货币供给量两个重要方面。货币供给过程的参与者包括中央银行、存款机构和储户。

根据以上资料，回答下列问题：

86. 关于基础货币的说法，正确的有（　　）。
   A. 流通中现金和准备金是货币供给的重要组成部分
   B. 又称为高能货币
   C. 购买政府债券是央行投放基础货币的渠道之一
   D. 基础货币是央行的负债业务创造的

87. 关于存款创造的说法，正确的有（　　）。
   A. 派生存款的大小取决于两个因素，即原始存款量和法定存款准备金的高低
   B. 存款乘数与存款准备金率成反比
   C. 存款创造倍数基于两个假设，即部分准备金制度和现金结算制度
   D. 原始存款包括商业银行吸收的现金存款或央行对商业银行贷款形成的存款

88. 在外汇储备大量增加的情况下，要使货币供应量不变，央行可采取（　　）。
   A. 本币、外币对冲　　　　　　　B. 相应减少对金融机构的贷款
   C. 相应减持政府债券　　　　　　D. 相应收回对企业的贷款

89. 以下因素中由中央银行决定的有（　　）。
   A. 活期存款准备金率　　　　　　B. 超额存款准备金率
   C. 提现率　　　　　　　　　　　D. 定期存款准备金率

90. 已知货币乘数 m 是 2.5，现金漏损率是 0.5，超额存款准备金率是 0.001，则修正的存款乘数 k 是（　　）。
   A. 10.00　　　　B. 1.67　　　　C. 2.00　　　　D. 1.69

（三）

已知某商业银行的资本状况如下：

单元：万元

实收资本	1 600	未分配利润	200
资本公积	500	超额贷款损失准备	800
盈余公积	400	其他一级资本工具及溢价	800
一般风险准备	500	贷款损失准备缺口	200
商誉	300	二级资本工具及溢价	800
加权风险资产	60 000		

根据以上资料，回答下列问题：

91. 该银行的核心一级资本充足率是（　　）。
   A. 4.5%　　　　　　　　　　　　B. 5%

C. 6%
D. 4%

92. 该银行的一级资本充足率是（ ）。
   A. 6.5%
   B. 5.8%
   C. 6.0%
   D. 7.0%

93. 该银行的资本充足率是（ ）。
   A. 5.5%
   B. 6.5%
   C. 8.5%
   D. 8.0%

94. 以下表述正确的有（ ）。
   A. 核心一级资本充足率不达标
   B. 一级资本充足率不达标
   C. 资本充足率不达标
   D. 资本充足率达标

95. 根据《商业银行资本管理办法（试行）》，我国商业银行的核心一级资本充足率不得低于（ ）。
   A. 8%
   B. 6%
   C. 5%
   D. 2.5%

（四）

2011年以来，中国人民银行按照国务院统一部署，围绕保持物价总水平基本稳定这一宏观调控的首要任务，综合、交替使用数量和价格型工具以及宏观审慎政策工具，加强流动性管理，引导货币信贷增长平稳回调。适时适度开展公开市场操作。六次上调存款准备金率，实施差别准备金动态调整机制。适时上调存贷款基准利率，加强窗口指导和信贷政策引导。

根据以上资料，回答下列问题：

96. 按先后次序，货币政策的传导和调控过程要依次经历（ ）。
   A. 实体经济领域和金融领域
   B. 金融领域和实体经济领域
   C. 资本市场领域和货币市场领域
   D. 货币市场领域和外汇市场领域

97. 下列变量中，属于金融宏观调控操作目标的是（ ）。
   A. 存款准备金率
   B. 基础货币
   C. 再贴现率
   D. 货币供给

98. 窗口指导属于（ ）。
   A. 一般性政策工具
   B. 选择性政策工具
   C. 直接信用控制工具
   D. 间接信用控制工具

99. 公开市场操作的主要缺点有（ ）。
   A. 时滞较长
   B. 政策效果的不确定性
   C. 没有弹性
   D. 央行没有主动权

100. 货币政策的基本特征有（ ）。
   A. 货币政策是宏观经济政策
   B. 货币政策是调节社会总需求的政策
   C. 货币政策主要是间接调控政策
   D. 货币政策是短期连续的经济政策

《金融专业知识与实务》（中级）
考前预测卷（四）

（考试时间 90 分钟　满分 140 分）

一、单项选择题（共 60 题，每题 1 分。每题的备选项中，只有 1 个最符合题意）

1. 关于货币市场的说法，错误的是（　　）。
   A. 货币市场是专门服务于短期资金融通的金融市场
   B. 货币市场活动的主要目的是保持资金的流动性
   C. 货币市场中交易的金融工具一般都具有期限短、流动性强、对利率敏感等特点
   D. 同业拆借市场、回购协议市场、商业票据市场、银行承兑汇票市场、政府债券市场和大额可转让定期存单市场等均属于货币市场

2. 对于看跌期权的买方来说，到期行使期权的条件是（　　）。
   A. 市场价格低于执行价格　　　　B. 市场价格高于执行价格
   C. 市场价格上涨　　　　　　　　D. 市场价格下跌

3. 某公司进入金融衍生品市场进行交易，如果目的是减少未来的不确定性，降低风险，则该公司属于（　　）。
   A. 套期保值者　　　　　　　　　B. 套利者
   C. 投机者　　　　　　　　　　　D. 经纪人

4. 将基金分为契约型基金和公司型基金的划分标准是（　　）。
   A. 组织形式　　　　　　　　　　B. 运作方式
   C. 投资对象　　　　　　　　　　D. 投资目标

5. 金融工程的应用领域不包括（　　）。
   A. 金融产品创新　　　　　　　　B. 增加流动性
   C. 金融风险管理　　　　　　　　D. 投融资策略设计

6. 我国债券市场中，商业银行柜台债券市场的交易品种是（　　）。
   A. 质押式回购　　　　　　　　　B. 融资融券
   C. 远期交易　　　　　　　　　　D. 现券交易

7. 以下不属于国际货币市场上有代表性的同业拆借利率的是（　　）。
   A. Shibor　　　　　　　　　　　B. Sibor
   C. Libor　　　　　　　　　　　 D. Hibor

8. 某证券的 β 值是 1.5，同期市场上投资组合的实际收益率比预期收益率高 10%，则该证券的实际收益率比预期收益率高（　　）。
   A. 5%　　　　B. 10%　　　　C. 15%　　　　D. 20%

9. 资本资产定价理论提出的理论假设不包括（　　）。
   A. 投资者根据投资组合在单一投资期内的预期收益率和标准差来评价其投资组合
   B. 市场上不存在无风险资产
   C. 投资者是厌恶风险的
   D. 税收和交易费用均忽略不计

10. 根据凯恩斯的货币需求函数，如果人们预期利率下降，则（　　）。
   A. 卖出债券、多存货币　　　　　　B. 多存货币、少买债券
   C. 多买债券、少存货币　　　　　　D. 少买债券、少存货币

11. 假定未来3年中，1年期债券的利率分别是5％、6％和7％，另外，1～3年期债券的流动性溢价分别为0、0.25％和0.5％。根据流动性溢价理论，3年期债券的利率为（　　）。
   A. 5.00％　　　B. 6.00％　　　C. 6.25％　　　D. 6.50％

12. 古典利率理论认为，利率决定于（　　）。
   A. 储蓄和投资的相互作用　　　　　B. 公众的流动性偏好
   C. 储蓄和可贷资金的需求　　　　　D. 中央银行的货币政策

13. 我国银行间外汇市场的调控者是（　　）。
   A. 国家外汇管理局　　　　　　　　B. 中国人民银行
   C. 中国外汇交易中心　　　　　　　D. 证监会

14. 典型的间接融资的金融机构是（　　）。
   A. 保险公司　　　　　　　　　　　B. 投资基金
   C. 投资银行　　　　　　　　　　　D. 商业银行

15. 封闭式资产管理计划的期限不得低于（　　）天。
   A. 30　　　　B. 45　　　　C. 60　　　　D. 90

16. 我国财务公司的特点是（　　）。
   A. 促进商品销售　　　　　　　　　B. 为集团内部成员提供金融服务
   C. 为居民提供金融服务　　　　　　D. 吸收活期存款，创造信用货币

17. 某商业银行现有存款900万元，法定存款准备金率为10％，在中央银行的存款为120万元，那么其超额存款准备金为（　　）万元。
   A. 70　　　　B. 50　　　　C. 30　　　　D. 20

18. 商业银行的管理是对其开展的各种业务活动的（　　）。
   A. 组织和营销　　　　　　　　　　B. 计划与组织
   C. 控制与监督　　　　　　　　　　D. 调整和监督

19. 目前商业银行最为流行的经营管理理论是（　　）。
   A. 资产管理理论　　　　　　　　　B. 负债管理理论
   C. 资产负债管理理论　　　　　　　D. 风险管理理论

20. 商业银行发行公募理财产品的，单一投资者销售起点金额不得低于（　　）万元。
   A. 1　　　　B. 5　　　　C. 10　　　　D. 50

21. 同一基金管理公司管理的全部资产管理计划投资于非标准化债权类资产的资金不得超过其管理的全部资产管理计划净资产的（　　）。
   A. 20％　　　B. 25％　　　C. 30％　　　D. 35％

22. 集合资产管理计划的投资者人数不少于（　　）人，不得超过（　　）人。
   A. 1，100　　B. 2，200　　C. 5，100　　D. 5，200

23. 集合资产管理计划的建仓期自产品成立之日起不得超过（　　）个月，专门投资于未上市企业股权的集合资产管理计划除外。
   A. 3　　　　B. 6　　　　C. 12　　　　D. 18

24. 根据《信托公司净资本管理办法》的规定，信托公司净资本不得低于净资产的（　　）。
    A. 8%   B. 40%
    C. 20%   D. 50%

25. 某商业银行资产的平均到期日为 300 天，负债的平均到期日为 320 天。从速度对称的原理看，该商业银行的资产运用（　　）。
    A. 过度   B. 不足
    C. 合适   D. 无法判断

26. 信托市场的需求主体中，个人的信托需求不包括（　　）。
    A. 婚姻家庭信托   B. 子女保障信托
    C. 遗产管理信托   D. 资产管理信托

27. 现代租赁起源于 20 世纪 50 年代的（　　）。
    A. 英国   B. 美国
    C. 日本   D. 德国

28. 有关金融租赁公司与融资租赁公司的区别，描述正确的是（　　）。
    A. 融资租赁公司的租赁物为固定资产
    B. 融资租赁公司可以吸收非银行股东 3 个月（含）以上定期存款，经营正常后可进入同业拆借市场
    C. 金融租赁公司按照"风险资产不得超过净资产总额的 10 倍"的要求进行风险管理，在实际运作中，这个指标通常由出资人按照市场风险考虑和确定
    D. 金融租赁公司属于金融业中的其他金融业，而融资租赁公司属于租赁和商务服务业中的租赁业

29. 关于金融租赁公司的设立条件，描述不正确的是（　　）。
    A. 金融租赁公司的发起人包括在中国境内外注册的具有独立法人资格的商业银行，在中国境内注册的、主营业务为制造适合融资租赁交易产品的大型企业，在中国境外注册的融资租赁公司以及银监会认可的其他发起人
    B. 注册资本为一次性实缴货币资本，最低限额为 1 亿元人民币或等值的可自由兑换货币
    C. 有符合任职资格条件的董事、高级管理人员，并且从业人员中具有金融或融资租赁工作经历 3 年以上的人员应当不低于总人数的 40%
    D. 建立了有效的公司治理、内部控制和风险管理体系

30. 金融租赁公司通过设备回收再出售或者再次租赁获得的价差收入是（　　）。
    A. 债权收益   B. 余值收益
    C. 服务收益   D. 运营收益

31. 向符合条件的低收入国家提供长期优惠性贷款，帮助这些国家加速经济发展，达到提高劳动生产率和改善人民生活的目的的国际金融组织是（　　）。
    A. 国际开发协会   B. 国际金融公司
    C. 国际复兴开发银行   D. 国际货币基金组织

32. 当货币乘数 $m=8$，法定存款准备率 $r=5\%$，超额存款准备金率 $e=3\%$，则现金漏损率 c 为（　　）。
    A. 10%   B. 5%   C. 20%   D. 25%

33. 下列各项中,属于我国商业银行在计算资本充足率时应当从核心一级资本中全额扣除的项目是( )。
    A. 少数股东资本可计入部分　　　　B. 优先股及其溢价
    C. 超额贷款损失准备　　　　　　　D. 商誉

34. 广义的国际收支定义是以( )为基础的。
    A. 收入　　　　　　　　　　　　　B. 支付
    C. 交易　　　　　　　　　　　　　D. 盈利

35. $MV=PY$ 是( )。
    A. 费雪方程式　　　　　　　　　　B. 剑桥方程式
    C. 凯恩斯货币需求函数　　　　　　D. 弗里德曼货币需求函数

36. 我国REITs试点项目的特点不包括( )。
    A. 聚焦重点区域　　　　　　　　　B. 聚焦重点行业
    C. 聚焦重点领域　　　　　　　　　D. 聚焦优质项目

37. 通货紧缩有利于( )。
    A. 债权人　　　　　　　　　　　　B. 债务人
    C. 生产者　　　　　　　　　　　　D. 投资者

38. 关于离岸金融市场的说法,正确的是( )。
    A. 离岸金融市场是指在居民与非居民之间从事离岸货币(也称境外货币)借贷的市场
    B. 离岸金融市场起源于美国纽约
    C. 离岸金融市场最初的离岸货币是欧洲英镑
    D. 离岸金融市场由众多分布在世界各地区的金融中心组成

39. 在通货紧缩的情况下,实际利率会( )。
    A. 不受影响　　　　　　　　　　　B. 降低
    C. 升高　　　　　　　　　　　　　D. 上下波动

40. 在市场经济体制下,无论是扩张性的财政政策还是扩张性的货币政策,其作用都是有限的,因此,要治理通货紧缩,必须( )。
    A. 政府干预　　　　　　　　　　　B. 进一步完善市场结构
    C. 健全相关的法律制度　　　　　　D. 对产业结构进行调整

41. 在我国,主要体现中央银行"政府的银行"职责的业务是( )。
    A. 代理国库　　　　　　　　　　　B. 再贷款
    C. 货币发行　　　　　　　　　　　D. 转贴现

42. 货币政策是调节( )的政策。
    A. 社会总需求　　　　　　　　　　B. 社会总供给
    C. 社会总供求　　　　　　　　　　D. 产业结构

43. 在需求恶性膨胀,经济过热时,应实行( )。
    A. 松的货币政策和松的财政政策　　B. 松的货币政策和紧的财政政策
    C. 紧的货币政策和松的财政政策　　D. 紧的货币政策和紧的财政政策

44. 金融机构的职能不包括( )。
    A. 促进资金融通　　　　　　　　　B. 便利支付结算

C. 降低交易成本 D. 提高风险收益

45. 关于中央银行制度的说法，错误的是（ ）。
   A. 一元式中央银行制度的机构设置一般采取总分行制，逐级垂直隶属，我国实行的是一元式中央银行制度
   B. 在中国香港，承担流通货币发行的银行包括汇丰银行、渣打银行和中国人民银行香港分行
   C. 欧洲中央银行是一个典型的跨国式中央银行，美国实行的是二元式中央银行制度
   D. 实行准中央银行制度的国家和地区主要有新加坡、中国香港以及利比里亚、莱索托、斯威士兰等

46. 建立科学的激励约束机制最核心的是（ ）。
   A. 建立科学的薪酬制度 B. 实行全员劳动合同制
   C. 实行行长负责制 D. 实行专业技术职务管理

47. 缺口管理是用于管理（ ）。
   A. 信用风险 B. 利率风险
   C. 汇率风险 D. 投资风险

48. 在科学确定国际储备总量时，国际储备量与（ ）。
   A. 经济规模负相关 B. 对外开放度负相关
   C. 外债规模正相关 D. 短期国际融资能力正相关

49. "巴塞尔协议Ⅲ"规定，全球各商业银行必须将一级资本充足率的下限由4%提高到（ ）。
   A. 5.5% B. 6% C. 8% D. 4.5%

50. 下列不属于现代商业银行经营管理中的资本的是（ ）。
   A. 实收资本 B. 监管资本
   C. 会计资本 D. 经济资本

51. 下列不属于伦敦型离岸金融中心的特点的是（ ）。
   A. 经营范围比较广泛
   B. 对经营离岸业务没有严格的申请程序
   C. 管理上对境外货币和境内货币严格分账
   D. 交易的货币币种是不包括市场所在国货币的其他货币

52. 下列不属于金融监管管理理论的是（ ）。
   A. 公共利益论 B. 公共选择论
   C. 社会选择论 D. 特殊利益论

53. 单一客户贷款集中度不得高于（ ）。
   A. 8% B. 12% C. 10% D. 15%

54. 我国对保险公司偿付能力监管使用的是（ ）。
   A. 最高偿付能力原则 B. 合理偿付能力原则
   C. 最低偿付能力原则 D. 国际偿付能力原则

55. 证券公司股东的非货币财产出资额不得超过证券公司注册资本的（ ）。
   A. 35% B. 25% C. 20% D. 30%

56. 下列不属于"4P"营销策略的是（ ）。
   A. 成本 B. 价格 C. 产品 D. 渠道

57. 负债率的警戒线是（   ）。
    A. 20% B. 25% C. 24% D. 15%
58. 国际货币基金组织认为的货币可兑换主要是指（   ）。
    A. 对内可兑换
    B. 经常项目可兑换
    C. 资本项目可兑换
    D. 完全可兑换
59. 当一国出现国际收支顺差时，该国货币当局会投放本币，收购外汇，从而导致（   ）。
    A. 外汇储备增多，通货膨胀
    B. 外汇储备增多，通货紧缩
    C. 外汇储备减少，通货膨胀
    D. 外汇储备减少，通货紧缩
60. 关于汇率变动的影响因素，描述正确的是（   ）。
    A. 当外汇市场外汇汇率上涨时，货币当局会投放本币、收购外汇
    B. 国际收支顺差，本币贬值
    C. 物价水平变动是决定汇率短期变动的根本因素
    D. 预期变化是导致市场汇率短期变动的主要因素

二、多项选择题（共20题，每题2分。每题的备选项中，有2个或2个以上符合题意，至少有1个错项。错选，本题不得分；少选，所选的每个选项得0.5分）

61. 货币市场中交易的金融工具一般具有的特点包括（   ）。
    A. 期限短
    B. 期限长
    C. 流动性高
    D. 流动性低
    E. 对利率敏感
62. 下列各项中，属于金融机构的职能的有（   ）。
    A. 减少机会成本
    B. 促进资金融通
    C. 便利支付结算
    D. 降低交易成本
    E. 减少信息成本
63. 关于现值和终值的说法，正确的有（   ）。
    A. 终值的大小取决于现值的大小
    B. 终值的大小与利率的高低、借款期限和计息方式有关
    C. 每年的计息次数越多，现值越小
    D. 随计息间隔的缩短，现值以递减的速度减小
    E. 每年的计息次数越少，终值越大
64. 政策性金融机构的经营原则为（   ）。
    A. 政策性原则
    B. 安全性原则
    C. 保本微利原则
    D. 效益性原则
    E. 盈利性原则
65. 商业银行的主要资金来源有（   ）。
    A. 存款
    B. 借款
    C. 拨款
    D. 捐赠资金
    E. 经营利润
66. 下列假设条件中，属于布莱克—斯科尔斯期权定价模型假定的有（   ）。
    A. 无风险利率为常数

B. 没有交易成本、税收和卖空限制，不存在无风险套利机会

C. 标的资产在期权到期之前可以支付股息和红利

D. 市场交易是连续的

E. 标的资产价格波动率为常数

67. 金融租赁公司面临的最主要风险的类型包括（　　）。
    A. 信用风险　　　　　　　　　B. 操作风险
    C. 流动性风险　　　　　　　　D. 政策风险
    E. 市场风险

68. 证券公司资金供求媒介功能是通过（　　）作用发挥的。
    A. 期限中介　　　　　　　　　B. 风险中介
    C. 信息中介　　　　　　　　　D. 收益中介
    E. 流动性中介

69. 根据2014年3月正式发布的《优先股试点管理办法》，下列属于上市公司可发行优先股的情形的有（　　）。
    A. 其普通股为上证50指数成分股
    B. 以公开发行优先股作为支付手段收购或吸收合并其他上市公司
    C. 以减少注册资本为目的回购普通股的，可以公开发行优先股作为支付手段
    D. 以减少注册资本为目的回购优先股的，可以公开发行普通股作为支付手段
    E. 其普通股为沪深300指数成分股

70. 证券公司的传统业务包括（　　）。
    A. 为发行新证券提供建议　　　B. 承销新证券
    C. 提供投资建议　　　　　　　D. 为并购提供建议和融资
    E. 自营交易和做市

71. 货币市场主要包括（　　）。
    A. 商业票据市场　　　　　　　B. 银行承兑汇票市场
    C. 同业拆借市场　　　　　　　D. 公司债券市场
    E. 投资基金市场

72. 在通货膨胀时期，中央银行可以采取的政策措施有（　　）。
    A. 降低再贴现利率　　　　　　B. 提高存款准备金率
    C. 在公开市场上买进证券　　　D. 发行公债
    E. 在公开市场上卖出证券

73. 中央银行是一国最高的货币金融管理机构，在各国金融体系中居于主导地位，发挥着（　　）等重要职能。
    A. 发行的银行　　　　　　　　B. 政府的银行
    C. 国有的银行　　　　　　　　D. 银行的银行
    E. 管理金融的银行

74. 存款准备金政策的主要内容有（　　）。
    A. 规定存款准备金计提的基础　　B. 规定法定存款准备金率
    C. 规定存款准备金的构成　　　　D. 规定存款准备金计提的时间

E. 规定法定存款准备金与超额存款准备金的比例

75. 汇率风险的管理方法有（　　）。
   A. 选择有利的货币　　　　　　B. 做远期外汇交易
   C. 进行结构性套期保值　　　　D. 做货币期权交易
   E. 做利率期货交易

76. 金融租赁公司同其他机构分担风险的融资租赁业务包括（　　）。
   A. 杠杆租赁　　　　　　　　　B. 联合租赁
   C. 回租　　　　　　　　　　　D. 委托租赁
   E. 转租赁

77. 在信用风险管理中，需要构建的管理机制包括（　　）。
   A. 审贷分离机制　　　　　　　B. 集中分散机制
   C. 授权管理机制　　　　　　　D. 额度管理机制
   E. 贷后问责机制

78. 银行业监管的内容包括（　　）。
   A. 市场准则监管　　　　　　　B. 市场竞争监管
   C. 市场准入监管　　　　　　　D. 市场运营监管
   E. 市场退出监管

79. 能引起本币贬值的因素有（　　）。
   A. 国际收支逆差　　　　　　　B. 低通货膨胀率
   C. 国际收支顺差　　　　　　　D. 货币当局投放本币，收购外汇
   E. 市场预期本币升值

80. 当前，中国金融行业的对外开放正在进入一个全新的阶段，中国金融业开放取得了突破性进展，对一些领域的外资持股比例限制彻底取消，这些领域包括（　　）。
   A. 银行　　　　　　　　　　　B. 证券
   C. 期货　　　　　　　　　　　D. 财产险
   E. 基金管理

三、**案例分析题**（共20题，每题2分，由单选和多选组成。错选，本题不得分；少选，所选的每个选项得0.5分）

（一）

为调控宏观经济，应对就业及经济增长乏力的态势，中国人民银行同时采取了以下货币政策措施：买入商业银行持有的国债300亿元；购回500亿元商业银行持有的到期央行票据。假定当时商业银行的法定存款准备金率为12%，超额存款准备金率为5%，现金比率为3%。

根据以上资料，回答下列问题：

81. 此次货币政策操作，中国人民银行基础货币的净投放是（　　）亿元。
   A. 200　　　　　　　　　　　　B. 300
   C. 500　　　　　　　　　　　　D. 800

82. 通过此次货币政策操作，中国人民银行每投放1元的基础货币，就会使货币供给（M2）增加（　　）元。
   A. 5.00　　　　　　　　　　　　B. 5.15

C. 6.06 D. 20.00

83. 中国人民银行此次货币投放产生的货币供应量（M2）是（　）亿元。
    A. 500   B. 800   C. 4 000   D. 4 120

84. 关于此次货币政策操作的说法，正确的是（　）。
    A. 投放货币，增加流动性
    B. 回笼货币，减少流动性
    C. 政策作用猛烈，缺乏弹性
    D. 中央银行买卖证券可同时交叉进行，故很容易逆向修正货币政策，可以连续进行

（二）

某债券票面金额 $F=100$ 元，票面收益 $C=8$ 元，每年支付一次利息，2年后还本。
根据以上资料，回答下列问题：

85. 该债券的名义收益率为（　）。
    A. 4%   B. 8%   C. 10%   D. 12%

86. 当市场利率为8%时，该债券的购买价应当是（　）元。
    A. 80   B. 84   C. 100   D. 108

87. 假定某投资者以80元的价格买入该债券，持有一年后以84元的价格卖出，则该投资者的持有期收益率为（　）。
    A. 5.0%   B. 9.5%   C. 10.0%   D. 15.0%

88. 假如第一年的通货膨胀率为1%，则第一年的实际收益率为（　）。
    A. 7.0%   B. 9.5%
    C. 10.0%   D. 15.0%

（三）

我国某银行由于资本充足率严重低下，不良资产大量增加，拆入资金比例大大超过了规定标准，存款人大量挤提银行存款，于1998年6月倒闭。
根据以上资料，回答下列问题：

89. 银行业监管的基本方法为（　）。
    A. 非现场监管   B. 现场检查
    C. 并表监管   D. 监管评级

90. 在银行业监管中，资产安全性监管的内容不包括（　）。
    A. 各类资产占比   B. 关系人贷款
    C. 资产集中程度   D. 银行资产负债的期限匹配

91. （　）是银行业监管的第一关。
    A. 非现场监管   B. 市场准入
    C. 现场检查   D. 并表监管

92. 有问题银行机构的特征表现为（　）。
    A. 从事内部交易   B. 资产质量低下
    C. 资产过于集中   D. 资不抵债

（四）

商业银行经营是对其开展的各种业务活动的组织和营销。商业银行的经营包括负债经营、

贷款经营和中间业务运营。

根据以上资料，回答下列问题：

93. 商业银行贷款经营的主要内容除选择和准入贷款客户外，还包括（　　）。
    A. 贷款企业的财务分析　　　　B. 开展贷后管理
    C. 对无法全额收回的贷款开展清收处置　　D. 创新贷款品种

94. 银行信贷人员要完成对客户及其项目了解的步骤有（　　）。
    A. 贷款面谈　　　　　　　　　B. 财务分析
    C. 信用调查　　　　　　　　　D. 客户的现金管理

95. 商业银行市场营销的中心是（　　）。
    A. 客户　　　　　　　　　　　B. 金融产品
    C. 价格　　　　　　　　　　　D. 促销

96. 商业银行在经济全球化背景下更加重视关系营销策略，这一策略的最大特点是（　　）。
    A. 以成本为导向　　　　　　　B. 以竞争为导向
    C. 以价格为导向　　　　　　　D. 以产品为导向

（五）

A公司和B公司均要在金融市场上借入2 000万美元的资金，期限均为3年。其中，A公司需要借入浮动利率资金，B公司需要借入固定利率资金。由于两家公司的信用等级不同，融资年利率如下表所示：

	固定利率	浮动利率
A公司	8.0%	Libor+0.3%
B公司	9.2%	Libor+1.0%

两家公司希望通过设计利率互换协议进行互换套利，降低融资成本。

根据以上资料，回答下列问题：

97. 两家公司在固定利率和在浮动利率借款上的年利差分别是（　　）和（　　）。
    A. 0.4%，0.4%　　　　　　　B. 0.6%，0.6%
    C. 1.2%，0.4%　　　　　　　D. 1.2%，0.7%

98. 关于A、B两家公司的说法，正确的是（　　）。
    A. A公司在固定利率市场上存在比较优势
    B. A公司在浮动利率市场上存在比较优势
    C. B公司在浮动利率市场上存在比较优势
    D. 两家公司可以采用货币互换进行套利，以节约融资成本

99. 如果双方合作，通过利率互换交易分享无风险利润，则存在的利润是（　　）。
    A. 0.3%　　　　B. 0.5%　　　　C. 1.0%　　　　D. 1.3%

100. 如果银行从中获得0.1%的报酬，则A公司和B公司每年可能分别节约（　　）的融资成本。
    A. 0.2%和0.2%　　　　　　　B. 0.9%和0.6%
    C. 0.4%和0.6%　　　　　　　D. 1.0%和0.4%

参考答案及解析

《金融专业知识与实务》（中级）考前预测卷（一）

一、单项选择题

1. B【解析】企业是金融市场运行的基础，是重要的资金需求者和供给者。一方面，为了扩大生产规模或弥补暂时性的资金不足，企业通过向银行借款、发行债券或股票等方式筹集资金，成为金融市场上的资金需求者。另一方面，由于企业的资金收入和支出在时间上往往是不对称的，因为在生产经营的过程中会有部分暂时闲置的货币资金。为了实现资金的保值和增值，企业会将其投入金融市场，作为金融市场上资金的供给者。除此之外，企业还是金融衍生品市场上重要的套期保值主体。

2. C【解析】一般而言，金融工具的期限性与收益性、风险性成正比，与流动性成反比；流动性与收益性成反比；收益性与风险性成正比。

3. C【解析】金融期权实际上是一种契约，它赋予合约的持有人在规定的期限内按约定价格买入或卖出一定数量的某种金融资产的权利。按照买方权利的不同，期权合约可分为看涨期权和看跌期权两种类型。看涨期权的买方有权在某一确定的时间或确定的时间之内，以确定的价格购买相关资产。看跌期权的买方有权在某一确定的时间或确定的时间之内，以确定的价格出售相关资产。

4. B【解析】期限性、流动性、收益性和风险性是金融工具的四个性质。其中，流动性是指金融工具在金融市场上能够转化为现金的能力。它主要通过买卖、承兑、贴现与再贴现等交易来实现。

5. C【解析】交易所债券市场的交易品种主要有现券交易、质押式回购和融资融券。远期交易属于银行间债券市场的交易品种。

6. B【解析】实际收益率＝名义收益率－通货膨胀率＝7%－3%＝4%。

7. C【解析】$FV=P(1+r)^n=100\times(1+10\%)^2=121$（万元）。

8. D【解析】2023年3月，对金融监管体制进行的改革调整内容之一是统筹推进中国人民银行分支机构改革，选项D错误。

9. A【解析】根据公式，$P=\dfrac{F}{(1+\frac{r}{2})^{2n}}$，则$950=1\,000/[(1+r/2)^4]$，解得$r\approx2.58\%$。

10. A【解析】金融工具的风险一般来源于两个方面：①信用风险，是指一方不能履行责任而导致另一方发生损失的风险；②市场风险，是指金融工具的价值因汇率、利率或股价变化而发生变化的风险。

11. B【解析】按照融资方式的不同，金融机构可以分为直接金融机构和间接金融机构。间接金融机构是指在最初的资金提供者（存款人）和最终资金使用者（借款人）之间进行债权债务关系转换活动的中介机构。商业银行是最典型的间接金融机构。

12. A【解析】村镇银行是指依据有关法律规定，由境内外金融机构、境内非金融机构企业法人、境内自然人出资，在农村地区设立的主要为当地农民、农业和农村经济发展提供金融服务的银行业金融机构。

13. B【解析】契约型金融机构是以契约方式吸收持约人的资金，而后按契约规定承担向持约人履行赔付或资金返还义务的金融机构。其主要包括保险公司和养老基金。

14. B【解析】中国人民银行的职责之一是：监督管理银行间债券市场、货币市场、外汇市场、票据市场、黄金市场及上述市场有关场外衍生产品；牵头负责跨市场跨业态跨区域金融风险识别、预警和处置，负责交叉性金融业务的监测评估，会同有关部门制定统一的资产管理产品和公司信用类债券市场及其衍生产品市场基本规则。

15. C【解析】证券交易所的职能包括：①提供证券交易的场所和设施；②制定证券交易所的业务规则；③接受上市申请、安排证券上市；④组织、监督证券交易；⑤对会员和上市公司进行监督；⑥管理和公布市场信息以及中国证券监督管理委员会许可的其他职能。

16. C【解析】根据《中华人民共和国商业银行法》，商业银行以安全性、流动性、效益性为经营原则，实行自主经营，自担风险，自负盈亏，自我约束。

17. D【解析】营业外收入包括固定资产盘盈、固定资产出售净收益、抵债资产处置超过抵债金额部分、罚没收入、出纳长款收入、证券交易差错收入、教育费附加返还款以及因债权人的特殊原因确实无法支付的应付款项等。

18. B【解析】速度对称原理即偿还期对称原理，是指银行资产分配应根据资金来源的流转速度决定，银行资产与负债偿还期应保持一定程度的对称关系。作为对称原理的具体运用，这种原理提供了一个计算方法：用资产的平均到期日和负债的平均到期日相比，得出平均流动率，如果平均流动率大于1，表示资产运用过度；反之，则表示资产运用不足。

19. A【解析】资产充足率是指商业银行持有的符合监管规定的资本与风险加权资产之间的比率。根据《商业银行资本管理办法（试行）》，我国商业银行资本充足率的计算公式如下：①核心一级资本充足率＝（核心一级资本－对应资本扣减项）/风险加权资产×100%；②一级资本充足率＝（一级资本－对应资本扣减项）/风险加权资产×100%；③资本充足率＝（总资本－对应资本扣减项）/风险加权资产×100%。

20. A【解析】目前采用的贷款五级分类方法，即把已经发放的贷款分为正常、关注、次级、可疑和损失五个等级。通常认为后三类贷款为不良贷款。

21. D【解析】买断式回购的期限为1天到365天。

22. C【解析】新型的业务运营模式是在信息技术的有效支持下，将前台与中后台分离。

23. A【解析】第2年年末收入10 000元的现值＝10 000/(1＋6%)² ≈ 8 900（元）。

24. C【解析】根据公式：$E(r_i) = r_f + [E(r_M) - r_f]\beta_i = 3\% + (8\% - 3\%) \times 1.15 = 8.75\%$。

25. B【解析】2010年8月，中国银监会发布了《信托公司净资本管理办法》，建立了以净资本为核心的风险控制指标体系，加强信托公司风险监管。

26. A【解析】从信托业发展历程看，信托的功能体现为以财产管理为主，以融通资金、社会投资和社会公益服务等功能为辅。信托是一种财产管理的制度安排，财产管理功能是信托业首要和基本的功能。

27. C【解析】按金融交易的交割时间，金融市场可以分为即期市场和远期市场。

28. C【解析】现代信托制度起源于中世纪的英国，用益制通常被认为是最初的信托形态。

29. C【解析】以书面形式设立信托有两种常见的方式,即信托合同和遗嘱信托。信托合同是信托设立最常见的方式。

30. A【解析】在商品风险管理方面,通常采用各类商品期货对冲未来商品价格波动风险的方式。

31. C【解析】从货币供应量的形成过程来讲,它是由中央银行、商业银行和非银行经济部门等经济主体的行为共同决定的,他们的行为在不同的经济条件下又受各种不同的因素制约。因此,货币供应量并不能由中央银行绝对加以控制。从影响货币乘数的诸因素分析,中央银行和商业银行决定准备金率。其中,中央银行决定法定存款准备金率和影响超额存款准备金率,商业银行决定超额存款准备金率,储户决定现金漏损率。

32. B【解析】凯恩斯主义把用于储存财富的资产分为货币与债券,认为货币是不能产生收入的资产,债券是能产生收入的资产。

33. A【解析】西方学者在长期研究中,一直主张把"流动性"原则作为划分货币层次的主要依据。所谓"流动性"是指某种金融资产转化为现金或现实购买力的能力。"流动性"好的金融资产,价格稳定,变现能力强,可随时在金融市场上转让、出售。

34. D【解析】M0=流通中现金;M1=M0+单位活期存款;M2=M1+储蓄存款+单位定期存款+单位其他存款;M3=M2+金融债券+商业票据+大额可转让定期存单等。选项D,商业票据属于M3的构成因素。

35. B【解析】基础货币=流通中的现金+准备金=流通中的现金+法定存款准备金+超额存款准备金,法定存款准备金=基础货币-流通中的现金-超额存款准备金=27.5-5.8-2.2=19.5(万亿元)。

36. A【解析】战略风险的主要体现包括:①金融机构战略目标缺乏整体兼容性;②为实现战略目标而制定的经营策略存在缺陷;③为实现战略目标所需要的资源匮乏;④整个战略实施过程的质量难以保证。

37. B【解析】促使生产成本上升的原因有三类,分别是:①工资成本推进型通货膨胀,即在现代经济中有组织的工会对工资成本具有操纵能力;②利润推进型通货膨胀,即垄断性大公司具有对价格的操纵能力,是提高价格水平的重要力量;③汇率变动引起进出口产品和原材料成本上升,以及石油危机、资源枯竭、环境保护政策不当等造成原材料、能源生产成本的提高,都是引起成本推进型通货膨胀的原因。

38. C【解析】与其他金融机构相比,吸收活期存款、创造信用货币是商业银行最明显的特征。

39. B【解析】通货紧缩的基本标志应当是一般物价水平的持续下降,但物价水平的持续下降有一定时限(一年或半年以上),且通货紧缩还有轻度、中度和严重的程度之分,因此,通货紧缩的标志可以从以下两个方面把握:①价格总水平持续下降。这是通货紧缩的基本标志。②经济增长率持续下降。

40. A【解析】菲利普斯通过研究1861—1957年近100年英国的失业率与物价变动的关系,得出了结论:失业率与通货膨胀率之间存在着一种此消彼长的关系。这一关系可用菲利普斯曲线表示。该曲线研究的是稳定物价和充分就业之间的矛盾。

41. B【解析】再贴现作用于经济的途径有:①借款成本效果。即中央银行提高或降低再贴现率来影响金融机构向中央银行借款的成本,从而影响基础货币投放量,进而影响货币供应量和其他经济变量。②宣示效果。③结构调节效果。中央银行不仅可用再贴现影响货币总量,还可用区别对待的再贴现政策影响信贷结构,贯彻产业政策。

42. **D【解析】** 中央银行的负债业务主要有：①货币发行。中央银行发行的货币即通常所说的钞票或现金，是基础货币的主要构成部分，是中央银行的最大负债项目之一。②经理或代理国库。中央银行凭借财政部开设于中央银行的专门账户代理财政收入支出，履行经理或代理国库职责，财政金库存款即成为中央银行的重要资金来源之一。③集中存款准备金。中央银行集中商业银行与其他金融机构的存款准备金，旨在满足流动性与清偿能力要求。

43. **A【解析】** 利率风险的管理方法主要有：①选择有利的利率；②调整借贷期限；③缺口管理；④久期管理；⑤利用利率衍生品交易。

44. **C【解析】** 金融工程的主要应用领域包括：①金融产品创新；②资产定价；③金融风险管理（最主要的应用领域）；④投融资策略设计；⑤套利。

45. **D【解析】** 公开市场操作对买卖证券的时间、地点、种类、数量及对象可以自主、灵活地选择，因此具有以下优点：①主动权在中央银行，不像再贴现那样被动；②富有弹性，可对货币进行微调，也可大调，但不会像存款准备金政策那样作用猛烈；③中央银行买卖证券可同时交叉进行，故很容易逆向修正货币政策，可以连续进行，能补充存款准备金、再贴现这两个非连续性政策工具实施前后的效果不足；④根据证券市场供求波动，主动买卖证券，可以起稳定证券市场的作用。

46. **A【解析】** 汇率风险分为交易风险、折算风险和经济风险。其中，交易风险是指有关主体在因实质性经济交易而引致的不同货币的相互兑换中，因汇率在一定时间内发生意外变动而蒙受实际经济损失的可能性。

47. **A【解析】** 流动性风险是指商业银行无法以合理成本及时获得充足资金，用于偿付到期债务、履行其他支付义务和满足正常业务开展的其他资金需求的风险。

48. **C【解析】** 风险计量是全面风险管理、资本监管和经济资本配置得以有效实施的基础和关键环节。

49. **D【解析】** 原中国银行业监督管理委员会发布的《商业银行风险监管核心指标（试行）》，建立了风险水平、风险迁徙和风险抵补三个方面的指标体系。

50. **C【解析】** 监管主体的独立性是金融监管机构实施有效金融监管的基本前提。金融监管是专业性、技术性很强的活动，涉及面较广且复杂，如果不是独立性很强的专门机构，其监管过程和目标容易受到来自不同方面利益主体的干扰，难以公正、公平、有效地进行金融监管，达到所需监管目标。

51. **A【解析】** 市场准入监管应当全面涵盖以下几个环节：①审批注册机构；②审批注册资本；③审批董事和高级管理人员的任职资格；④审批业务范围。

52. **A【解析】** 根据《商业银行风险监管核心指标（试行）》，不良贷款率即不良贷款与贷款总额之比，不得高于5%。

53. **C【解析】** 偿付能力是保险公司的灵魂，也是保险业监管的一个最为重要的方面。从国际保险业监管的发展趋势看，越来越多的国家都已经或者正在向以偿付能力监管为核心的模式发展。

54. **B【解析】** 根据购买力平价理论，反映货币购买力的物价水平变动是决定汇率长期变动的根本因素。如果一国的物价水平与其他国家的物价水平相比相对上涨，即该国相对通货膨胀，则该国货币对其他国家货币贬值；反之，如果一国的物价水平与其他国家的物价水平相比相对下跌，即该国相对通货紧缩，则该国货币对其他国家货币升值。

55. B【解析】外汇市场上的外汇供求关系基本是由国际收支决定的,国际收支差额的变动决定外汇供求的变动。如果国际收支逆差,则外汇供不应求,外汇汇率上升,本币贬值;反之,如果国际收支顺差,则外汇供过于求,外汇汇率下跌,本币升值。

56. C【解析】在金本位制度下,汇率的决定基础是铸币平价,即一国货币的含金量与另一国货币的含金量之比。

57. A【解析】布雷顿森林体系的特征包括:①美元与黄金挂钩,成为最主要的国际储备货币。②实行以美元为中心、可调整的固定汇率制度。但是,美国以外的国家需要承担本国货币与美元汇率保持稳定的义务。③国际货币基金组织作为一个新兴机构成为国际货币体系的核心。

58. C【解析】我国外汇储备管理围绕维护国际收支平衡和汇率稳定的核心职能,不断优化币种结构和资产结构,实现投资的多元化和分散化,创新外汇管理机制,先后成立中央汇金投资有限公司和具有主权财富基金性质的中国投资有限责任公司,提升外汇储备经营管理的规范化与专业化水平,保障外汇储备的安全、流动和保值增值。

59. D【解析】外国债券是指非居民在异国债券市场上以市场所在地货币为面值发行的国际债券。在美国发行的外国债券称为扬基债券,在日本发行的外国债券称为武士债券,在英国发行的外国债券称为猛犬债券。

60. C【解析】根据我国国家外汇管理局的定义,外债包括:①国际金融组织贷款;②外国政府贷款;③外国银行和金融机构贷款;④买方信贷;⑤外国企业贷款;⑥发行外币债券;⑦国际金融租赁;⑧延期付款;⑨补偿贸易中直接以现汇偿还的债务;⑩其他形式的对外债务。由此看出,外国的股权投资(如外商直接投资和股票投资)就不属于外债。

二、多项选择题

61. AB【解析】尽管各国各地区金融市场的组织形式和发达程度都有所不同,但都包含三个基本的构成要素,即金融市场主体、金融市场客体和金融市场价格。金融市场的三个要素之间是相互联系、相互影响的。其中,金融市场主体和金融市场客体是构成金融市场最基本的要素,是金融市场形成的基础。金融市场价格则是伴随金融市场交易产生的,也是金融市场中不可或缺的构成要素。

62. BCDE【解析】我国是典型的机构监管。机构监管是不同类型的金融机构(通常指商业银行、证券公司和基金公司、保险公司)的所有业务由不同的监管机构按照不同的标准和体系进行监管。机构监管的主要潜在问题是不同监管机构对于不同金融机构相类似的金融业务可能采取不同的监管体制和标准,造成监管重叠或监管缺位现象的产生,并导致监管套利出现。混业经营日益普遍,金融监管与金融市场发展脱节,不利于金融市场的稳定发展。

63. ABCD【解析】金融稳定理事会成立后,在六个方面工作上取得了重大进展,具体包括:①督促修改国际会计标准;②加强宏观审慎管理;③扩大监管范围;④推进执行国际监管标准;⑤加强跨境机构监管合作,建立危机管理机制,建立大型金融机构监管联席会议机制;⑥加强对薪酬和激励机制的监管。

64. ABCE【解析】金融市场基础设施是指为各类金融活动提供基础性公共服务的系统及制度安排,在金融市场运行中居于枢纽地位,是金融市场稳健高效运行的基础性保障,是实施宏观审慎管理和强化风险防控的重要抓手。金融产品的发行创设与流通转让离不开金融市场基础设施的支持,金融市场基础设施可为金融资产交易提供支付、结算、清算、存管以及记录等服务，能有效提高交易效率、降低参与成本以及限制系统性风险。

65. ACE【解析】政策性原则、安全性原则和保本微利原则是政策性金融机构的三大经营原则。

66. ACE【解析】利率敏感性缺口用于衡量一定时期内到期或需重新定价的资产与负债之间的差额。正缺口，利率上升，对银行有利；利率下降，对银行不利。负缺口，利率上升，对银行不利；利率下降，对银行有利。久期分析是商业银行衡量利率变动对全行经济价值影响的一种方法。

67. ABC【解析】我国货币市场基金能够进行投资的金融工具包括：①现金；②期限在1年以内（含1年）的银行存款、债券回购、中央银行票据、同业存单；③剩余期限在397天以内（含397天）的债券、非金融企业债务融资工具、资产支持证券；④中国证监会、中国人民银行认可的其他具有良好流动性的货币市场工具。

68. ABDE【解析】金融行业自律是指金融机构设立行业自律组织，通过制定同业公约、提供行业服务、加强相互监督等方式，实现金融行业的自我约束、自我管理，以规范、协调同业经营行为，保护行业的共同利益，促进各家会员企业按照国家经济、金融政策的要求，努力提高管理水平，优化业务品种，完善金融服务。

69. ABCE【解析】选项D，基金管理人最主要的职责就是按照基金合同的约定，负责基金资产的投资运作，在有效控制风险的基础上为基金投资者争取最大的投资收益。

70. ABCD【解析】设立信托的条件包括：①合法的信托目的，这是信托能否成立的前提条件。②信托财产应当明确合法，这是信托能否设立的基本条件之一。③信托文件应当采用书面形式。根据《信托法》，设立信托，应当采用书面形式。书面形式包括合同书、信件和数据电文等可以有形地表现所载内容的形式，其中数据电文又具体包括电报、电传、传真、电子数据交换和电子邮件等。④要依法办理信托登记。

71. ABCD【解析】在公开市场卖出证券为通货膨胀时期中央银行可以采取的政策措施。选项E错误。

72. ABC【解析】完全套期保值中，套期保值的效果会受到以下三个因素的影响：①需要避险的资产与期货标的资产不完全一致；②套期保值者不能确切地知道未来拟出售或购买资产的时间，因此不容易找到时间完全匹配的期货；③需要避险的期限与避险工具的期限不一致。

73. ABDE【解析】2010年年底，巴塞尔委员会正式公布了巴塞尔协议Ⅲ，进一步强化了银行资本充足率监管要求，提高了资本质量、一致性和透明度，扩大了风险覆盖范围，引入了杠杆率要求，建立了流动性标准，并成为国际金融监管领域的新标准。

74. CE【解析】公开市场业务作为货币政策工具的主要缺点是时滞较长、干扰其实施效果的因素多。优点是中央银行处于主动地位，同时也不像调节存款准备金那样作用猛烈，可以起稳定证券市场的作用。

75. AD【解析】选择性货币政策工具包括消费者信用控制、不动产信用控制和优惠利率。

76. ABCD【解析】全面风险管理的架构包括三个维度，即企业目标、风险管理的要素以及企业层级。其中，企业目标包括战略目标、经营目标、报告目标和合规目标。

77. CDE【解析】金融监管属于管制的范畴。一般意义上的管制定义，是指金融监管机构通过制定市场准入、市场运营和市场退出等标准，对金融机构的经营行为实施有效约束，确保金融机构和金融体系的安全稳健运行。

78. BDE【解析】现场检查是指银行监管机构通过实地作业来评估银行机构经营稳健性和安全性

的一种方式，其内容一般包括常规检查、临时检查和稽核调查。

79. BD【解析】如果自主性交易的收入小于支出，则是国际收支逆差。当国际收支逆差时，外汇供不应求，导致外汇汇率上涨，货币当局动用外汇储备，投放外币，回笼本币，会导致通货紧缩、外汇储备不足或枯竭。

80. ABCE【解析】外债包括：①国际金融组织贷款；②外国政府贷款；③外国银行和金融机构贷款；④买方信贷；⑤外国企业贷款；⑥发行外币债券；⑦国际金融租赁；⑧延期付款；⑨补偿贸易中直接以现汇偿还的债务；⑩其他形式的对外债务。外国的股权投资不属于外债。

三、案例分析题

（一）

81. D【解析】$E(r_i) = r_f + [E(r_M) - r_f]\beta_i = 3\% + (8\% - 3\%) \times 1.6 = 11\%$。

82. D【解析】β系数$= 1.6 \times 50\% + 1.0 \times 20\% + 0.5 \times 30\% = 1.15$。

83. A【解析】资本市场线反映有效投资组合预期收益率和标准差的均衡关系，而证券市场线反映了单个风险证券的预期收益率与风险之间的关系。

84. BCD【解析】系统风险是由影响整个市场的风险因素所引起的，包括宏观经济形势的变动、国家经济政策的变化、税制改革、政治因素等。它是在市场上永远存在的，不可以通过资产组合来消除的风险。故选项A错误。非系统风险指包括公司财务风险、经营风险等在内的特有风险（公司自身原因），可以通过资产组合予以降低或消除，属于可分散风险。

（二）

85. B【解析】单利就是仅按本金计算利息，上期本金所产生的利息不计入下期计算利息。其利息额＝本金×利率×时间＝10 000×6％×2＝1 200（元）。

86. C【解析】本息和$FV = P(1+r)^n = 10\,000 \times (1+6\%)^2 = 11\,236$（元）。

87. D【解析】本息和$FV_n = P(1+r/m)^{nm} = 10\,000 \times (1+6\%/2)^{2\times 2} \approx 11\,255$（元）。

88. AB【解析】每年的计息次数越多，最终的本息和越大。随着计息间隔的缩短，本息和以递减的速度增加，最后等于连续复利的本息和。

（三）

89. C【解析】蝶式价差套利，我们考虑三种协议价格X_1、X_2和X_3，相同标的资产，相同到期日的看涨期权，$X_2 = (X_1 + X_3)/2$，利用套利定价原理我们可以推导出三者的期权应该满足：$2c_2 < c_1 + c_3$，当该关系满足时，可以通过买入执行价格为X_1和X_3的期权，卖出执行价格为X_2的期权进行套利。依据题干可判断，$(26+34) \div 2 = 30$（美元），三者期权满足：$2 \times 8 < 12 + 6$，所以是蝶式价差套利。投资者可分别买入执行价格为26美元和34美元的看涨期权，出售两个执行价格为30美元的看涨期权，构造一个蝶式价差期权。

90. C【解析】构造期权组合的成本＝12＋6－（2×8）＝2（美元）。

91. A【解析】投资者分别买入执行价格为26美元和34美元的看涨期权，出售两个执行价格为30美元的看涨期权。当股票价格为27美元时，执行26美元的看涨期权，获利27－26＝1（美元），放弃34美元的看涨期权，同时出售的两个30美元的看涨期权买方也会放弃行权。扣除成本2美元，净损失1美元，故收益为零。

92. C【解析】当股票价格为30美元时，会得到最大利润30－26＝4（美元），4－2＝2（美元）。选项A，收益为0。选项B，收益为1美元。选项D，净损失2美元。

(四)

93. D 【解析】商业银行实现的利润总额按照国家规定进行调整后，首先依法缴纳所得税。税后利润再按以下顺序进行分配：①抵补已缴纳的、在成本和营业外支出中无法列支的有关惩罚性或赞助性支出。②弥补以前年度亏损。③按照税后净利润的10%提取法定盈余公积金，法定盈余公积金已达注册资本的50%时可不再提取。法定盈余公积金除可用于弥补亏损外，还可用于转增资本金，但法定盈余公积金弥补亏损和转增资本金后的剩余部分不得低于注册资本的25%。④提取公益金。公益金主要用于职工集体福利设施的支出。⑤向投资者分配利润。根据资料，该银行税后净利润为3 502亿元人民币，所以应提取的法定盈余公积金＝3 502×10%≈350（亿元人民币）。

94. D 【解析】根据有关规定，法定盈余公积金已达注册资本的50%时可不再提取。根据资料，该商业银行的注册资本金为3 564亿元人民币。当计提的法定盈余公积金为：3 564×50%＝1 782（亿元人民币）时，可不再计提。

95. AB 【解析】目前我国最低资本充足率要求为三个层次，核心一级资本充足率、一级资本充足率和资本充足率分别不低于5%、6%和8%。根据本题材料，该商业银行的核心一级资本充足率13.31%，一级资本充足率14.94%，资本充足率18.02%，都达到了我国最低资本充足率的监管要求。选项A、B错误。商业银行利润总额由以下两部分构成：①营业利润（营业收入减去营业支出后的净额）；②营业外收支净额（营业外收入减去营业外支出后的净额）。

96. ACD 【解析】商业银行增加利润的途径包括：①扩大资产规模，增加资产收益；②降低成本；③加强经营管理，健全和完善内部经营机制，提高银行的工作效率，以较少投入取得较多产出；④灵活地调度资金，提高资金利用率；⑤提高资产质量，减少资产风险损失。

(五)

97. B 【解析】汇率风险细分为交易风险、折算风险和经济风险等三种类型。交易风险是指有关主体在因实质性经济交易而引致的不同货币的相互兑换中，因汇率在一定时间内发生意外变动，而蒙受实际经济损失的可能性。

98. CD 【解析】利率风险的管理方法主要有：①选择有利的利率；②调整借贷期限；③缺口管理；④久期管理；⑤利用利率衍生产品交易。

99. C 【解析】风险转移是指商业银行通过购买某种金融产品或采取其他合法的经济措施将风险转移给其他经济主体的一种策略选择。风险转移分为保险转移（出口信贷保险是典型的金融风险保险转移策略）和非保险转移（银行办理信贷业务时要求用信人提供保证担保，就属于典型的非保险转移策略）。

100. BC 【解析】信用风险的管理包括机制管理、过程管理和风险控制方法。机制管理主要有：①审贷分离机制；②授权管理机制；③额度管理机制。过程管理就是针对信用由提供到回收的全过程，在不同的阶段采取不同的管理方法。对商业银行而言，主要有以下三个方面：事前管理、事中管理和事后管理。事前管理在于商业银行在贷款的审查和决策阶段的管理。在此阶段，商业银行审查的核心是借款人的信用状况，决策的核心是贷与不贷、以什么利率水平贷。要分析借款人的信用状况，商业银行一方面可以直接利用社会上独立评级机构对借款人的信用评级结果，另一方面可以自己单独对借款人进行信用的"5C""3C"分析。风险控制方法主要包括信用风险缓释和信用风险转移。

《金融专业知识与实务》(中级) 考前预测卷 (二)

一、单项选择题

1. A【解析】企业是重要的资金供给者和需求者,也是金融衍生品市场上重要的套期保值主体。
2. D【解析】同业拆借活动都是在金融机构之间进行的,市场准入条件比较严格,金融机构主要以其信誉参加拆借活动。也就是说,同业拆借活动基本上都是信用拆借。
3. C【解析】2014年11月17日,沪港通正式启动。
4. A【解析】我国回购协议市场的发展是从1991年国债回购开始的,选项A错误。
5. C【解析】超短期融资券是指具有法人资格、信用评级较高的非金融企业在银行间债券市场发行的期限在270天以内的短期融资券。
6. C【解析】一般来说,若本金为 P,年利率为 r,每年的计息次数为 m,则第 n 年年末的本息和为:$FV_n = P(1+r/m)^{nm}$。
7. A【解析】2年末可得到的本息和 = $100 \times (1 + 5\% \times 2) = 110$(万元)。
8. D【解析】同等条件下,具有免税特征的债券利率要低,选项D错误。
9. C【解析】经济资本是一种"虚拟"资本,它并不存在于资产负债表的某一个或几个科目中。
10. C【解析】β 值还提供了一个衡量证券的实际收益率对市场投资组合的实际收益率的敏感度的比例指标,如果市场投资组合的实际收益率比预期收益率大 $Y\%$,则证券 i 的实际收益率比预期大 $\beta_i \times Y\%$。该证券实际收益率比预期收益率高 $1.1 \times 10\% = 11\%$。
11. B【解析】香港实行准中央银行制度,港币发行由汇丰银行、渣打银行、中国银行香港分行三家商业银行承担。
12. D【解析】超级监管模式是统一监管模式的一种极端方式,即对不同金融机构的所有监管均交给一个监管机构统一负责。目前,英国、新加坡、韩国等国家和地区采取这一模式,其主要特点是金融市场和金融机构相对集中,有利于超级监管模式的建立和运行。
13. C【解析】1998年6月1日成立的欧洲中央银行是一个典型的跨国式中央银行。
14. B【解析】信托是随着商品经济的发展而出现的一种财产管理制度,其本质是"受人之托,代人理财"。
15. D【解析】金融监管的国际协调主要通过以下几种形式进行:①双边的谅解备忘录;②多边论坛;③以统一的监管标准为基础的协调;④统一监管。
16. B【解析】相对传统业务而言,中间业务具有以下特点:①不运用或不直接运用银行的自有资金;②不承担或不直接承担市场风险;③以接受客户委托为前提为客户办理业务;④以收取服务费(手续费、管理费等)、赚取差价的方式获得收益;⑤种类多、范围广,在商业银行营业收入中所占的比重日益上升。
17. D【解析】规模对称原理是指商业银行资产运用的规模必须与负债来源的规模相互对称、相互平衡。这种平衡并非简单的对等,而是一种建立在合理效益增长基础上的动态平衡。
18. C【解析】商业银行存款经营的衍生服务是现金管理。
19. C【解析】银行的经营目标由传统意义上的增加市场份额和增加盈利逐步演化为增加股东的价值并力求使股东价值最大化。而经营目标的改变又促使财务管理职能随之改变,于是基于价值的管理走上前台,逐步成为现代商业银行财务管理的核心内容。
20. D【解析】商业银行核心一级资本包括实收资本(普通股)、资本公积、盈余公积、一般风险准备、未分配利润、少数股东资本可计入部分。优先股及溢价属于其他一级资本。

21. D【解析】证券发行尤其是公开发行必须由证券公司作为中介才能顺利完成。具体来说，在发行市场中，证券公司以承销商身份，通过咨询、信息披露、定价和证券销售等参与构建证券发行市场。

22. D【解析】信托的功能包括财产管理功能、融通资金功能、社会投资功能、风险隔离功能和社会公益服务功能。

23. C【解析】金融机构按业务特征不同，可以分为银行业金融机构和非银行金融机构。

24. C【解析】同样是资金供求媒介，商业银行侧重于短期资金市场，而证券公司则为企业筹措中长期资金服务。

25. A【解析】商业银行资产管理主要包括贷款管理、债券投资管理和现金资产管理。选项A属于负债管理。

26. C【解析】信托财产权利与利益相分离。信托财产拥有特殊的所有权性质，表现为所有权在受托人和受益人之间的分离。

27. D【解析】股票基金所面临的投资风险主要包括系统性风险、非系统性风险以及管理运作风险。

28. D【解析】信托登记信息包括信托产品名称、信托类别、信托目的、信托期限、信托当事人、信托财产、信托利益分配等信托产品及其受益权信息和变动情况。

29. D【解析】基金管理人是基金的组织者和管理者，选项D错误。

30. B【解析】负责非法集资的认定、查处和取缔属于中国银保监会的主要职责之一。

31. B【解析】凯恩斯的货币需求函数非常重视利率的主导作用。凯恩斯认为，利率的变动直接影响就业和国民收入的变动，最终必然影响货币需求量。因此，凯恩斯主义认为货币政策传导变量应是利率。

32. D【解析】在市场机制作用下，利率不仅是货币供求是否均衡的重要信号，而且对货币供求具有明显的调节功能。

33. D【解析】固定收益类资产管理计划优先级与劣后级的比例不得超过3∶1，权益类资产管理计划优先级与劣后级的比例不得超过1∶1，期货和衍生品类、混合类资产管理计划优先级与劣后级的比例不得超过2∶1，选项D错误。

34. C【解析】根据组织形式的不同，基金可分为契约型基金和公司型基金。二者法律主体资格不同，投资者地位不同，基金营运依据不同。

35. C【解析】结构型通货膨胀的基本观点是，由于不同国家的经济部门结构的某些特点，当一些产业和部门在需求方面或成本方面发生变动时，往往会通过部门之间的相互看齐过程而影响其他部门，从而导致一般物价水平的上升。

36. A【解析】按通货膨胀的程度划分，通货膨胀分为爬行式通货膨胀、温和式通货膨胀、奔腾式通货膨胀和恶性通货膨胀四种。爬行式通货膨胀是指一般物价水平年平均上涨率不超过2%~3%，并且在经济生活中没有形成通货膨胀的预期，是物价上涨幅度最小的一类通货膨胀。

37. D【解析】对冲基金的主要运作特点是：投资策略高度保密，高杠杆操作，主要投资于金融衍生品市场，专门从事各种买空、卖空交易，操作手法多样，更多地呈现全球化特征。

38. D【解析】商业银行的成本主要包括五个方面：①利息支出。②经营管理费用。它是指商业银行为组织和管理业务经营活动而发生的各种费用，包括员工工资、电子设备运转费、保险费等经营管理费用。选项B错误。③税费支出。它包括随业务量的变化而变化的手续费支出、业务招待费、业务宣传费及相关税费。选项C错误。④补偿性支出。它包括固定资产折旧、无形资产摊销、递延资产摊销等。⑤营业外支出。它是指与商业银行的业务经营活动没有直接关系，但需从商业银行实现的利润总额中扣除的支出。选项A错误。

39. A【解析】治理通货膨胀需要采用紧缩性的货币政策。紧缩性的货币政策措施主要包括提高法定存款准备金率、提高再贴现率、在公开市场上卖出政府债券、直接提高利率。

40. D【解析】根据2020年10月修正的《证券投资顾问业务暂行规定》，证券投资顾问业务是指证券公司、证券投资咨询机构接受客户委托，按照约定，向客户提供涉及证券及证券相关产品的投资建议服务，辅助客户作出投资决策，并直接或者间接获取经济利益的经营活动。

41. A【解析】货币政策的最终目标之间存在矛盾，根据菲利普斯曲线，稳定物价与充分就业之间就存在矛盾。

42. A【解析】理想的货币政策中介目标应符合以下几个要求：①必须具有内生性，即必须是反映货币均衡状况或均衡水平的内生变量；②必须具有相关性，即它与货币政策最终目标之间密切相关，通过中介目标可作用于最终目标；③必须具有可控性，即货币当局通过调控工具，能够对中介目标进行控制或调整；④必须具有可测性，即它必须是可计量的因素，并且在金融部门的相关统计资料中，其数量能够及时反映出来。除内生性为货币政策中介目标的内涵要求外，一般将中介目标选择的标准概括为可测性、可控性、相关性。

43. B【解析】凯恩斯学派在货币传导机制的问题上，最大的特点就是非常强调利率的作用，认为货币政策增加国民收入的效果主要取决于投资和货币需求的利率弹性。如果投资的利率弹性大，货币需求的利率弹性小，则增加货币供给所能导致的总收入增长就会比较大。

44. C【解析】信用风险管理的过程管理分为事前管理、事中管理和事后管理。在事中管理阶段，商业银行要进行贷款风险分类。目前一般采用贷款五级分类方法，把已经发放的贷款分为正常、关注、次级、可疑和损失五个等级。

45. B【解析】信用风险是指因债务人或交易对手未能履行合约所规定的义务，或信用质量发生改变而影响金融产品价值，从而给债权人或金融产品持有人造成经济损失的风险。狭义的信用风险是指因交易对手无力履行合约而造成经济损失的风险，即违约风险。

46. B【解析】汇率风险分为交易风险、折算风险和经济风险。其中，折算风险又称会计风险，是为了合并母子公司的财务报表，在用外币记账的外国子公司的财务报表转变为用母公司所在国货币重新做账时，导致账户上股东权益项目的潜在变化所造成的风险。

47. C【解析】国别风险是指由于某一个国家或地区经济、政治、社会变化及事件，导致该国家或地区借款人或债务人没有能力或者拒绝偿付金融机构债务，或使金融机构在该国家或地区的商业存在遭受损失，或使金融机构遭受其他损失的风险。

48. A【解析】M1＝M0＋单位活期存款，故：31.5＝5.6＋单位活期存款，可得：单位活期存款＝31.5－5.6＝25.9（万亿元）。

49. A【解析】操作风险的评估方法主要是风险与控制自评估。选项B、C，属于市场风险评估方法；选项D，属于信用风险评估方法。

50. C【解析】远期利率协议FRA中涉及三个时间点：一个是协议生效日，一个是名义贷款起息日，即交割日；一个是名义贷款到期日，即到期日。远期利率协议通常用交割日×到期日来表示，如3×9的远期利率协议表示3个月之后开始的期限为6个月贷款的远期利率。

51. A【解析】信托公司未能按期筹建的，可申请1次延期，延长期限不得超过3个月。

52. C【解析】债券基金与债券的区别主要表现在四个方面：①债券基金的收益不如债券的利息固定。②债券基金没有确定的到期日。③债券基金的收益率比买入并持有到期的单个债券的收益率更难以预测。④投资风险不同。单一债券随着到期日的临近，所承担的利率风险会下降。

53. B【解析】根据《证券公司监督管理条例》，证券公司应当有3名以上在证券业担任高级管理人员满2年的高级管理人员。

54. C【解析】非现场监管包括审查和分析各种报告和统计报表，包括银行机构的管理报告、资产负债表、损益表、现金流量表及各种业务报告和统计报表等。

55. D【解析】根据《商业银行风险监管核心指标（试行）》，我国银行机构的全部关联度，即全部关联授信与资本净额之比，不应高于50%。

56. A【解析】金本位制下，汇率决定的标准是铸币平价，即两国单位货币的含金量之比。

57. D【解析】经常账户反映的是居民与非居民之间货物、服务、初次收入和二次收入的流量，选项A错误。资本账户显示的是居民与非居民之间的资本转移和非生产、非金融资产的取得和处置，选项B错误。金融账户反映的是金融资产和负债的获得及处置净额，金融账户交易列在国际收支中，选项C错误。

58. A【解析】国际收支均衡是指自主性交易的收入和支出的均衡。

59. A【解析】国际债券包括外国债券和欧洲债券。外国债券是指非居民在异国债券市场上以市场所在地货币为面值发行的国际债券。例如，中国政府在日本东京发行的日元债券、日本公司在纽约发行的美元债券就属于外国债券。

60. D【解析】完全可兑换是指一国或某一货币区居民可以在国际收支的所有项目下，自由地将本国货币与外国货币相兑换。

二、多项选择题

61. ACE【解析】理财投资类型从债务型向权益型转变，选项B错误。管理方式从静态流动性管理向动态流动性管理转化，选项D错误。

62. ABCD【解析】现金资产是指商业银行持有的库存现金，以及与现金等同的可随时用于支付的银行资产。我国商业银行的现金资产主要包括三项：①库存现金。这是指商业银行保存在金库中的现钞和硬币，用来支付客户提现和银行本身的日常零星开支。②存放中央银行款项。这是指商业银行存放在中央银行的资金，即存款准备金（包括法定存款准备金和超额存款准备金）。③存放同业及其他金融机构款项。选项E属于商业银行的负债。

63. AB【解析】契约性金融机构包括保险公司和养老基金。投资银行和投资基金属于投资性金融机构。储蓄银行属于存款性金融机构。

64. ABCD【解析】金融市场主体和客体是金融市场形成的基础。选项E错误。

65. ABCE【解析】选项D属于中国银行保险监督管理委员会的职责。

66. CE【解析】利润总额的构成包括：①营业利润。其等于营业收入减去营业支出后的净额。②营业外收支净额。其等于营业外收入减去营业外支出。

67. ABCD【解析】商业银行采取以竞争为导向的"4R"营销策略，即关联、反应、关系和回报。

68. BCDE【解析】信托公司的业务风险包括信用风险、市场风险、操作风险、合规与法律风险。

69. ABCD 【解析】金融工具的基本分析方法包括积木分析法、套利定价法、风险中性定价法和状态价格定价法。

70. BCE 【解析】金融产品定价的基本假设包括：①市场不存在摩擦，即没有交易费用和税收；②市场参与者能以相同的无风险利率借入和贷出资金；③不考虑对手违约风险（选项B错误）；④允许现货卖空行为（选项C错误）；⑤市场不存在套利机会，这使算出的理论价格就是无套利均衡价格；⑥可以买卖任意数量的资产（选项E错误）。

71. CDE 【解析】在市场经济条件下，货币均衡的实现有三个条件，即健全的利率机制、发达的金融市场以及有效的中央银行调控机制。

72. CE 【解析】融资融券交易分为融资交易和融券交易两类，客户向证券公司借资金买证券为融资交易，客户向证券公司借证券卖出为融券交易，选项A、B错误。证券公司向客户融资融券，应当向客户收取一定比例的保证金，保证金可以证券充抵，选项D错误。

73. CDE 【解析】商业银行作为间接融资中介，同时具有资金需求者和资金供给者的双重身份，选项A错误。证券公司作为直接融资的中介，不直接与融资者和投资者发生融资契约关系，它不作为资金转移的载体，而仅充当中介人的角色，帮助融资方寻找投资方或向投资方介绍适当的融资工具，选项B错误。

74. ABCD 【解析】公开市场操作对买卖证券的时间、地点、种类、数量及对象可以自主、灵活地选择，因此具有以下优点：①主动权在中央银行，不像再贴现那样被动；②富有弹性，可对货币进行微调，也可大调，但不会像存款准备金政策那样作用猛烈；③中央银行买卖证券可同时交叉进行，故很容易逆向修正货币政策，可以连续进行，能补充存款准备金、再贴现这两个非连续性政策工具实施前后的效果不足；④根据证券市场供求波动，主动买卖证券，可以起稳定证券市场的作用。

75. BCD 【解析】直接信用控制的货币政策工具有：贷款限额、利率限制、流动性比率、直接干预。选项A、E属于间接信用控制工具。

76. BC 【解析】选择性货币政策工具主要有：①消费者信用控制；②不动产信用控制；③优惠利率。选项A、D、E属于直接信用控制的货币政策工具。

77. BD 【解析】利率风险的管理方法主要有：①选择有利的利率；②调整借贷期限；③缺口管理；④久期管理；⑤利用利率衍生品交易。选项A、C、E是汇率风险的管理方法。

78. AB 【解析】根据外汇交易的交割期限，可以将汇率划分为即期汇率与远期汇率。

79. AB 【解析】在国际收支逆差时，可以采用紧缩的财政政策。紧缩的财政政策对国际收支的调节作用主要有两个方面：①产生需求效应；②产生价格效应。

80. ABDE 【解析】汇率变动的影响因素：①物价的相对变动；②国际收支差额的变化；③市场预期的变化；④政府干预汇率。

三、案例分析题

（一）

81. C 【解析】不良贷款是次级、可疑、损失类贷款的总和，则不良贷款=25+15+10=50（亿元），不良贷款率＝不良贷款/贷款总额×100%＝50/（800＋150＋25＋15＋10）×100%＝5%。

82. B 【解析】贷款拨备率＝贷款损失准备/各项贷款余额×100%＝100/（800＋150＋25＋15＋10）×100%＝10%。

83. AC【解析】不良贷款率为不良贷款与贷款总额之比，不得高于5%，该银行不良贷款率为5%，符合监管指标要求。贷款拨备率为贷款损失准备与各项贷款余额之比，贷款拨备率基本标准为1.5%~2.5%，该银行贷款拨备率为10%，不符合监管指标要求。

84. AD【解析】根据2005年12月发布的《商业银行风险监管核心指标（试行）》，信用风险指标具体包括：①不良资产率，即不良资产与资产总额之比，不得高于4%；②不良贷款率，即不良贷款与贷款总额之比，不得高于5%；③单一集团客户授信集中度，即对最大一家集团客户授信总额与资本净额之比，不得高于15%；④单一客户贷款集中度，即最大一家客户贷款总额与资本净额之比，不得高于10%；⑤全部关联度，即全部关联授信与资本净额之比，不得高于50%。

（二）

85. C【解析】分期付息到期归还本金债券定价的公式为：$P_0 = \sum_{t=1}^{n} \frac{C_t}{(1+r)^t} + \frac{F}{(1+r)^n}$，其中，$F$ 为债券面额，即 n 年到期所归还的本金；C_t 为第 t 时期债券收益或息票利息；r 为市场利率或债券预期收益率；n 为偿还期限。代入公式，该债券的合理发行价格＝（5%×100）/(1+4%)+100×(1+5%)/(1+4%)²≈101.9（元）。

86. AD【解析】市场利率低于债券收益率时，债券的市场价格（购买价）＞债券面值，即债券为溢价发行。当按面值出售时，债券的卖价降低，投资者对该债券的需求会增加。

87. B【解析】本期收益率＝本期获得的债券利息/债券本期市场价格＝（5%×100）/100×100%＝5%。

88. C【解析】永久债券定价与股票定价公式相同。该债券的市场价格＝预期债券收入/市场利率＝（5%×100）/4.5%≈111.1（元）。

（三）

89. B【解析】我国单位活期存款总额＝24.4－4.2＝20.2（万亿元）。

90. C【解析】我国居民个人储蓄存款和单位定期存款总额＝69.6－24.4＝45.2（万亿元）。

91. BC【解析】关于货币层次的划分，我国划分为：M0＝流通中现金；M1＝M0＋单位活期存款；M2＝M1＋储蓄存款＋单位定期存款＋单位其他存款；M3＝M2＋金融债券＋商业票据＋大额可转让定期存单。

92. ABC【解析】中央银行投放基础货币的渠道主要包括：①对商业银行等金融机构的再贷款和再贴现；②收购黄金、外汇等储备资产投放的货币；③通过公开市场业务等投放货币。

（四）

93. B【解析】金融租赁公司是专门承办融资租赁业务的非银行金融机构。

94. C【解析】根据《金融租赁公司管理办法》，从业人员中具有金融或融资租赁工作经历3年以上的人员应不少于总人数的50%。因此，该公司相应人数不应少于500人。

95. B【解析】金融租赁公司同业拆入资金余额不得高于公司的资本净额。

96. ACD【解析】金融租赁公司只可吸收非银行股东3个月（含）以上的定期存款，选项B错误。

（五）

97. B【解析】债务率即当年未清偿外债余额与当年货物和服务出口总额的比率。则该国的债务率＝600/700×100%≈85.7%。

98. B【解析】国际上通行标准为20%的负债率、100%的债务率、25%的偿债率和25%的短期债务率。控制在警戒线以下,即为符合标准。该国债务率是85.7%,未超过警戒线。

99. AC【解析】外债结构的优化具体包括:①外债种类结构的优化;②外债期限结构的优化;③外债利率结构的优化;④外债币种结构的优化;⑤外债国别结构的优化;⑥外债投向结构的优化。该国的短期外债占比过高,同时债务大多集中于邻国,因此应加强外债的期限和国别的管理。

100. D【解析】外国的股权投资,如外商直接投资和股票投资不属于外债。

《金融专业知识与实务》(中级) 考前预测卷(三)

一、单项选择题

1. C【解析】短期融资券是指中华人民共和国境内具有法人资格的非金融企业,依照《短期融资券管理办法》规定的条件和程序,在银行间债券市场发行并约定在一定期限内还本付息的有价证券,最长期限不超过365天。

2. D【解析】同业拆借市场的期限最长不得超过1年。

3. D【解析】股指期货最佳套期保值数量 $N=\beta\dfrac{V_S}{V_F}=$ 股票组合的β系数×股票组合价值/单位股指期货合约的价值$=1.2×6\,000\,000/(400×300)=60$(份)。

4. D【解析】金融市场基础设施是指为各类金融活动提供基础性公共服务的系统及制度安排,在金融运行中居于枢纽地位,是金融市场稳健高效运行的基础性保障,是实施宏观审慎管理和强化风险防控的重要抓手。

5. D【解析】存款类金融机构是吸收个人或机构存款,并发放贷款的金融机构,主要包括商业银行、储蓄银行、信用合作社和财务公司。保险公司和养老基金属于契约型金融机构。投资银行和证券投资基金等属于投资性金融机构。

6. B【解析】我国利率市场化改革的基本思路为:先放开货币市场利率和债券市场利率,再逐步推进存、贷款利率的市场化。其中存、贷款利率市场化的总体思路为"先外币、后本币;先贷款、后存款;先长期、大额,后短期、小额"。

7. C【解析】根据公式,$r=(P_n-P_0+C)/P_0=(95-92+100×6\%)/92≈9.8\%$。

8. B【解析】股票价格=预期股息收入/市场利率$=4/6\%≈67$(元)。

9. B【解析】第3年年末投资者可获得的本息和$=10×(1+5\%)^3≈11.6$(万元)。

10. C【解析】与流动性溢价理论密切相关的是期限优先理论,其采取了较为间接的方法来修正预期理论。

11. B【解析】买断式回购是指债券持有人(正回购方)在将债券卖给债券购买方(逆回购方)的同时,交易双方约定在将来某一日期,正回购方再以约定价格从逆回购方买回相等数量同种债券的交易行为。买断式回购的期限为1~365天。

12. B【解析】2008年12月16日,国家开发银行转制为国家开发银行股份有限公司,成为第一家由政策性银行转型而来的开发性金融机构,标志着我国政策性银行改革取得重大进展。

13. C【解析】全部资本非国家所有的资本结构是指中央银行的资本全部由民间资本形成,国家政府不持有股份的中央银行资本构成形式。美国、意大利、瑞士等少数国家的中央银行实行此类资本结构。

14. C【解析】韩国的中央银行是目前唯一没有资本金的中央银行。

15. D【解析】单一银行抵御风险的能力较差；分支银行制度下管理难度较大；连锁银行制又称联合银行制；持股公司制又称集团银行制，是一种为了规避法律限制开设分行的策略。

16. A【解析】商业银行的营业外支出是指与商业银行的业务经营活动没有直接关系，但需从商业银行实现的利润总额中扣除的支出，如违约金等。

17. C【解析】商业银行资本的核心功能是吸收损失。

18. B【解析】经济资本是银行为了承担风险、应对非预期损失而真正需要的资本数量。

19. D【解析】风险补偿是指商业银行采取各种措施对风险可能造成的损失加以弥补。银行常用的风险补偿方法有：①合同补偿；②保险补偿；③法律补偿。风险转移是与风险补偿同等的风险管理策略。

20. B【解析】《商业银行资本管理办法（试行）》规定的核心一级资本充足率、一级资本充足率、资本充足率分别是5%、6%、8%。

21. D【解析】根据有关规定，封闭式基金的存续期应在5年以上，封闭式基金期满后可以通过一定的法定程序延期。目前，我国封闭式基金的存续期大多在15年。

22. C【解析】同一基金管理公司管理的全部资产管理计划投资于同一资产的资金，不得超过该资产的25%。

23. A【解析】信托的设立通常需要信托当事人、信托行为、信托财产和信托目的四个基本要素。

24. D【解析】注册资本金不低于1亿人民币，净资本不低于5 000万元人民币，并经中国证监会批准经营证券自营的证券公司才能从事证券自营业务。

25. B【解析】按照融资方式的不同，金融市场可以划分为直接融资市场和间接融资市场。

26. B【解析】准中央银行制度是指在一个国家或地区不设置真正专业化、具备完全职能的中央银行，而是设立若干类似央行的金融管理机构执行部分中央银行的职能，并授权若干商业银行也执行部分中央银行职能。实行准中央银行制度的国家和地区主要有新加坡、中国香港特别行政区以及利比里亚、莱索托、斯威士兰等。

27. A【解析】《企业年金基金管理办法》确定我国企业年金基金管理以信托为基本模式。

28. D【解析】信托产品的管理方式主要有信托产品的现场检查、受益人大会和外派人员管理。

29. B【解析】远期价格的公式表明资产的远期价格仅与当前现货价格有关，与未来的资产价格无关，因此远期价格并不是对未来资产价格的预期。

30. B【解析】货币互换是买卖双方将一种货币的本金和固定利息与另一货币的等价本金和利息进行交换的协议。

31. A【解析】凯恩斯认为，投机性货币需求受未来利率不确定性的影响。

32. B【解析】简化的存款乘数公式是$1/r$，修正的存款乘数是$1/(r+e+c)$。r代表法定存款准备金率，e代表超额存款准备金率，c代表现金漏损率。

33. A【解析】中央银行负责发行货币、制定和实施货币政策。在货币供给过程中，中央银行的作用最重要。

34. A【解析】市场经济条件下，货币均衡的实现有赖于三个条件，即健全的利率机制、发达的金融市场以及有效的中央银行调控机制。三个条件中，利率机制最重要。

35. B【解析】因为利率与债券价格成反比，预期利率下降，说明将来债券价格高，现在债券价格低，要少存货币，多买债券。

36. C【解析】弗里德曼认为，货币需求量是稳定的、可以预测的，因而"单一规则"可行。

37. B【解析】现代信用制度下货币供应量的决定因素主要有两个：一是基础货币（MB），二是货币乘数（m）。它们之间的关系可用公式表示为：$M_S=m×MB$，即货币供应量等于基础货币与货币乘数的乘积。

38. D【解析】紧缩性的收入政策主要包括：①工资—物价指导线；②以税收为基础的收入政策；③工资—价格管制及冻结。

39. B【解析】紧缩性收入政策主要针对成本推进型的通货膨胀。

40. B【解析】股票风险是指由于股票价格发生不利变动而给银行带来损失的风险。

41. B【解析】根据《金融租赁公司管理办法》，金融租赁公司应当遵守以下监管指标规定：①资本充足率；②单一客户融资集中度；③单一集团客户融资集中度；④单一客户关联度；⑤全部关联度；⑥单一股东关联度；⑦同业拆借比例。

42. B【解析】货币政策是长期连续的政策。选项B错误。

43. A【解析】根据凯恩斯学派的货币政策传导机制理论，货币政策增加国民收入的效果主要取决于投资的利率弹性和货币需求的利率弹性。

44. C【解析】逆回购为中国人民银行向一级交易商购买有价证券，并约定在未来特定日期将有价证券卖给一级交易商的交易行为，为向市场上投放流动性的操作，逆回购到期则为从市场收回流动性的操作。

45. D【解析】直接信用控制的货币政策工具包括：①贷款限额；②利率限制；③流动性比率；④直接干预。优惠利率是选择性的货币政策工具。

46. A【解析】我国商业银行的监管资本由核心一级资本、其他一级资本和二级资本组成。核心一级资本包括实收资本或普通股、资本公积、盈余公积、一般风险准备、未分配利润、少数股东资本可计入部分。其他一级资本包括其他一级资本工具及其溢价（如优先股及其溢价）、少数股东资本可计入部分。二级资本包括二级资本工具及其溢价、超额贷款损失准备可计入部分、少数股东资本可计入部分。选项A，超额贷款损失准备属于二级资本。

47. D【解析】同一基金管理公司管理的全部资产管理计划及公开募集证券投资基金合计持有单一上市公司发行的股票不得超过该上市公司可流通股票的30%。

48. A【解析】在市场经济条件下，银行机构必须以其资本来承担全部的风险和亏损。

49. A【解析】债权收益是指金融租赁公司通过自有资金或外部融资采购设备后，向承租人租赁设备获得的租金收益与资金成本之间的利差收益。

50. D【解析】我国证券发行制度先后历经了审批制、核准制和注册制三个阶段。

51. D【解析】COSO在《企业风险管理——整合框架》文件中认为，全面风险管理是三个维度的立体系统。这三个维度分别是：企业目标、风险管理的要素和企业层级。

52. D【解析】选项A、B，风险价值法和概率法属于市场风险的评估方法；选项C，基本指标法属于操作风险的评估方法。

53. B【解析】根据汇率的制定方法，可以将汇率划分为基本汇率与套算汇率。

54. B【解析】在第二次世界大战以后建立的布雷顿森林货币体系下，按照《国际货币基金协定》的要求，均衡汇率就是法定平价，即一国货币的法定含金量与另一国货币的法定含金量之比。

55. D【解析】我国的货币供应量划分层次：M0＝流通中的现金；M1＝M0＋单位活期存款；M2＝M1＋储蓄存款＋单位定期存款＋单位其他存款；M3＝M2＋金融债券＋商业票据＋大

额可转让定期存单等。

56. D【解析】事先不公布汇率目标的管理浮动汇率制度，是指官方在不特别指明或事先承诺汇率目标的情况下，通过积极干预外汇市场来影响汇率变动。

57. A【解析】偿债率，即当年外债还本付息总额与当年货物和服务出口总额的比率。其公式为：偿债率＝当年外债还本付息总额/当年货物和服务出口总额×100％。

58. D【解析】汇率制度选择的"经济论"认为，一国汇率制度的选择主要受经济因素决定。这些经济因素有：①经济开放程度；②经济规模；③进出口贸易的商品结构和地域分布；④国内金融市场的发达程度及其与国际金融市场的一体化程度；⑤相对的通货膨胀率。一般来说，经济开放程度低，经济规模小，或者进出口集中在某几种商品或某一国家的国家，一般倾向于实行固定汇率制或钉住汇率制。

59. A【解析】从离岸金融业务与国内金融业务的关系来看，离岸金融中心有三种类型，即伦敦型离岸金融中心、纽约型离岸金融中心、避税港型离岸金融中心。伦敦型离岸金融中心的特点有：①交易的货币币种不包括市场所在国货币的其他货币；②经营范围比较宽泛，市场的参与者可以同时经营在岸金融业务和欧洲货币等离岸金融业务；③对经营离岸业务没有严格的申请程序。

60. A【解析】牙买加体系的内容包括：①浮动汇率合法化；②黄金非货币化；③扩大特别提款权的作用；④扩大发展中国家的资金融通且增加会员国的基金份额。选项A是布雷顿森林体系的内容。

二、多项选择题

61. ABCD【解析】选项E，上市商业银行时隔13年后已重回交易所债券市场。

62. BCDE【解析】选项A，大额可转让定期存单市场起源于美国。

63. ABD【解析】选项C，计息次数越多，现值越小；选项E，计息次数越少，终值越小。

64. ABDE【解析】经典资本资产定价模型假定：①投资者根据投资组合在单一投资期内的预期收益率和标准差来评价其投资组合；②投资者总是追求投资者效用的最大化，当面临其他条件相同的两种选择时，将选择收益最大化的那一种；③投资者是厌恶风险的，当面临其他条件相同的两种选择时，他们将选择具有较小标准差的那一种；④市场上存在一种无风险资产，投资者可以按无风险利率借进或借出任意数额的无风险资产；⑤税收和交易费用均忽略不计（选项C错误）。

65. BCE【解析】流通中现金和准备金是货币供给的重要组成部分，因为其中任何一个科目的变化都会引起基础货币的变化。准备金又包括法定存款准备金和超额存款准备金。

66. ACE【解析】风险加权资产包括信用风险加权资产、市场风险加权资产、操作风险加权资产。

67. ABCE【解析】商业银行财务管理包括成本管理、利润管理、财产管理、财务报告与分析、绩效评价等方面。

68. ABC【解析】国际银行业较为通行的资产负债管理方法主要包括缺口分析、久期分析、外汇敞口与敏感性分析三种基础管理方法，以及情景模拟和流动性压力测试两种前瞻性动态管理方法。

69. BCDE【解析】证券公司通过期限中介、风险中介、信息中介和流动性中介四个中介作用发挥其资金供求媒介功能。

70. **ABCD**【解析】根据我国法律法规的要求，基金资产托管业务主要包括财产保管、资金清算、资产核算、投资运作监督等方面。

71. **ABD**【解析】我国信托公司主要从事基础设施信托业务、房地产信托业务、证券投资信托业务等主流信托业务。

72. **ABCD**【解析】融资与投资是融资租赁的基本功能。产品促销与资产管理是融资租赁的扩展功能。

73. **BCD**【解析】在影响货币需求量的诸多因素中，弗里德曼把它们划分为三组：第一组，恒久性收入和非人力财富占总财富的比例；第二组，机会成本变量；第三组，综合变量。

74. **BCE**【解析】为治理通货膨胀而进行的币制改革，是指政府下令废除旧币、发行新币，变更钞票面值，对货币流通秩序采取一系列强硬的保障性措施等。

75. **BCDE**【解析】银行业市场准入监管的内容包括：①审批注册机构；②审批注册资本；③审批董事和高级管理人员的任职资格；④审批业务范围。

76. **ACD**【解析】选项B，双方当事人协商变更融资租赁合同，需要征得担保人的同意或事先通知担保人；选项E，融资租赁合同解除，不影响当事人因其所受损失向有过错的对方当事人要求赔偿的权利。

77. **ABDE**【解析】存款准备金政策的主要内容包括：①规定存款准备金计提的基础，即需要提交准备金的存款的种类和数额；②规定法定存款准备金率，即中央银行依据法律规定对商业银行的存款提取准备金的比例；③规定存款准备金的构成，只能是在中央银行的存款，商业银行持有的其他资产不能充作存款准备金；④规定存款准备金提取的时间。

78. **ACE**【解析】汇率风险的管理方法主要有：①选择有利的货币；②提前或推迟收付外币；③进行结构性套期保值；④做远期外汇交易；⑤做货币衍生品交易。

79. **ABE**【解析】金融工程利用衍生工具进行风险管理，与传统的风险管理手段相比在三个方面具有比较明显的优势：①更高的准确性和时效性。其较好地解决了传统风险管理工具处理风险时的时滞问题。②低成本。③灵活性。

80. **ABCD**【解析】银行业监管的方法包括市场准入、非现场监督、现场检查、并表监管、监管评级。

三、案例分析题

(一)

81. **B**【解析】不良资产率即不良资产与资产总额之比。本题中，不良资产率=15/300×100%=5%。

82. **C**【解析】不良贷款率即不良贷款与贷款总额之比。本题中，不良贷款率=4/100×100%=4%。

83. **A**【解析】资产利润率即净利润与资产平均余额之比。本题中，资产利润率=3.5/〔(460+480)/2〕≈0.8%。

84. **B**【解析】资本利润率即净利润与所有者权益平均余额之比。本题中，资本利润率=3.5/〔(28+30)/2〕≈12%。

85. **B**【解析】不良资产率不得高于4%，不良贷款率不得高于5%。

(二)

86. **ABC**【解析】基础货币是由中央银行的资产业务创造的，选项D错误。

87. **ABD**【解析】存款创造倍数的两个假设是部分准备金制度和非现金结算制度，选项C错误。

88. **ABC**【解析】外汇储备大量增加时，央行的基础货币投放同时增加，经过货币乘数的放大作用，可以导致货币供应量的数倍增加，这就是外汇占款。要使货币供应量不变，就要采取回收流动性的相关政策。选项B、C正确。本外币对冲主要是指央行定向向商业银行发行央行票据，从而回收流动性。选项A正确。选项D，央行没有针对企业的业务。

89. AD【解析】活期存款准备金率、定期存款准备金率都属于法定存款准备金的范畴，由中央银行决定。超额存款准备金率由商业银行决定，提现率由储户决定。

90. B【解析】修正的存款乘数 $k=1/(r+e+c)$，货币乘数 $m=(1+c)/(r+e+c)$，式中，r 表示法定存款准备金率，c 表示现金漏损率，e 表示超额存款准备金率。把已知条件代入公式可以求得 $k=2.5/(1+0.5)≈1.67$。

(三)

91. A【解析】核心一级资本包括实收资本或普通股、资本公积、盈余公积、一般风险准备、未分配利润、少数股东资本可计入部分。本题中，核心一级资本总额＝1 600＋500＋400＋500＋200＝3 200（万元），扣除项＝200＋300＝500（万元），核心一级资本充足率＝(3 200－500)/60 000×100％＝4.5％。

92. B【解析】一级资本总额＝3 200＋800＝4 000（万元），扣除项是500（万元），一级资本充足率＝(4 000－500)/60 000×100％≈5.8％。

93. C【解析】总资本＝4 000＋800＋800＝5 600（万元），扣除项是500（万元），资本充足率＝(5 600－500)/60 000×100％＝8.5％。

94. ABD【解析】商业银行核心一级资本充足率、一级资本充足率和资本充足率最低要求分别为5％、6％和8％。该商业银行资本充足率为8.5％，已达标。选项C错误。

95. C【解析】根据《商业银行资本管理办法（试行）》，核心一级资本充足率、一级资本充足率和资本充足率最低要求分别为5％、6％和8％。

(四)

96. B【解析】在金融宏观调控中，货币政策的传导和调控机制过程经历两个领域，即金融领域和实体经济领域。货币政策首先改变的是金融领域的货币供给状况。

97. B【解析】金融宏观调控操作目标是短期利率和基础货币。

98. D【解析】间接信用控制的货币政策工具包括窗口指导和道义劝告。

99. AB【解析】公开市场操作的主要缺点是：①从政策实施到影响最终目标，时滞较长；②干扰其实施效果的因素比存款准备金政策、再贴现政策多，往往带来政策效果的不确定性。

100. ABC【解析】货币政策的基本特征有：①货币政策是宏观经济政策；②货币政策是调节社会总需求的政策；③货币政策主要是间接调控政策；④货币政策是长期连续的经济政策。

《金融专业知识与实务》（中级）考前预测卷（四）

一、单项选择题

1. D【解析】货币市场主要包括同业拆借市场、回购协议市场、商业票据市场、银行承兑汇票市场、短期政府债券市场和大额可转让定期存单市场等，选项D错误。

2. A【解析】对于看跌期权的买方来说，当市场价格高于合约的执行价格时，他会放弃合约，亏损金额即为期权费；当市场价格低于执行价格时，他会行使期权，取得收益。

3. A【解析】套期保值者又称风险对冲者，他们从事衍生品交易是为了减少未来的不确定性，降低甚至消除风险。

4. A【解析】根据组织形式的不同，基金可分为契约型基金和公司型基金。

5. B【解析】金融工程的应用领域包括金融产品创新、资产定价、金融风险管理、投融资策略设计和套利。

6. D【解析】商业银行柜台债券市场的交易品种只有现券交易，选项 A、B、C 都是银行间债券市场的交易品种。

7. A【解析】选项 A 是上海银行间同业拆放利率；选项 B、C、D 分别是新加坡银行同业拆借利率、伦敦银行同业拆借利率、香港银行同业拆借利率，这三种同业拆借率是国际货币市场上比较典型的、有代表性的同业拆借利率。

8. C【解析】β 值提供了一个衡量证券的实际收益率对市场投资组合的实际收益率的敏感度的比例指标，如果市场投资组合的实际收益率比预期收益率大 $Y\%$，则证券 i 的实际收益率比预期大 $\beta_i \times Y\%$。故本题中，该证券的实际收益率比预期收益率高 $1.5 \times 10\% = 15\%$。

9. B【解析】夏普与林特尔分别提出经典资本资产定价模型（CAPM）。该模型假定：①投资者根据投资组合在单一投资期内的预期收益率和标准差来评价其投资组合；②投资者总是追求投资者效用的最大化，当面临其他条件相同的两种选择时，将选择收益最大化的那一种；③投资者是厌恶风险的，当面临其他条件相同的两种选择时，他们将选择具有较小标准差的那一种；④市场上存在一种无风险资产，投资者可以按无风险利率借进或借出任意数额的无风险资产；⑤税收和交易费用都忽略不计。

10. C【解析】利率与债券的价格负相关。预期利率下降，说明现在利率较高，现在债券价格低，将来债券价格升高，投资者的选择是多买债券，少存货币。

11. D【解析】根据流动性溢价理论，3 年期债券的利率＝$(5\%+6\%+7\%)/3+0.5\%=6.5\%$。

12. A【解析】古典学派认为，利率决定于储蓄与投资的相互作用。

13. B【解析】中国人民银行的职责之一是监督管理银行间债券市场、货币市场、外汇市场、票据市场、黄金市场及上述市场有关场外衍生产品。

14. D【解析】按照融资方式的不同，金融机构可以分为直接金融机构和间接金融机构。其中，间接金融机构是指它一方面以债务人的身份从资金盈余者的手中筹集资金，另一方面又以债权人的身份向资金短缺者提供资金，以间接融资为特征的金融机构。商业银行是最典型的间接金融机构。

15. D【解析】封闭式资产管理计划的期限不得低于 90 天。

16. B【解析】我国的财务公司是由企业集团建立的，它的特点是为集团内部成员提供金融服务。

17. C【解析】超额存款准备金是指商业银行及存款性金融机构在中央银行存款账户上的实际准备金超过法定存款准备金的部分。其超额存款准备金＝$120-900 \times 10\%=30$（万元）。

18. C【解析】商业银行的管理是商业银行对所开展的各种业务活动的控制与监督。

19. C【解析】目前商业银行最为流行的经营管理理论是资产负债管理理论。

20. A【解析】商业银行发行公募理财产品的，单一投资者销售起点金额不得低于 1 万元。

21. D【解析】同一基金管理公司管理的全部资产管理计划投资于非标准化债权类资产的资金不得超过其管理的全部资产管理计划净资产的 35%。

22. B【解析】集合资产管理计划的投资者人数不少于 2 人，不得超过 200 人。

23. B【解析】集合资产管理计划的建仓期自产品成立之日起不得超过 6 个月，专门投资于未上市企业股权的集合资产管理计划除外。

24. B【解析】根据《信托公司净资本管理办法》的规定，净资本不得低于净资产的40%。

25. B【解析】商业银行资产负债管理的速度对称原理中，资产的平均到期日和负债的平均到期日相比，得到平均流动率：平均流动率＞1，表示资产运用过度；平均流动率＜1，表示资产运用不足。本题中，平均流动率＝300/320＜1，资产运用不足。

26. D【解析】信托市场的需求主体是需要通过信托方式进行财产转移和财产管理的人，即信托的委托人，主要包括个人和机构两大类。个人的信托需求主要包括个人财产管理信托、婚姻家庭信托、子女保障信托、遗产管理信托和养老保障信托等。机构的信托需求主要包括资产管理信托、股权代持信托、表决选举权信托等。

27. B【解析】现代租赁起源于20世纪50年代的美国。

28. D【解析】选项A，金融租赁公司的租赁物为固定资产。选项B，金融租赁公司可以吸收非银行股东3个月（含）以上定期存款，经营正常后可进入同业拆借市场。选项C，融资租赁公司按照"风险资产不得超过净资产总额的10倍"的要求进行风险管理，在实际运作中，这个指标通常由出资人按照市场风险考虑和确定。

29. C【解析】有符合任职资格条件的董事、高级管理人员，并且从业人员中具有金融或融资租赁工作经历3年以上的人员应当不低于总人数的50%。选项C错误。

30. B【解析】余值收益是指金融租赁公司通过设备回收再出售或者再次租赁获得的价差收入。

31. A【解析】国际性开发银行以联合国下属的世界银行集团为代表，世界银行集团由国际复兴开发银行（简称世界银行）、国际开发协会、国际金融公司、多边投资担保机构和国际投资争端解决中心等组成。其中，国际开发协会向符合条件的低收入国家提供长期优惠性贷款，帮助这些国家加速经济发展，达到提高劳动生产率和改善人民生活的目的。

32. B【解析】根据货币乘数公式，$(1+c)/(5\%+3\%+c)=8$，求得$c=5\%$。

33. D【解析】商业银行在计算资本充足率时，应当从核心一级资本中全额扣除以下项目：商誉、其他无形资产（土地使用权除外）、由经营亏损引起的净递延税资产、贷款损失准备缺口、资产证券化销售利得、确定受益类的养老金资产净额、直接或间接持有本银行的股票、对资产负债表中未按公允价值计量的项目进行套期形成的现金流储备和商业银行自身信用风险变化导致的其负债公允价值变化带来的未实现损益。

34. C【解析】广义的国际收支是指在一定时期内，一国居民与非居民所进行的全部经济交易系统的货币记录。该定义是以交易为基础的，即判断是否是国际收支，核心是看是否发生了经济交易。

35. A【解析】剑桥方程式是$M_d=kPy$，凯恩斯货币需求函数是$M_d=M_1+M_2=L_1(\overset{+}{y})+L_2(\overset{-}{i})$；弗里德曼货币需求函数是$M_d=f(y,w;r_m,r_b,r_e,\frac{1}{p}\cdot\frac{dp}{dt};u)P$。

36. C【解析】我国REITs试点项目具有三个特点：①聚焦重点区域；②聚焦重点行业；③聚焦优质项目。

37. A【解析】通货紧缩有利于债权人，通货膨胀有利于债务人。

38. D【解析】离岸金融市场是指在非居民与非居民之间从事离岸货币（也称境外货币）借贷的市场，选项A错误。离岸金融市场起源于英国伦敦，最初的离岸货币是欧洲美元，选项B、C错误。

39. C【解析】因为实际利率＝名义利率－通货膨胀率，在通货紧缩的情况下，通货膨胀率下降，则实际利率会升高。

40. D【解析】无论是扩张性的财政政策还是扩张性的货币政策，其作用都是有限的。因此，要治理通货紧缩，必须对产业结构进行调整，主要是推进产业结构的升级，培育新的经济增长点，同时形成新的消费热点。

41. A【解析】中央银行作为政府的银行，具有以下基本职责：①经理或代理国库；②代理政府金融事务；③代表政府参加国际金融组织，出席各种国际性会议，从事国际金融活动，进行金融事务的协调、磋商等；④充当政府金融政策顾问；⑤为政府提供资金融通；⑥保管外汇和黄金储备。

42. A【解析】货币政策的基本特征之一是货币政策是调节社会总需求的政策。在市场经济条件下，社会总需求是指有货币支付能力的总需求。货币政策正是通过货币的供给来调节社会总需求中的投资需求、消费需求、出口需求，并间接地影响社会总供给的变动，从而促进社会总需求与总供给的平衡。

43. D【解析】在需求恶性膨胀，经济过热时，可通过紧缩性的财政、货币政策来降低总需求。

44. D【解析】金融机构的职能主要包括促进资金融通、便利支付结算、降低交易成本和风险、减少信息成本、反映和调节经济活动。

45. B【解析】在中国香港，承担流通货币发行的银行包括汇丰银行、渣打银行和中国银行香港分行，选项B错误。

46. A【解析】建立科学的激励约束机制最核心的是建立科学的薪酬制度。

47. B【解析】利率风险的管理方法主要有：①选择有利的利率；②调整借贷期限；③缺口管理；④久期管理；⑤利用利率衍生品交易。

48. C【解析】在确定国际储备总量时应依据的因素有：①是不是储备货币发行国。如果是，则对国际储备需求少，反之则多。②经济规模与对外开放程度。该因素与国际储备需求量正相关。③国际支出的流量。该因素与国际储备需求量正相关。④外债规模。该因素也与国际储备需求量正相关。⑤短期国际融资能力。在国际收支逆差时，如果在国际上获得短期融资的能力强，则可以不动用或少动用国际储备，从而对国际储备的需求就少；反之则多。⑥其他国际收支调节政策措施的可用性与有效性。在国际收支逆差时，如果可供选择的其他国际收支调节政策措施较多，实施后见效的时滞短，效果好，则可以不动用或少动用国际储备，从而对国际储备的需求就少；反之则多。⑦汇率制度。如果实行固定汇率制度或其他弹性低的汇率制度，则对干预外汇市场、稳定汇率的国际储备需求就多；反之则少。

49. B【解析】"巴塞尔协议Ⅲ"规定，全球各商业银行必须将一级资本充足率的下限由4%提高到6%，同时要求普通股的比例由2%提升至4.5%。

50. A【解析】在现代商业银行经营管理中，有三种意义上的资本，即会计资本、监管资本和经济资本。

51. C【解析】伦敦型离岸金融中心的特点包括：①交易的货币币种是不包括市场所在国货币的其他货币；②经营范围比较广泛，市场的参与者可以同时经营在岸金融业务和欧洲货币等离岸金融业务；③对经营离岸业务没有严格的申请程序。选项C属于纽约型离岸金融中心的特点。

52. B【解析】金融监管的理论基础是管制论，主要包括公共利益论、特殊利益论、社会选择论。

53. C【解析】单一客户贷款集中度，即最大一家客户贷款总额与资本净额之比，不得高于10%。

54. C【解析】我国目前对保险公司偿付能力的监管标准使用的是最低偿付能力原则。

55. D【解析】《证券公司监督管理条例》规定，证券公司股东的非货币财产出资总额不得超过证券公司注册资本的30%。

56. A【解析】"4P"营销策略，即产品、价格、渠道和促销。

57. A【解析】20%的负债率、100%的债务率、25%的偿债率和25%的短期债务率是债务国控制外债总量的警戒线。

58. B【解析】国际货币基金组织认为的货币可兑换主要是指经常项目可兑换，而不是完全可兑换。

59. A【解析】当一国出现国际收支顺差时，该国货币当局会投放本币，收购外汇，从而导致外汇储备增多，通货膨胀。

60. D【解析】汇率变动的影响因素有：①国际收支差额的变化。如果国际收支逆差，则外汇供不应求，外汇汇率上升，本币贬值；反之，如果国际收支顺差，则外汇供过于求，外汇汇率下跌，本币升值。②物价水平的相对变动。物价水平变动是决定汇率长期变动的根本因素。③市场预期的变化。市场预期变化是导致市场汇率短期变动的主要因素。④政府干预汇率。当市场因外汇供不应求，外汇汇率上涨幅度超出政策目标范围时，货币当局往往会向市场投放外汇，收购本币，使外汇汇率下调。

二、多项选择题

61. ACE【解析】货币市场中交易的金融工具一般具有期限短、流动性高、对利率敏感等特点，具有"准货币"特性。

62. BCDE【解析】金融机构的职能包括：①促进资金融通；②便利支付结算；③降低交易成本和风险；④减少信息成本；⑤反映和调节经济活动。

63. ABCD【解析】每年的计息次数越多，最终的本息和越大，选项E错误。

64. ABC【解析】政策性金融机构的经营原则包括：①政策性原则；②安全性原则；③保本微利原则。

65. AB【解析】负债是商业银行形成资金来源的业务，是商业银行开展各项经营活动的重要基础。商业银行的负债主要包括存款和借款，其中最主要的是存款。

66. ABDE【解析】布莱克—斯科尔斯模型的基本假定：①无风险利率r为常数；②没有交易成本、税收和卖空限制，不存在无风险套利机会；③标的资产在期权到期前不支付股息和红利；④市场交易是连续的，不存在跳跃式或间断式变化；⑤标的资产价格波动率为常数；⑥标的资产价格遵从几何布朗运动。

67. ABE【解析】金融租赁公司所面临的风险主要有信用风险、操作风险、市场风险、流动性风险、政策风险和技术风险等。其中，信用风险、操作风险和市场风险是金融租赁公司面临的最主要风险类型。

68. ABCE【解析】证券公司通过以下四个中介作用来发挥其资金供求媒介功能：①期限中介；②风险中介；③信息中介；④流动性中介。

69. ABC【解析】2014年3月21日，中国证监会正式发布《优先股试点管理办法》，该办法规定，上市公司公开发行优先股应当符合以下情形之一：①其普通股为上证50指数成分股；

②以公开发行优先股作为支付手段收购或吸收合并其他上市公司；③以减少注册资本为目的回购普通股的，可以公开发行优先股作为支付手段，或者在回购方案实施完毕后，可公开发行不超过回购减资总额的优先股。

70. ABD【解析】为发行新证券提供建议、承销新证券以及为并购提供建议和融资，是证券公司的三项传统业务。

71. ABC【解析】货币市场是指交易期限在1年以内，以短期金融工具为媒介进行资金融通和借贷的交易市场，主要包括同业拆借市场、回购协议市场、票据市场、银行承兑汇票市场、短期政府债券市场和大额可转让定期存单市场等。选项D、E属于资本市场。

72. BE【解析】在通货膨胀时期，可以采用紧缩性的货币政策来减少社会需求，促使总需求与总供给趋向一致。紧缩性的货币政策主要有以下措施：①提高法定存款准备率；②提高再贷款、再贴现率；③公开市场卖出业务；④直接提高利率。

73. ABDE【解析】中央银行是一国最高的货币金融管理机构，在各国金融体系中居于主导地位，发挥着发行的银行、政府的银行、银行的银行、管理金融的银行等重要职能。

74. ABCD【解析】存款准备金政策的主要内容有：①规定存款准备金计提的基础；②规定法定存款准备金率；③规定存款准备金的构成；④规定存款准备金提取的时间。

75. ABCD【解析】汇率风险的管理方法有：①选择有利的货币；②提前或推迟收付货币；③进行结构性套期保值；④做远期外汇交易；⑤做货币衍生品交易。选项E属于利率风险的管理方法。

76. AB【解析】金融租赁公司的主营业务是融资租赁业务，分为公司自担风险的融资租赁业务、公司同其他机构分担风险的融资租赁业务以及公司不担风险的融资租赁业务三大类。其中，公司同其他机构分担风险的融资租赁业务包括联合租赁和杠杆租赁两类。

77. ACD【解析】在信用风险管理中，需要构建的管理机制有：①审贷分离机制；②授权管理机制；③额度管理机制。

78. CDE【解析】银行业监管的主要内容一般包括市场准入监管、市场运营监管、处置有问题银行及市场退出监管等。

79. AD【解析】选项A，如果国际收支逆差，外汇供不应求，外汇汇率上升，本币贬值。选项B，如果低通货膨胀率，则本币对其他国家货币升值。选项C，如果国际收支顺差，外汇供过于求，外汇汇率下跌，本币升值。选项D，当外汇市场上因外汇供过于求、外汇汇率下跌的幅度超出规定的限界或心理大关时，货币当局就会向外汇市场投放本币，收购外汇，使外汇汇率反弹，本币贬值。选项E，如果人们预期未来本币升值，就会在外汇市场上抢购本币，导致本币现在的实际升值。

80. ABCE【解析】当前，中国金融行业的对外开放正在进入一个全新的阶段，中国金融业开放取得了突破性进展。对银行、证券、人身险、期货、基金管理等领域的外资持股比例限制彻底取消，业务规模大幅度扩大。支付清算、信用评级、企业征信等领域的外资展业享受国民待遇。选项A、B、C、E正确。

三、案例分析题

(一)

81. D【解析】中央银行投放基础货币的渠道主要包括：①对商业银行等金融机构的再贷款和再贴现；②收购黄金、外汇等储备资产投放的货币；③通过公开市场业务等投放货币。本题中，基础货币投放＝300＋500＝800（亿元）。

82. B【解析】若 c 为现金漏损率，r 为法定存款准备金比率，e 为超额存款准备金比率，则货币乘数＝$(1+c)/(c+r+e)$＝$(1+3\%)/(3\%+5\%+12\%)$＝5.15，即每增加1元的基础货币，就会使货币供给（M2）增加5.15元。

83. D【解析】货币供应量＝基础货币×货币乘数＝800×5.15＝4 120（亿元）。

84. AD【解析】此次货币政策操作属于公开市场操作。当金融市场资金缺乏时，中央银行通过公开市场操作买进有价证券，从而投放基础货币，引起货币供应量的增加和利率的下降；反之则相反。选项A正确，选项B错误。公开市场操作具有以下优点：①主动权在中央银行，不像再贴现那样被动；②富有弹性，可对货币进行微调，也可大调，但不会像存款准备金政策那样作用猛烈，选项C错误；③中央银行买卖证券可同时交叉进行，故很容易逆向修正货币政策，可以连续进行，能补充存款准备金率、再贴现这两个非连续性政策工具实施前后的效果不足，选项D正确；④根据证券市场供求波动，主动买卖证券，可以起稳定证券市场的作用。

（二）

85. B【解析】名义收益率又称票面收益率，是债券票面上的固定利率，即票面收益（C）与债券面额（F）之比。本题中，该债券的名义收益率＝$8/100\times100\%$＝8%。

86. C【解析】市场利率与票面利率相同，债券价格等于面值。

87. D【解析】债券持有期收益率为投资者持有债券期间的收益或红利收入与买卖价差占债券买入价格的比率。票面收益为8元，买卖差价为4元，因此$(8+4)/80\times100\%$＝15.0%。

88. A【解析】实际收益率＝名义收益率－通货膨胀率＝$8\%-1\%$＝7.0%。

（三）

89. AB【解析】银行业监管的基本方法有三种，即市场准入、非现场监管和现场检查。

90. D【解析】在银行业监管中，资产安全性监管的重点是银行机构风险的分布、资产集中程度和关系人贷款。选项D属于流动适度性监管的内容。

91. B【解析】市场准入是银行业监管的第一关。

92. ABC【解析】有问题银行的主要特征有：①内部控制制度失效；②资产急剧扩张和质量低下；③资产过于集中；④财务状况严重恶化；⑤流动性不足；⑥涉嫌犯罪和从事内部交易。选项D是倒闭银行的特征。

（四）

93. BCD【解析】贷款业务的全过程包括：①不断创新贷款产品及相关产品，使之适应客户需要；②选择和准入贷款客户；③贷款发放后持续与客户合作开展贷后管理，直至最终收回所发放贷款；④对无法全额回收的贷款还需要开展清收处置。

94. ABC【解析】要完成对客户自身及项目的了解，通常银行的信贷人员要完成三个步骤：①贷款面谈；②信用调查；③财务分析。

95. A【解析】商业银行以货币和信用为经营对象，其业务的特殊性使其市场营销更多地表现为一种服务营销。商业银行市场营销的中心是客户，金融产品、价格、渠道和促销等的最终目标是能够满足客户的需求，并使商业银行获得盈利和发展。

96. B【解析】关系营销策略最大的特点是以竞争为导向，不仅积极地适应顾客的需求，而且主动地创造需求。

(五)

97. D【解析】两家公司在固定利率借款上的年利差是 $9.2\%-8\%=1.2\%$；两家公司在浮动利率借款上的年利差是 $(Libor+1.0\%)-(Libor+0.3\%)=0.7\%$。

98. AC【解析】金融互换的套利运用的是比较优势原理。A 公司在固定利率市场上比 B 公司的融资成本低 1.2%；A 公司在浮动利率市场上比 B 公司融资成本低 0.7%。所以，A 公司在固定利率市场上存在比较优势，B 公司在浮动利率市场上存在比较优势。两家公司可以采用利率互换的套利，节约融资成本。

99. B【解析】交易前，双方成本为：$Libor+0.3\%+9.2\%$。交易后，双方成本为：$Libor+1.0\%+8.0\%$。存在的利润空间 $=(Libor+0.3\%+9.2\%)-(Libor+1.0\%+8.0\%)=0.5\%$。

100. A【解析】双方合作后，存在的利润 $=(Libor+0.3\%+9.2\%)-(Libor+1.0\%+8.0\%)=0.5\%$。银行从中获得 0.1% 的报酬，剩余 0.4%，则两公司每年节约 0.4%，只有选项 A 的两个数值之和为 0.4%。

《金融专业知识与实务(中级)》精华备考资料

一、考试分值介绍以及各类题型答题技巧

(一) 中级金融考试分值分布 (以近三年考试为例)

章节	近三年平均分值
第一章　利率与汇率	18
第二章　金融市场与金融工具	10
第三章　金融机构与金融制度体系	10
第四章　商业银行经营与管理	18
第五章　证券公司与基金管理公司	18
第六章　信托公司与金融租赁公司	18
第七章　金融工程与风险管理	18
第八章　货币供求与货币均衡	10
第九章　中央银行与金融监管	10
第十章　国际金融管理	10

(二) 题型特点及答题技巧

1. 单选题

➡ 特点　题目难度不大,基本为教材的原文考题或简单计算题,一个题目有4个备选选项,仅有一个正确答案。

➡ 做题技巧　必须选择,不能为空,如能直接选出答案则直接选择;如不熟悉,可采用排除法、合理逻辑分析、第一印象等方法进行选择。

2. 多选题

➡ 特点　较单选题难度大,大部分题目为教材明显的知识点,少数部分涉及多个知识点的结合,每题有5个备选选项,有2个或2个以上符合题意,至少有1个错项,多选、错选本题均不得分,少选,所选每个选项得0.5分。

➡ 做题技巧

(1) 选择要谨慎,避免因多选、错选的失分,保住能得分的选项。

例如:正确答案为ABC,如仅对AB选项有把握,其他选项无把握的情况下:选择:AB(√)——每个选项可得0.5分;选择:ABD(×)——本题为 0 分。

（2）如无把握的情况下，除采用排除法、逻辑分析外，还可采用比较法进行筛选，所选选项越多风险越大，建议选择 1—2 个选项，千万不要选择 ABCDE（全选），此情形必然为零分。

3. 案例分析

🔶**特点** 难度最大，考试主要为知识点结合实务出题，多出在教材中涉及计算、实际应用方法部分内容，不定项选择，有 4 个备选选项，有 1 个或多个选项正确，多选、错选本题均不得分，少选，所选每个选项得 0.5 分。

🔶**做题技巧** 建议考生看见此类题不要有压力，案例分析题其实是包装后的单选题或多选题，涉及知识点与单选题、多选题无异，历年出现过案例与单选题、多选题互换出题的情形，部分题即使不看文中资料也可根据教材知识点做出正确选择，做题时不要盲目读案例，先看题目，后看案例，摘出案例资料中涉及题目的信息并做出标记，既可防止漏掉重要信息，又可屏蔽无关信息混淆视听，加以逻辑分析做题。

二、中级金融教材常考内容分析

(1) 理论与实务并重; (2) 宏观与微观均涉及,宏观内容更多;
(3) 试题覆盖面广,章节分布均匀。

单选题和多选题基本上是均匀分布在每一章。单选题差不多每章都是6道,多选题以2道题为多。从单选题、多选题来看,没有所谓的重点章节,应该全面、系统地学习教材内容。案例分析题每年的重点不同,随机性较强。从内容上看,题目涉及章节内多个知识点,甚至有些案例题目涉及多个相关章节的知识点。这就要求考生一方面全面系统学习教材,另一方面复习也要有所侧重。

三、《金融专业知识与实务(中级)》高频考点归纳

第一章 利率与汇率

1. 单利:利息=本金×利率×期限,$I=P\times r\times n$;本息和 FV=本金+利息,$FV=P(1+r\times n)$。

2. 复利:①一年计息一次,本息和 $FV=P\times(1+r)^n$;②一年内多次复利,本息和 $FV=P\times(1+r/m)^{mn}$;③连续复利,本息和 $FV=P\times e^{rn}$。

3. 按照中国人民银行规定的计息规则,在我国,活期储蓄存款按复

利每个季度计息,定期存款、定活两便、零存整取、整存整取、整存零取等其他储蓄存款按单利计息。

4. 利率的期限结构,指具有相同风险、流动性、税收特征的债券,因到期日不同,利率也会不同。

5. 利率的期限结构分为:预期理论、分割市场理论和流动性溢价理论。预期理论,长期利率等于预期短期利率的平均值;短期利率预期值是不同的;长期利率小于短期利率的波动。分割市场理论,不同期限独立分割,利率取决于供需。流动性溢价理论,平均+供需。

6. 三种利率决定理论:①古典利率理论(真实利率理论):储蓄与投资。储蓄(S)为利率(i)的递增函数,投资(I)为利率的递减函数。②流动性偏好理论:凯恩斯认为,货币供给是外生变量,由中央银行直接控制。货币需求则取决于公众的流动性偏好,包括交易动机、预防动机(与收入成正比)和投机动机(与利率成反比)。在"流动性陷阱"区间,货币政策是完全无效的,只能依靠财政政策。③可贷资金理论:利率由可贷资金供求决定,取决于商品和货币市场的共同均衡。

7. 利率市场化改革总体思路:先放开货币市场利率和债券市场利率,再逐步推进存、贷利率市场化。存、贷款利率市场化的总体思路为:先外币、后本币；先贷款、后存款；先长期、大额；后短期、小额。

8. 我国的利率市场化改革包括逐步放松利率管制以及健全市场化的利率形成、传导和调控机制两部分。

9. 逐步放松利率管制包括市场利率体系的建立、存贷款利率的市场化。

10. 汇率有直接标价法（1外币＝X本币）和间接标价法等两种标价方法。

11. 汇率的决定基础：金本位制下汇率的决定基础（铸币平价，黄金输送点波动）；纸币制度下汇率的决定基础（法定含金量、购买力）。

12. 汇率变动的形式：法定升值与法定贬值；升值与贬值。

13. 汇率变动的影响因素：物价的相对变动（决定长期变动；通胀率高即物价↑本币贬值）；国际收支差额的变化（物价↑收入↑利率↓收支逆差，汇率↑本币贬值）；市场预期的变化（经济变量预期、经济政策预期、风险预期）；政府干预汇率（外汇市场干预、外汇管制）。

14. 汇率变动的经济影响：(1) 直接影响：①国际收支；②外汇储备；③形成汇率风险。(2) 间接影响：①经济增长；②产业竞争力和产业结构。

15. 汇率制度：①固定汇率制（围绕平价小幅波动；有金本位和布雷顿森林体系）与浮动汇率制（按官方是否干预分自由浮动与管理浮动；按

是否联合分单独浮动和联合浮动)。②盯住汇率制。

16. 影响汇率制度选择的主要经济因素：①经济开放程度；②经济规模；③进出口贸易的商品结构和地域分布；④国内金融市场的发达程度及其与国际金融市场的一体化程度；⑤相对的通货膨胀率（开放度高、规模小、产品集中的倾向于固定汇率）。

17. 汇率制度选择的"经济论"认为，经济因素与汇率制度选择的具体关系是：经济开放程度高，经济规模小，或者进出口集中在某几种商品或某一国家的国家，一般倾向于实行固定汇率制或盯住汇率制；而经济开放程度低，进出口商品多样化或地域分布分散化，则倾向于实行浮动汇率制或弹性汇率制。"依附论"认为，汇率制度选择取决于对外经济、政治、军事等。

18. 2017年5月，中国人民银行进一步完善人民币对美元汇率中间价报价机制，在报价模型中加入"逆周期因子"，适度对冲市场的顺周期波动，至此形成了"上一交易日收盘价＋一篮子货币汇率变化＋逆周期因子"共同决定的人民币对美元汇率中间价形成机制。在该机制下，人民币汇率形成机制更加优化，人民币对美元双边汇率弹性进一步增强，双向浮动特征更加明显，有力地保证了人民币汇率在合理均衡水平上的基本稳定。

19. 名义收益率＝债券票面收益/债券面值，$r=C/F$；实际收益率＝

名义收益率－通货膨胀率。

20. 本期收益率＝本期获得的债券利息/债券本期市场价格。

21. 零息债券到期收益率：每年复利一次，$P=F/(1+r)^n \to r=(F/P)^{1/n}-1$；每半年复利一次，$P=F/[(1+r/2)^{2n}]$。($r$ 为收益率)

22. 附息债券到期收益率的结论：债券市场价格与到期收益率成反比，债券的价格随市场利率的上升而下降。

23. 持有期收益率：$r=\{[(P_n-P_o)/T]+C\}/P_o \to \{[(卖出价－买入价)/年数]+年利息\}/买入价。

24. **市场利率＞债券收益率**（息票利率），折价发行；**市场利率＜债券收益率**，溢价发行；**市场利率＝债券收益率**，平价发行，也称等价发行。

25. 净价＝全价－应计利息。

26. 股票定价：股票价格＝预期股息收入/市场利率；市盈率＝股票价格/每股税后盈利→股票价格＝每股税后盈利×市盈率。

27. 资本市场线是在预期收益率与标准差组成的坐标系中，将无风险资产和市场组合相连所形成的射线。

28. 资产风险分为两类：一类是系统风险，是由那些影响整个市场的风险因素所引起的，这些因素包括宏观经济形势的变动、国家经济政策的变化、税制改革、政治因素等。它在市场上永远存在,不可能通过资产组合来消除,属于不可分散风险。另一类是非系统风险,是指包括公司财务风险、经营风险等在内的特有风险。它可由不同的资产组合予以降低或消除,属于可分散风险。

29. 期权价值的决定因素主要有执行价格、期权期限、标的资产的风险度及无风险市场利率等。

30. 布莱克—斯科尔斯模型在推导前做了如下假设:①无风险利率 r 为常数;②没有交易成本、税收和卖空限制,不存在风险套利机会;③标的资产在期权到期时间之前不支付股息和红利;④市场交易是连续的,不存在跳跃式或间断式变化;⑤标的资产价格波动率为常数;⑥标的资产价格变化遵从几何布朗运动。

31. 欧式期权价值由五个因素决定:标的资产的初始价格、期权执行价格、期权期限、无风险利率、标的资产的波动率,与投资者的预期收益率无关。

第二章 金融市场与金融工具

1. 金融市场构成要素:金融市场的主体、客体、价格。

2. 金融市场的主体包括家庭、企业、政府、金融机构、金融调控及监管机构。

3. 金融工具的分类：按期限不同，金融工具可分为货币市场工具和资本市场工具；按性质不同，金融工具可分为债权凭证与所有权凭证；按与实际金融活动的关系，可分为原生金融工具（基础金融工具）和衍生金融工具。

4. 金融工具的性质：期限性、流动性（途径：买卖、承兑、贴现、再贴现）、收益性、风险性。

5. 金融市场的类型：按照市场中交易标的物的不同，分为货币市场、债券市场、股票市场、外汇市场、衍生品市场和商品市场等；按照融资方式的不同，分为直接融资市场和间接融资市场；按照交易性质的不同，分为发行市场和流通市场；按照金融交易是否存在固定场所，分为场内市场和场外市场；按照交易期限的不同，分为货币市场和资本市场；按照成交与定价方式的不同，分为公开市场和议价市场；按照交易交割时间的不同，分为即期市场和远期市场；按照地域范围的不同，分为国内金融市场和国际金融市场。

6. 货币市场是指交易期限在一年以内，是专门服务于短期资金融通的金融市场。

7. 货币市场包括同业拆借、回购协议、商业票据、短期政府债券、银行承兑汇票、大额可转让定期存单市场。

8. 货币市场中交易的金融工具一般都具有期限短、流动性高、对利率敏感等特点,具有"准货币"特性。

9. 同业拆借市场特点:①期限短;②参与者广泛;③在拆借市场交易的主要是金融机构存放在中央银行账户上的超额准备金;④信用拆借。

10. 同业拆借市场功能:①调剂金融机构间资金短缺,提高资金使用效率;②同业拆借市场是中央银行实施货币政策,进行宏观调控的重要载体(利率是核心)。

11. 回购协议市场:证券的卖方以一定数量的证券为抵押进行短期借款,条件是在规定期限内再购回证券,且购回价格高于卖出价格,两者的差额即为借款的利息。在证券回购协议中,作为标的物的主要是国库券等政府债券或其他有担保债券,也可以是商业票据、大额可转让定期存单等其他货币市场工具。

12. 证券回购作为一种重要的短期融资工具,在货币市场中发挥着重要作用:①证券回购交易增加了证券的运用途径和闲置资金的灵活性;②回购协议是中央银行进行公开市场操作的重要工具。

13. 商业票据市场:公司为筹资,以贴现方式出售给投资者一种短期无担保的信用凭证。绝大部分在一级市场交易。

14. 大额可转让定期存单特点:①不记名且可在市场上流通并转让;

②面额固定且较大；③不可提前支取，只能在二级市场上流通转让；④利率既有固定的，也有浮动的，一般高于同期限的定期存款利率。

15. 我国的货币市场：①同业拆借市场；②回购协议市场（包括1—365天质押式回购和1—365天买断式回购）；③商业票据市场（分汇票、本票、支票）；④短期融资券市场（企业法人发行、具有债券性质、银行间债券市场发行、期限较短）；⑤同业存单市场（低风险、高流动（3个月至1年）、只需开立上海清算所托管账户）。

16. 银行间回购利率已成为反映在货币市场资金价格的市场化利率基准。

17. 资本市场指的是期限在一年内以上的金融资产为交易标的的金融市场资本市场包括：银行中长期贷款市场和有价证券市场。

18. 债券分类：根据属性的不同，分为政府债券、企业债券、短期融资券、中期票据、国际机构债、可转换债券、政府支付机构债。

19. 债券具有以下特征：①偿还性；②流动性；③收益性；④优先受偿性。

20. 债券市场的功能：①筹集资金；②投资功能；③反映的功能（反映发行企业的经营实力和财务状况；国债利率被视为无风险利率）；④中

央银行实施货币政策的重要载体。

21. 根据基金份额规模的不同，证券投资基金分为开放式基金和封闭式基金；根据组织形态的不同，证券投资基金分为公司型基金和契约型基金；根据投资对象的不同，证券投资基金分为股票基金、债券基金、货币市场基金、基金中基金、混合基金；根据投资理念的不同，证券投资基金分为主动型基金和被动型基金；根据基金资金来源和用途不同，证券投资基金分为在岸基金和离岸基金；根据募集方式不同，证券投资基金分为公募基金和私募基金；根据资产配置比例不同，证券投资基金分为偏股型基金、偏债型基金、股债平衡型基金和灵活配置型基金。

22. 证券投资基金的特征：①集合理财，专业管理；②组合投资，分散风险；③利益共享，风险共担；④严格监管，信息透明；⑤独立托管，保障安全。

23. 我国债券市场形成了银行间债券市场、交易所市场和商业银行柜台债券市场三个子市场。①银行间市场是债券市场的主体，属于批发市场，逐笔结算，实行一级托管。交易品种有现券交易、质押式回购、买断式回购、远期交易和债券借贷。②交易所市场，属于零售市场，按净额结算，实行两级托管。交易品种有现券交易、质押式回购、融资融券。③商业银行柜台市场,属于零售市场,实行两级托管。交易品种是现券交易。

24. 我国股票市场上可交易的股票包括 A 股、B 股。

25. 上市公司的股份按投资主体分为国有股、法人股、社会公众股和外资股。

26. 金融衍生品具有以下基本特征:①跨期性;②杠杆性;③联动性;④高风险性;⑤零和性。

27. 根据交易目的的不同,金融衍生品市场上的交易主体分为四类:套期保值者、投机者、套利者和经纪人。

28. 按照衍生品合约类型的不同,最为常见的金融衍生品有远期、期货、期权、互换等。

29. 金融远期合约主要有远期利率协议、远期外汇合约和远期股票合约。属于非标准化合约,无固定交易场所。

30. 金融期货合约有货币期货、利率期货、股指期货。属于标准化协议,有固定交易场所。

31. 期权交易的风险在买卖双方之间的分布不对称,期权合约的买方损失是有限的,收益是无限的,而卖方则与此相反。

32. 金融互换分为货币互换、利率互换和交叉互换三种类型。

33. 2006年9月8日,中国金融期货交易所在上海挂牌成立;2010年4月,股指期货上市;2013年,国债期货正式上市交易。

第三章　金融机构与金融制度体系

1. 金融机构的职能是由其性质决定的。金融机构职能:促进资金融通、便利支付结算、降低交易成本和风险、减少信息成本、反映和调节经济活动。

2. 金融机构体系的构成:①**存款性金融机构**。主要包括商业银行(吸收活期存款、创造信用货币)、储蓄银行、信用合作社和财务公司等。②**投资性金融机构**。主要包括投资银行、证券投资基金。③**契约性金融机构**。主要包括保险公司、养老基金。④**政策性金融机构**。主要包括开发性金融机构、农业政策性金融机构、进出口政策性金融机构、住房政策性金融机构。

3. 开发性金融机构:①是专门为经济开发提供长期投资或贷款的金融机构;②投资方向主要是基础设施、基础产业、支柱产业的大中型基本建设项目和重点企业;③开发性投资具有投资量大、时间长、见效慢、风险较大的特点;④开发性金融机构分为国际性(世界银行)、区域性(亚洲开发银行、非洲开发银行、泛美开发银行)和本国性等三种。

4. 投资银行主要业务有:①对公司股票和债券进行直接投资;②提

供中长期贷款；③为公司代办发行或包销股票与债券；④参与公司的创建、重组和并购活动；⑤提供投资和财务咨询服务等。

5. 投资基金的优势是投资组合、分散风险、专家理财、规模经济。

6. 从广义上来说，金融制度的内涵包括金融中介机构、金融市场和金融监管制度等三个方面的内容。

7. 中央银行的组织形式包括四种类型：①一元式中央银行制度（我国、大多数）；②二元式中央银行制度（美国、德国）；③跨国的中央银行制度（欧洲）；④准中央银行制度（香港、新加坡）。

8. 二元式中央银行制度特点：①权力与职能相对分散；②分支机构较少等特点。

9. 准中央银行制度具有中央银行的权力分散、职能分解的特点。

10. 中央银行资本金一般由实收资本、留存利润、财政拨款等构成。

11. 中央银行资本金构成的结构形式主要有五种类型：①全部资本为国家所有的资本结构——中国、大部分国家；②国家和民间股份混合所有的资本结构——日本；③全部资本非国家所有的资本结构——美国；④无资本金的资本结构——韩国；⑤资本为多国共有的资本结构——欧盟。

12. 商业银行组织制度的四种类型：①单一银行制度——美国；②分

支银行制度（总分行制）——中国；③持股公司制度（集团银行制度）；④连锁银行制度（联合银行制度）。

13. 单一银行制度既有优点，也有缺点，主要表现在：①防止银行的集中和垄断，但限制了竞争；②降低营业成本，但限制了业务创新和发展；③强化地方服务，但限制了规模效益；④独立性、自主性强，但抵御风险的能力差。

14. 分支银行制度的优点表现在：①规模效益高；②竞争力强；③易于监管。缺点表现在：①加速银行的垄断与集中；②管理难度大。

15. 商业银行的业务经营制度包括：分业经营银行制度和综合性银行制度。

16. 分业经营银行制度的优点：①保护存款人利益，有利于商业银行稳健经营与经济的稳定发展；②有利于商业银行以稳健经营为原则，把安全性放在第一位；③有利于金融监管达到预期效果；④两业分开经营、分别管理，可各自有针对性地制定和实施风险防范措施。

17. 政策性金融机构的职能：①倡导性职能（诱导性职能）；②选择性职能；③补充性职能（弥补性职能）；④服务性职能。

18. 政策性金融机构的经营原则：①政策性原则；②安全性原则；③保本微利原则。

19. 按照监管思路的不同,世界各国现有金融监管机制可以分为三类,即机构监管、功能监管和目标监管。

20. 目前世界各国的金融监管模式主要分为三类:分业监管、统一监管、超级监管。

21. 超级监管模式是统一监管模式的一种极端方式,即对不同金融机构的所有监管(包括审慎监管和市场行为监管)均交给一个监管机构统一负责。目前英国、新加坡、韩国等国家和地区采取这一模式,其主要特点是金融市场和金融机构相对集中,有利于超级监管模式的建立和运行。

22. 在我国的金融机构体系中,商业银行是主体,并且以银行信贷为主的间接融资在社会总融资中占主导地位。

23. 综合类证券公司可从事证券承销、经纪、自营三种业务;而经纪类证券公司只能从事证券经纪类业务。

24. 信托投资公司的本质是"受人之托,代人理财"。

25. 小额贷款公司发放贷款,应坚持"小额、分散"的原则,鼓励小额贷款公司面向农户和微型企业提供信贷服务。

26. 中国人民银行负责全国支付、清算系统的正常运行,承担最后贷款人的责任,是银行的银行。

第四章 商业银行经营与管理

1. 商业银行是以货币和信用为经营对象的金融中介机构。

2. 商业银行的经营是指商业银行对所开展的各种业务活动的组织和营销；商业银行的管理是商业银行对所开展的各种业务活动的控制与监督。

3. 商业银行的经营内容：①负债业务的组织和营销；②资产业务的组织和营销；③中间业务和表外业务的组织和营销。商业银行的管理内容：①资产负债管理；②财务管理；③风险管理与内部控制；④人力资源开发与管理。

4. 商业银行经营管理的三个原则：安全性、流动性和效益性。从本质上来说，"三性"原则是对立统一的，它们共同保证了商业银行正常有效的经营活动。安全性是前提，流动性是条件，效益性是目的。但是三者之间也存在矛盾：安全性和流动性的提高必然削弱效益性；要提高效益性，安全性和流动性就会受影响。对于银行管理者来说，要求在保证资金的安全性和流动性的前提下，追求尽可能多的效益。

5. 商业银行的审慎经营原则包括：风险管理、内部控制、资本充足率、资产质量、损失准备金、风险集中、关联交易、资产流动性等。

6. 商业银行的新的业务运营模式的核心就是前台与中后台分离。具体是：①前台的营业网点从会计核算型向服务营销型转变，其主要职责是产品营销、柜台服务；②中后台主要职责是风险管理、合规管理、核心业务系统运行维护、集中处理非实时业务批量交易、财务核算以及业务稽核监督，包括集中运行、集中录入、集中交易、集中核算、集中金库和集中监督等事项。

7. 商业银行的新型的业务运营模式优点：①实现营业网点业务操作的规范化和工序化；②实现业务处理的集约化；③实现运营效率有效提升；④实现风险防范能力提高；⑤实现成本大幅降低。

8. 依据技术在金融行业应用的深度和广度，商业银行业务运营模式可以划分为三个阶段，即电子银行阶段、互联网金融阶段和金融科技阶段。

9. 商业银行以货币和信用为经营对象；商业银行的市场营销表现为一种服务营销；市场营销的中心是客户。

10. 商业银行的4P市场营销策略：产品、价格、渠道、促销；4C：消费者、成本、便利、沟通；关系营销4R：关联、反应、关系、回报。

11. 负债包括存款和借款，其中最重要的是存款。

12. 影响存款经营的因素：支付机制的创新、存款创造的调控、政府的监管措施。

13. 贷款客户选择：一是客户所在的行业；二是客户自身情况及贷款用途方面：①客户的资信状况；②客户的财务状况；③客户所要投资项目的优劣、市场前景如何等。

14. 通常银行的信贷人员要完成三个步骤：①贷款面谈；②信用调查(5C标准，即：品格、偿还能力、资本、经营环境和担保品)；③财务分析。

15. 商业银行中间业务包括：收取服务费或代客买卖差价业务，如理财业务、支付结算、代理收费、代客买卖资金产品、代理买卖基金和债券、托管、咨询顾问。

16. 理财业务指的是商业银行接受客户委托，按照与客户事先约定的投资计划和收益与风险的承担方式，为客户提供的资产管理服务。其中，资产管理活动是银行理财业务的核心，银行理财产品是资产管理的载体。

17. 开展商业银行理财业务遵守的原则：商业银行开展理财业务，应当以理财产品管理人名义，代表理财产品投资客户利益行使法律权利或者实施其他法律行为。商业银行开展理财业务，应当遵守诚实守信、勤勉尽职地履行受人之托、代人理财职责，遵守成本可算、风险可控、信息充分披露等原则，充分保护金融消费者合法权益。

18. 商业银行理财产品财产独立于管理人、托管机构和其他参与方的固有财产，因理财产品理财的管理、运用、处分或者其他情形而取得的财产，均归入银行理财产品财产。

19. **商业银行理财产品的分类**：按是否保证产品本金兑付，分为：①非保本型理财产品；②保本型理财产品。按收益表现方式的不同，分为：①净值型理财产品；②预期收益率型理财产品；③其他收益型理财产品。按是否挂钩衍生产品，分为：①结构性理财产品；②非结构性理财产品。

20. **资产管理理论**是在"商业性贷款理论""资产转移理论"和"预期收入理论"基础上形成的。

21. **资产负债管理的基本原理**：①规模对称原理；②结构对称原理；③速度对称原理；④目标互补原理；⑤利率管理原理；⑥比例管理原理。

22. **速度对称原理**又称偿还期对称原理，平均流动率＝资产平均到期日/负债平均到期日，当平均流动率＞1，资产运用过度，平均流动率＜1，则资产运用不足。

23. **利率管理原理**有两个方面：①差额管理（使固定利率负债＞固定利率资产的差额，与变动利率负债＜变动利率资产的差额相适应）；②利率灵敏性资产与负债管理。

24. **比例指标**一般分为三类：即安全性指标、流动性指标和盈利性指标。

25. 资产负债管理的内容：①资产管理，包括贷款管理、债券投资管理、现金资产管理；②负债管理，包括存款管理、借入款管理。

26. 贷款是商业银行最主要的资产和最主要的资金运用，贷款管理是商业银行资产管理的重点；借入款管理的内容是：严格控制特定目的的借入款；分散借入款的偿还期和偿还金额，以减轻流动性过于集中的压力；借入款应控制适当的规模和比例，并以增加短期债券为主，增强借入款的流动性；在保证信誉的前提下，努力扩大借入款的渠道或后备渠道，以保证必要时能扩大资金来源。

27. 我国信贷管理实行集中授权管理（总行统一制定信贷政策）、统一授信管理（控制融资总量及不同行业、不同企业的融资额度）、审贷分离、分级审批、贷款管理责任制相结合。

28. 2003年银监会提出"管风险、管法人、管内控、提高透明度"的监管新理念，强调以风险为核心的监管内容。2010年初探索创立了"腕骨"监管指标体系。

29. 商业银行风险监管核心指标分三层：风险水平（流动性、信用、市场、操作风险监管指标）、风险迁徙、风险抵补。

30. 信用风险监管指标：不良资产率、单一集团客户授信集中度、全部关联度指标等；市场风险监管指标：累计外汇敞口头寸比例和利率风险敏感度。

31. 资产负债管理方法和工具：基础方法：缺口分析、久期分析、外汇敞口与敏感性分析；前瞻性动态管理方法：情景模拟、流动性压力测试。

32. 流动性压力测试是一种以定量分析为主的流动性风险分析方法，商业银行通过流动性压力测试测算全行在遇到小概率事件等极端不利情况下可能发生的损失，从而对银行流动性管理体系的脆弱性做出评估和判断，进而采取必要措施。

33. 银行资本的核心功能是吸收损失。包括账面资本（反映银行实际拥有的资本水平，是银行资本金的静态反映，而不是应该拥有的资本水平）、监管资本、经济资本（应该持有的，是虚拟资本，管理内容包括计量、分配、评价）。

34. 1988 年，巴塞尔协议：银行资本分为核心资本（不低于 4%）和附属资本（不超核心资本 100%）。总资本充足率不低于 8%。

35. 2004 年，巴塞尔协议Ⅱ，提出有效资本监管的"三个支柱"——最低资本充足率、监管当局的监督检查和市场约束。

36. 2010年，巴塞尔协议Ⅲ，2013年实施，于2018年底达到资本充足率要求。

37. 资本充足率＝（总资本－对应资本扣减项）/风险加权资产×100%。

38. 系统重要性银行的附加资本要求为风险加权资产的1%～3.5%，商业银行要设立储备资本，要求为风险加权资产的2.5%；各国可根据情况要求银行提取风险加权资产的0～2.5%逆周期资本缓冲，以便银行可以在经济下行周期吸收损失。

39. 商业银行风险特征：杠杆性、传递性、负外部效应。

40. 商业银行风险分类：按发生范围分，系统性和非系统性风险；按来源分，外部和内部风险；按巴塞尔协议分，市场、信用、操作、流动性、国家、声誉、法律、战略风险。

41. 商业银行风险管理的基本流程：风险识别（识别风险和分析风险）、风险计量、风险监测、风险控制。

42. 风险控制是对经识别和计量的风险采取分散、对冲、转称、规避、控制等策略和措施，进行管控。事前控制，包括限额管理、风险定价、制定应急预案等；事后控制，包括风险缓释或风险转移、重新分配风险资本、提高风险资本水平等。

43.风险管理的主要策略：风险预防（充足的自有资金、准备金）、风险分散（业务分散、单一客户授信、单项资产比例限制）、风险转移（出口信贷保险、保证担保）、风险对冲（购买负相关产品，对冲损失）、风险抑制（低配置高风险活动）、风险补偿（合同、保险、法律补偿）。

44.财务管理的核心：基于价值的管理，即指股东的投资价值。财务管理的目标：银行价值最大化。

45.财务管理分为三个层次：第一是传统的会计职能，而会计的职能又可分解为三块，一是监督控制；二为反映信息；三是规范反映信息。第二个层次是财务。第三个层次是公司财务，着眼点在于企业的价值、股权的价值，是通过业务经营和股权交易来实现银行价值的最大化。

46.财务管理包括成本管理、利润管理、财产管理、财务报告及其分析、绩效评价等方面。

47.成本管理遵守基本原则：①成本最低化原则；②全面成本管理原则；③成本责任制原则；④成本管理的科学化原则。

48.利润总额的构成：①营业利润－营业支出；②投资收益＝投资收入－投资支出；③营业外收支净额＝营业外收入－营业外支出。

49. 营业外收入包括:罚没收入、证券交易差错收入、固定资产盘盈、固定资产出售净收益、抵债资产处置超过抵债金额部分、出纳长款收入、教育费附加返还款以及因债权人的特殊原因确实无法支付的应付款项等。

50. 营业外支出包括:赔偿金、违约金、证券交易差错损失、公益救济性捐赠、固定资产盘亏和毁损报损净损失、抵债资产处置发生的损失额及处置费、出纳短款、非常损失、公益救济性捐赠等。

51. 利润总额先依法缴纳所得税,税后利润分配顺序:①抵补已交纳的、在成本和营业外支出中无法列支的有关惩罚性或赞助性支出。②弥补以前年度亏损。③按照税后利润(减除前两项后的剩余利润)的10%提取法定盈余公积金。法定盈余公积金除可用于弥补亏损外,还可用于转增资本金,但法定盈余公积金弥补亏损和转增资本金后的剩余部分不得低于注册资本的25%。④提取公益金。⑤向投资者分配利润。

52. 商业银行提高利润有以下途径:①扩大资产规模,增加资产收益;②降低成本;③加强经营管理,健全和完善内部经营机制,提高银行的工作效率,以较少投入取得较多产出;④灵活地调度资金;⑤提高资产质量,减少资产风险损失。

53. 绩效评价,以经济增加值EVA为核心业绩指标。

54. 人力资源管理的职责主要是包括：计划、录用、保持、发展、评价、调整等六个环节。

55. 商业银行人力资源管理的科学化：①改革人事制度，建立激励约束机制（实行全员劳动合同制、专业技术职务管理）；②实行行长负责制；③加强员工培养和教育。

56. 完善我国商业银行治理结构的路径：首先，提高各银行董事会的战略把握能力和决策水平，加大监事会的监督职能，强化高管层对全行经营工作的领导、协调、管理职能。其次，各银行上下要进一步增强统一法人意识。第三，要强化各业务线的管理力度。第四，继续调整完善激励约束机制。

57. 内控机制的基本特征：①审慎经营的理念和内部控制的文化氛围；②职责分离、相互制约的部门和岗位设置；③纵向的授权与审批制度；④系统内部控制和业务活动融为一体的控制活动；⑤完善的信息系统。

58. 内控机制的基本原则：全覆盖原则、制衡性原则、审慎性原则、相匹配原则。

59. 我国商业银行内控机制的建立与完善：①建立合理的组织结构；②建立完善的内控制度体制；③完善内部稽核制度；④建立健全各项内部管理机制。主要包括：①建立以资产负债管理为前提的自我调控机制；②建立内部授信授权制度,实行统一授信,分级审批;③建立对集团性大客户实行统一授信管理的制度等。

60. 建立科学的激励约束机制最核心的是建立科学的薪酬制度。

61. 西方发达国家商业银行员工的薪酬结构可以分为三个部分:科学的工资和奖金制度、各种福利计划、长期激励机制。

第五章 证券公司与基金管理公司

1. 投资银行四大基本职能:①资金供求媒介;②构造证券市场;③优化资源配置;④促进产业集中。

2. 投资银行通过期限中介、风险中介、信息中介、流动性中介(作为做市商、提供融资融券业务)作用发挥其媒介资金供求的功能。

3. 证券投资基金特点:①集合理财、专业管理;②组合投资、分散风险;③利益共享、风险共担;④严格监管、信息透明;⑤独立托管、保障安全;

4. 基金市场的参与主体包括基金当事人(基金份额持有人、基金管理人、基金托管人)、基金市场服务机构、基金监管机构和自律组织三大类。

5. 基金市场服务机构包括:基金销售机构(商业银行、证券公司、证券投资咨询机构、独立基金销售机构)、基金注册登记机构、律师事务所、会计师事务所、基金投资咨询机构、基金评级机构。

6. 基金分类：按法律形式分，契约型基金（我国）和公司型基金（美国）；按运作方式分，封闭式基金和开放式基金；按投资对象分，股票基金（80%投资于股票）、债券基金（80%投资于债券）、货币市场基金、混合基金；按投资目标分，增长型基金、收入型基金和平衡型基金；按募集方式分，公募基金和私募基金。

7. 反映股票基金经营业绩的指标包括，基金分红、已实现收益、净值增长率等（最主要分析指标）。

8. 基金管理人的主要职责：①依法募集基金，基金份额的发售和登记事宜；②办理基金备案手续；③对所管理的不同基金财产分别管理、分别记账，进行证券投资；④按照基金合同的约定确定基金收益分配方案，及时向基金份额持有人分配收益；⑤进行基金会计核算并编制基金财务会计报告；⑥编制中期和年度基金报告；⑦计算并公告基金资产净值，确定基金份额申购、赎回价格；⑧办理与基金财产管理业务活动有关的信息披露事项；⑨召集基金份额持有人大会；⑩保存基金财产管理业务活动的记录账册、报表和其他相关资料；⑪以基金管理人名义代表基金份额持有人利益行使诉讼权利或者其他法律行为；⑫国务院证券监督管理机构规定的其他职责。

9. 债券基金主要的投资风险包括利率风险、信用风险、提前赎回风险以及通货膨胀风险。

10. 基金管理公司的主要业务：①证券投资基金业务，包括基金募集与销售、基金的投资管理（最核心）和基金运营服务；②特定客户资产管理业务；③投资咨询服务。

11. 基金托管人职责，包括资产保管、资金清算、资产核算、投资运作监督等方面。

12. 根据《中华人民共和国证券投资基金法》，基金托管人应当履行下列职责：①安全保管基金财产；②按照规定开设基金财产的资金账户和证券账户；③对所托管的不同基金财产分别设置账户，确保基金财产的完整与独立；④保存基金托管业务活动的记录、账册、报表和其他相关资料；⑤按照基金合同的约定，根据基金管理人的投资指令，及时办理清算、交割事宜；⑥办理与基金托管业务活动有关的信息披露事项；⑦对基金财务会计报告、中期和年度基金报告出具意见；⑧复核、审查基金管理人计算的基金资产净值和基金份额申购、赎回价格；⑨按照规定召集基金份额持有人大会；⑩按照规定监督基企管理人的投资运作；⑪国务院证券监督管理机构规定的其他职责。

第六章 信托公司与金融租赁公司

1. 信托是一种以资产为核心、以信任为基础、以委托为方式的财产管理制度与法律行为。其核心内容是"受人之托,代人理财"。
2. 信托的基本特征:①信托财产权利与利益相分离;②信托财产的独立性;③信托的有限责任;④信托管理的连续性。
3. 信托的构成要素:①信托当事人(委托人、受托人、受益人);②信托行为(意思表达和财产转移);③信托财产(合法性、确定性、积极性、流通性);④信托目的(自益、他益、公益)。
4. 信托的种类:按受托人身份,分为民事信托和商事信托;按利益归属,分为自益信托和他益信托;按设立目的,分为私益信托和公益信托;按委托人人数,分为单一信托和集合信托。
5. 信托的功能:财产管理、融通资金、社会投资、风险隔离、社会公益服务。
6. 信托设立条件:①有合法的信托目的;②信托财产应当明确合法;③信托文件应该采用书面形式;④依法办理信托登记。
7. 以书面形式设立信托有两种常见的方式:合同和遗嘱。
8. 我国进行登记的信托以财产转移是否需要登记为标准。以下财产设立信托需要进行信托登记：土地使用权和房屋所有权；船舶、航空器等交通工具；股票、股权；著作权、商标权、专利权。

9. 2007年年初，中国银监会发布了《信托公司集合资金信托计划管理办法》，提出了加强信托公司治理的基本要求和内容。该指引要求信托公司治理应当体现受益人利益最大化的基本原则，股东（大）会、董事会、监事会、高级管理层等组织架构的建立和运作，应当以受益人利益为根本出发点。

10. 我国设立信托公司需要经银监会批准，领取金融许可证。信托公司可以采取有限责任公司或者股份有限公司的形式。

11. 信托公司的设立应当具备下列条件：有符合《公司法》和银监会规定的公司章程；有具备银监会规定的入股资格的股东；注册资本最低限额为3亿元人民币或等值的可自由兑换货币，注册资本为实缴货币资本；有具备银监会规定任职资格的董事、高级管理人员和与其业务相适应的信托从业人员；具有健全的组织机构、信托业务操作规程和风险控制制度；有符合要求的营业场所、安全防范措施和与业务有关的其他设施等。

12. 目前，我国信托公司的业务可以分为信托业务、固有业务和特别许可业务三大类。

13. 信托业务：基础设施信托业务（应收账款类和贷款类）、房地产信托业务（不动产和房地产资金（我国））、证券投资信托业务。

14. 证券投资信托业务投资范围包括：国内证券交易所挂牌交易的 A 股股票、封闭式证券投资基金、开放式证券投资基金（含 ETF 和 LOF）、企业债、国债、可转换公司债券（含分离式可转债申购）、1 天和 7 天国债逆回购、银行存款以及中国证监会核准发行的基金可以投资的其他投资品种。信托公司固有业务不得参与股指期货交易。

15. 《信托公司管理办法》强调"压缩固有业务，突出信托主业"，规定信托公司不得开展除同业拆入业务以外的其他负债业务，且同业拆入余额不得超过其净资产的 20%，固有财产原则上不得进行实业投资。不得以固有财产向关联方融出资金或转移财产、为关联方提供担保或以股东持有的本公司股权作为质押进行融资。

16. 信托公司财务管理专属原则：一是信托财产与固有财产分别管理、分别记账的原则。二是固有财务部门与信托财务部门相互独立的原则。

17. 信托公司的资本管理：实行净资本管理。净资本不得低于人民币 2 亿元；净资本不得低于各项风险资本之和的 100%；净资本不得低于净资产的 40%。

18. 信托公司的会计核算特点：一是委托人才是真正的会计主体。二是信托公司信托业务以信托项目为会计核算主体。

19. 信托公司的风险：①信用风险；②市场风险；③操作风险；④合规与法律风险。

20. 信托公司的风险控制可分为两个层面：一是信托业务风险控制的核心要点，即持续完善全面风险管理体系；二是信托业务风险控制的具体策略。

21. 融资与投资是融资租赁的基本功能；产品促销与资产管理是融资租赁的扩展功能。

22. 1981年，中国东方国际租赁公司和中国租赁有限公司两家融资租赁公司先后成立，标志着我国融资租赁业的创立。

23. 租金的确定取决于以下三个因素：设备原价及预计残值、资金成本、租赁手续费。

24. 承租企业与租赁公司商定的租金支付方式，大多为后付等额年金支付。租金的计算大多采用等额年金法。

25. 融资租赁合同特征：①是诺成、要式合同；②是双务、有偿合同；③是不可单方解除的合同。

26. 金融租赁公司属于非银行金融机构，由银监会负责实施监督管理,其他租赁公司归商务部管理。

27. 金融租赁公司与融资租赁公司的区别:①行业划分不同(其他金融业—租赁业);②业务内容不同(可吸收存款—只有借款);③租赁标的物范围不同(固定资产—产权清、收益权、存在物);④风险管理指标不同(资本充足率—风险资产不得超过净资产总额的10倍)。

28. 金融租赁公司可以吸收非银行股东3个月(含)以上定期存款,经营正常后可进入同业拆借市场;融资租赁公司只能从股东处借款,不能吸收股东存款,也不能进入银行间同业拆借市场。

29. 金融租赁公司一次性实缴货币资本,最低限额为1亿元;从事人员中有金融相关工作经历3年以上的人员应当不低于总人数的50%。

30. 金融租赁公司主营业务是融资租赁业务,可以分为:①公司自担风险的融资租赁业务(直接租赁、转租赁、回租);②公司同其他机构分担的融资租赁业务(联合租赁、杠杆租赁);③公司不担风险的融资租赁业务(委托租赁)。

31. 金融租赁公司特殊的资金筹集方式:发行金融债券融资,可以吸收非银行股东3个月以上(含)的定期存款,还可进入银行间同业拆借市场,通过同业拆借等方式来解决资金头寸、应对不时之需。同业拆入资金余额不得高于公司的资本净额。

32. 金融租赁公司的盈利模式：债权收益、余值收益、服务收益、运营收益。

33. 中国银监会对金融租赁公司建立起以资本监管为核心、适应金融租赁行业特点的监管体系。

34. 金融租赁公司应遵守以下监管指标的规定：一是资本充足率。金融租赁公司资本净额与风险加权资产的比例不得低于银监会的最低监管要求。二是单一客户融资集中度。金融租赁公司对单一承租人的全部融资租赁业务余额不得超过资本净额的30%。三是单一集团客户融资集中度。金融租赁公司对单一集团的全部融资租赁业务余额不得超过资本净额的50%。四是单一客户关联度。金融租赁公司对一个关联方的全部融资租赁业务余额不得超过资本净额的30%。五是全部关联度。金融租赁公司对全部关联方的全部融资租赁业务余额不得超过资本净额的50%。六是单一股东关联度。对单一股东及其全部关联方的融资余额不得超过该股东在金融租赁公司的出资额，且应同时满足本办法对单一客户关联度的规定。七是同业拆借比例。金融租赁公司同业拆入资金余额不得超过资本净额的100%。

第七章 金融工程与风险管理

1. 金融工程管理风险的方式：分散风险（建立相关性较低的资产组合）、转移风险（转移全部风险——远期合约、期货、互换；转移部分风险——金融期权）。

2. 金融工程管理比传统风险管理的优势：更高的准确性和时效性、低成本、灵活性。

3. 金融工程的发展历程：金融工程是出现于20世纪80年代，兴起于20世纪90年代的一门新兴综合性的交叉学科。金融工程的产生背景：信息科技在金融领域的应用、普及和深化；金融管制的放松；以及市场竞争的加剧。

4. 金融工程的应用领域：金融产品创新、资产定价、金融风险管理、投融资策略设计、套利。

5. 金融工程的基本分析方法：①积木分析；②套利定价法；③风险中性定价法；④状态价格定价技术。

6. 远期价格的公式表明资产的远期价格仅与当前的现货价格有关，与未来的资产价格无关，因此远期价格并不是对未来资产价格的预期。

7. 远期合约的价值：当标的资产价格增加时，远期价格增大，因此远期合约价值增大，而当标的资产价格下跌时，远期价格减小，此时远期合约价值变小，甚至可能为负值。

8. 远期利率协议的交割：若协议利率＜参考利率，交割额为正，卖方向买方支付交割额；若协议利率＞参考利率，交割额为负，买方向卖方支付交割额。

9. 远期利率协议与其他远期合约一样，在签订时理论价值为0，因此其协议利率等于远期利率。银行通常以远期利率为基准，将报出的买（卖）价格下浮（上浮）一定数量的基点。

10. 远期合约的套期保值，分为多头套期保值和空头套期保值。

11. 基于远期利率协议的套期保值，如打算在未来融资或出售债券的投资者，担心利率上升，会购买远期利率协议来套期保值；而在未来进行投资的公司或发行短期贷款的金融机构，担心利率下降，会卖出远期利率协议来套期保值。

12. 基于远期外汇合约的套期保值，如多头套期保值，就是将支出外汇的机构和个人，买入远期外汇合约避免汇率上升的风险；空头套期保值，将收到外汇的机构和个人，卖出远期外汇合约避免汇率下降的风险。

13. 金融期货的类别：股指期货、货币期货和利率期货。

14. 期货的理论价格，其盯市制度决定了期货在任何时间点处的理论价值为0，即期货的报价相当于远期合约的协议价格，故期货的报价理论上等于标的资产的远期价格。

15. 短期利率期货通常以协议存款为标的资产，中长期利率期货通常以政府债券作为标的资产，以净价方式报价。

16. 套期保值效果的影响因素：①需要避险的资产与期货标的资产不完全一致；②套期保值者不能确切地知道未来拟出售或购买资产的时间，因此不容易找到时间完全匹配的期货；③需要避险的期限与避险工具的期限不一致。在这些情况下，我们必须考虑基差风险、合约的选择和最优套期保值比率等问题。

17. 基差＝待保值资产的现货价格－用于保值的期货价格。为了降低基差风险，要选择合适的期货合约：①选择合适的标的资产，与保值资产价格的相关性越好，风险越小。②选择合约的交割月份，选择与套期保值到期日相一致的交割月份。

18. 利率期货与远期利率协议完全相反，因为利率期货以债券或者短期存款为标的，当利率上升时，债券价格或者短斯存款的价格是下跌的。

担心利率上升,要卖出利率期货;担心利率下降,要买入利率期货。

19. 金融期货可以利用基差的变动规律进行期现套利、跨期套利和跨市场套利。其中,跨市场套利主要在外汇期货市场进行,跨期套利通常在同一期货品种不同期限的期货间进行,而期现套利指的是现货与期货反向操作进行套利的方式,这种方式在利率期货和股指期货市场应用较多。

20. 利率互换是同种货币,只交换浮动利率和固定利率的利息差,不换本金,可转换资产或负债的利率性质;货币互换是两种货币互换,买方得外币付外币利息,收本币利息,到期还本金,可转换资产或负债的货币构成。

21. 金融期权的价值一般被分为内在价值(即立即执行期权带来的收益,包括实值期权——标的高于看涨或低于看跌、平价期权——等于、虚值期权——高于看跌或低于看涨)和时间价值(即期权费减去内在价值)。

22. 影响期权价值的因素,包括:①变动因素,有标的资产价格、标的资产的波动率、无风险利率、到期期限;②非变动因素,有执行价格。

23. 金融期权的套利:①看涨期权与看跌期权之间的套利;②水平价差套利(同资产、期限,不同协议价,包括蝶式价差套利、盒式价差套利、鹰式价差套利等);③垂直价差套利(同资产、同期限、不同协议价格);④波动率交易套利。

24. 金融工程师创新产品的基本积木块就是基础资产（债券、股票、外汇等）和四种基本衍生产品（远期、期货、互换和期权）。

25. 金融风险包含以下三个要素：①金融风险的风险因素是有关主体从事了金融活动；②金融风险的风险事故是某些因素发生意外的变动；③金融风险中损失的可能性是经济损失的可能性。

26. 金融风险的类型：信用风险、市场风险、流动性风险、操作风险、法律风险与合规风险、国别风险、声誉风险、战略风险。

27. 市场风险包括汇率风险（交易风险、折算风险、经济风险）、利率风险、股票风险和商品风险。

28. 借贷双方组合体来看，利率风险主要有：一是利率不匹配的组合利率风险，二是期限不匹配的组合利率风险。

29. 商业银行内控的五项要素是：内部控制环境、风险识别与评估、内部控制措施、监督评价与纠正、信息交流与反馈。

30. COSO 的内控五项要素：控制环境、风险评估、控制活动、信息与沟通、监督。

31. 全面风险管理的维度（架构）是：企业目标（战略、经营、报告、合规）、风险管理的要素（内部环境、目标设定、事件识别、风险评估、风险对策、控制活动、信息与沟通、监控)、企业层级。

32. 金融风险管理的流程：①风险识别（筛选—监测—诊断法，风险树搜寻法）；②风险评估；③风险分类；④风险控制；⑤风险监控；⑥风险报告。

33. 信用风险的机制管理：①审贷分离机制；②授权管理机制；③额度管理机制。

34. 信用风险的过程管理：事前管理（5C：偿还能力、资本、品格、担保品、经营环境；3C：现金流、管理、事业的连续性）、事中管理（建立信用恶化预警机制、建立不良贷款的分析、审查机制；监控借款人的资金用途；为借款人提供理财服务；提前转让债权；争取政府支持；帮助借款人开辟市场；追加贷款；贷款展期；行使抵押权或质押权；追索保证人）、事后管理。

35. 利率风险的管理：选择有利的利率；调整借贷期限；缺口管理；久期管理；利用利率衍生产品交易。

36. 操作风险的管理：①制度管理；②信息系统管理；③流程管理；④职员管理；⑤风险转移。

37. 流动性风险管理的主要着眼点是：①保持资产的流动性；②保持负债的流动性；③进行资产和负债流动性的综合管理。

38. 法律风险与合规风险管理的主要机制和方法是：①加强文化建设；②加强组织与制度建设；③加强人力资源管理；④加强过程管理。

39. "巴塞尔协议Ⅱ"的内容体现在三大支柱上：①最低资本要求〔最低资本充足率要达到8%，并将最低资本要求由涵盖信用风险拓展到全面涵盖信用风险、市场风险和操作风险。对信用风险的计量提出了标准法（权重法）和内部评级法；对市场风险的计量提出了标准法和内部模型法；对操作风险的计量提出了基本指标法、高级计量法和标准法〕；②监管方式与监管重点；③市场约束。

40. 巴塞尔协议Ⅲ（2010年12月）：①重新界定监管资本。核心一级资本（主要是普通股和留存收益）、其他一级资本和二级资本。一级资本只包括普通股和永久优先股。②提高资本充足率。一级资本充足率6%，普通股比例4.5%。③设立资本防护缓冲资金资本留存缓冲2.5%、逆周期资本缓冲0%—2.5%。④引入杠杆率监管标准。⑤增加流动性要求。⑥安排充裕的过渡期（2013.1.1—2019.1.1）。

第八章 货币供求与货币均衡

1. 费雪方程式：$MV = PT \to P = MV/T$，宏观，侧重货币的交易手段，重视支出的数量和速度；剑桥方程式（现金余额说）：$M_d = kPY$，微观，侧重货币的资产功能，重视存量占收入的比例。

2. 凯恩斯认为，人们的货币需求行为由交易动机、预防动机和投机动机决定。消费动机和预防动机→构成对消费品的需求→取决于边际消费倾向：消费增量占收入增量的比率；投机动机→构成对投资品的需求→取决于资本边际效率，由利率水平决定。

3. 流动性偏好陷阱，利率过低时，人们愿意持有货币而不再储蓄，对货币的需求无限大。此时货币政策失效。

4. 弗里德曼的货币需求函数与凯恩斯存在着较大的差别，主要表现在：（1）二者强调的侧重点不同：①凯恩斯强调利率的主导作用；②弗里德曼强调恒常收入的重要影响。（2）在货币政策传导变量的选择上：①凯恩斯主义认为应是利率。②货币主义坚持是货币供应量。（3）凯恩斯认为货币需求量受利率影响，因而不稳定，货币政策应"相机行事"。弗里德曼认为，货币需求量是稳定的，可以预测的，因而"单一规则"可行。

5. 弗里德曼货币需求函数中，货币需求量与恒常收入、人力资本比重正相关,与存款利率、股票收益率、债券的收益率负相关。

6. 货币供给是相对于货币需求而言的另一个概念,它主要包含了货币供给行为和货币供应量这两个方面。

7. 货币供应量指的是金融系统根据货币需求量,通过其资金的运用,注入流通中的货币量,其研究金融系统向流通中供应了多少货币,货币流通与商品流通是否相适应等问题。

8. 存款机构指的是从个人和机构手中吸收存款并发放贷款的金融中介机构,主要包括:商业银行、储蓄机构和信用社。储户是持有银行存款的机构和个人。

9. 央行投放基础货币的渠道:①对金融机构再贷款和再贴现;②收购黄金、外汇等储备资产投放货币;③通过公开市场业务等投放货币。

10. 货币层次的划分有利于中央银行进行宏观经济运行监测和货币政策操作。

11. 我国货币层次为:M_0=现金;$M_1 = M_0$+单位活期存款;$M_2 = M_1$+个人储蓄存款+单位定期存款+单位其他存款;$M_3 = M_2$+金融债券+商业票据+大额可转让定期存单。

12. 多倍存款创造需要两个基本条件:部分准备金制度和非现金结算制度。

13. IS 曲线(S 储蓄—I 投资)代表商品市场均衡;LM 曲线(L 货

币需求量—M 供给量) 代表货币市场均衡。

14. BP 曲线指国际收支平衡时利率和收入组合的轨迹,即 BP 曲线上的任何一点所代表的利率和收入的组合都可以使当期国际收支均衡,这里的 BP 指国际收支差额,即净出口与资本净流出的差额。

15. 蒙代尔—弗莱明模型的结论:货币政策在固定汇率下对刺激经济毫无效果,在浮动汇率下则效果显著;财政政策在固定汇率下对刺激经济效果显著,在浮动汇率下则效果甚微或毫无效果。

16. 货币均衡的实现机制:①健全的利率机制(最主要的实现机制);②发达的金融市场;③有效的央行调控。

17. 利率与货币供给量之间存在着同方向变动关系。利率同货币需求之间存在反方向变动关系。

18. 通货膨胀的类型:按通胀程度,分为爬行式(不超过 2%—3%,没有形成通胀预期)、温和式(比爬行式高,但又不是很快)、奔腾式(两位数以上,发展速度很快)、恶性(一般物价水平上涨特别猛烈,呈加速趋势);按成因,分为需求拉上型(太多的货币追逐太少的商品)、成本推进型(工资—物价螺旋上升、垄断利润、原材料成本提高如汇率变动、石油危机、资源枯竭等)、结构性(需求转移、部门差异、国际因素)、供求混合型(需求拉上与成本推进混合)。

19. **通货膨胀治理对策：** 紧缩总需求的政策、增加供给的政策、紧缩性的收入政策；工资—价格政策、其他治理措施。

20. **紧缩总需求的政策：**（1）紧缩性的财政政策（增收节支，减少赤字）：①减少政府支出，一是削减购买性支出、二是削减转移性支出；②增加税收。（2）紧缩性的货币政策：①提高法定存款准备金率；②提高再贴现率；③公开市场卖出业务（是中央银行最经常使用的一种货币政策，是指中央银行在公开市场买卖政府债券以调节货币供应量和利率的一种政策工具）；④直接提高利率。

21. **增加供给的政策：**①减税（降低边际税率）；②削减社会福利开支；③适当增加货币供给，发展生产；④精简规章制度。

22. **紧缩性的收入政策：**①工资—物价指导线；②以税收为基础的收入政策；③工资—价格管制及冻结。

23. **其他治理措施：**①收入指数化；②币制改革：废旧币，发新币，变更钞票面值。

24. **通货紧缩的标志：**①价格总水平持续下降（基本标志）；②经济增长率持续下降。

25. 治理通货紧缩的政策措施：(1) 扩张性的财政政策；①减税；②增加财政支出。(2) 扩张性的货币政策。(3) 加快产业结构的调整，推进产业结构升级，培育新的经济增长点，同时形成新的消费热点。(4) 其他措施。

第九章　中央银行与金融监管

1. 中央银行相对独立性内容：①建立独立的货币发行制度，稳定货币；②独立制定实施货币政策。

2. 国际上中央银行相对独立性的模式有：①独立性较大的模式。美国和德国。②独立性稍弱的模式。英格兰银行、日本银行。③独立性较小的模式。其代表国家是意大利。

3. 中央银行在一国金融体系中处于主导地位，代表国家制定和实施货币政策，对金融业实施监管，对国民经济进行宏观调控和管理的特殊金融，是一个国家的最高货币金融管理机构。

4. 中央银行的职能包括发行的银行、政府的银行、银行的银行、管理金融的银行。

5. 银行的银行的职责：①集中保管存款准备金。②充当最后贷款人。通常采取两种形式：一是票据再贴现；二是票据再抵押。③组织全国银行间的清算业务。④主持外汇头寸抛补业务。

6. 管理金融的银行的职责：①制定和实施货币政策，在稳定货币的前提下促进经济增长。②作为国家的最高金融管理机构，执行相关金融行政管理职能，拟订银行业、保险业重要法律法规草案和审慎监管基本制度。③作为管理者和重要参与者，管理境内金融市场，确保资金往来合法；运用货币政策工具，影响金融市场利率和融资成本，调节资金供求关系。④建立宏观审慎政策框架，强化金融运行宏观审慎管理；健全金融风险防范、化解和处置机制，维护金融稳定，保障国家金融安全，促进经济社会健康发展。

7. 中央银行的负债业务主要有：①货币发行；②代理国库；③集中存款准本金。资产业务：①（再）贷款；②再贴现；③证券买卖；④管理国际储备；⑤其他资产业务。中间业务：①集中办理票据交换；②结清交换差额；③办理异地资金转移。

8. 货币政策具有以下基本特征：①是宏观经济政策；②是调节社会总需求的政策；③主要是间接调控政策；④是长期连续的经济政策。

9. 货币政策的类型：宽松的（降低法定存款准备金率、降低再贴现率、公开市场业务、道义劝告);紧缩的;稳健的。

10. 金融宏观调控的两个领域:金融领域和实物领域。

11. 金融宏观调控的三个阶段:第一阶段,中央银行操作货币政策工具对一阶变量基础货币的直接控制;第二阶段,基础货币的变化通过商业银行信贷行为对二阶变量货币供应量产生间接控制作用;第三阶段,再由二阶变量货币供应量变化间接影响实现货币资产最终目标。

12. 通货膨胀目标制实施的条件:①中央银行的独立性;②货币政策的高度透明度;③利率的市场化;④浮动汇率制。

13. 货币政策的最终目标:①物价稳定;②充分就业;③经济增长;④国际收支平衡。

14. 货币政策工具主要有:①一般性货币政策工具(也称货币政策总量调节工具,包括存款准备金制度、再贴现政策、公开市场操作);②选择性货币政策工具(包括:消费者信用控制、不动产信用控制、优惠利率);③直接信用控制的货币政策工具(包括:贷款限额,利率限制,流动性比率,直接干预);④间接信用控制的货币政策工具(包括:道义劝告,窗口指导)。

15. 存款准备金政策的主要内容是：①规定存款准备金计提的基础；②规定法定存款准备金率；③规定存款准备金的构成；④规定存款准备金提取的时间。

16. 存款准备金率是货币政策最猛烈的工具之一。其作用于经济的途径有：①对货币乘数的影响；②对超额存款准备金的影响；③宣示效果。

17. 存款准备金政策作为货币政策工具的优点：①中央银行具有完全的自主权；②对货币供应量的作用迅速；③对松紧信用较公平。缺点：①作用猛烈，缺乏弹性；②政策效果在很大程度上受超额存款准备金的影响。

18. 再贴现政策的主要内容有：①调整再贴现率；②规定向中央银行申请再贴现的资格。

19. 再贴现作用于经济的途径有：①借款成本效果；②宣示效果；③结构调节效果（规定再贴现票据的种类、差别再贴现率）。

20. 再贴现作为货币政策工具运用的前提条件是：①要求在金融领域以票据业务为融资的主要方式之一；②商业银行要以再贴现方式向中央银行借款；③再贴现率低于市场利率。

21. 再贴现的优点主要有：①有利于中央银行发挥最后贷款者的作用；②比存款准备金率的调整更机动、灵活，可调节总量还可以调节结构；

③以票据融资,风险较小。主要缺点是:再贴现的主动权在商业银行,而不在中央银行。

22. 公开市场业务是西方发达国家运用最多的货币市场工具。作用于经济的途径有:①通过影响利率来影响经济;②通过影响银行存款准备金来影响经济。

23. 公开市场业务有以下优点:①主动权在中央银行;②富有弹性,即可微调也可大调;③中央银行买卖证券可同时交叉进行;④根据证券市场供求波动,主动买卖证券。主要缺点是:①从政策实施到影响最终目标,时滞较长;②干扰其实施效果的因素比存款准备金率、再贴现多,往往带来政策效果的不确定性。

24. 货币政策传导机制的理论:①凯恩斯学派的货币政策传导机制理论(关键环节是利率);②货币学派的货币政策传导机制理论(强调货币供应量,货币是中性的)。

25. 凯恩斯学派的货币政策传导机制认为,在增加国民收入的效果上,主要取决于投资的利率弹性和货币需求的利率弹性。投资的利率弹性大,货币需求的利率弹性小,则增加货币供给导致的收入增长就比较大。

26. 货币政策中介目标的功能:①测度功能;②传导功能;③缓冲功能。

27. 选择货币政策中介目标的标准：①可测性；②可控性；③相关性。

28. 可供选择的货币政策中介目标：①利率；②货币供应量。

29. 货币政策的操作指标主要有短期利率、存款准备金率、基础货币。

30. 我国的货币政策目标是"保持货币币值的稳定，并以此促进经济增长"，以防通货膨胀为主的多目标制。

31. 我国的货币政策工具：①存款准备金率；②再贴现与再贷款；③公开市场操作；④常备借贷便利；⑤中期借贷便利；⑥临时性流动便利。

32. 公开市场操作分人民币操作和外汇操作。包括：回购交易（正回购即卖出证券、逆回购）；现券交易（现券买断即在二级市场直接买入债券，投放基础货币、现券卖断）；发行央行票据（即中国人民银行发行短期债券）；补充 SLO 短期流动性调节工具，在出现临时性波动时相机使用。

33. 常备借贷便利 SLF 和公开市场操作作为两大类货币政策工具管理流动性。SLF 特点：由金融机构主动发起；是一对一交易，针对性强；交易对手覆盖面广，覆盖存款金融机构，对象为政策性银行和全国性商业银行，期限 1~3 月，以抵押方式发放。

34. 我国货币政策的实施：继 2008 年"从紧"、2009 年、2010 年

"适度宽松"后,再度回归长期实施的"稳健"政策。

35. 我国货币政策的特点:①建立了以间接手段为主的宏观金融调控模式;②货币政策目标是以预防通胀为主的多目标制;③存款准备金调整和公开市场操作成为日常的流动性对冲管理的重要工具;④丰富货币政策工具箱,启动宏观审慎政策框架。(采用了价格型调控、数量型调控、宏观审慎政策相结合的调控模式,实践中先用价格型调控工具,受限再用后两种)。

36. 金融监管基本原则:①监管主体独立性原则(基本前提);②依法监管原则;③外部监管与自律并重原则;④安全稳健与经营效率结合原则(基本目标);⑤适度竞争原则;⑥统一性原则。统一性原则是一方面是微观和宏观的统一,另一方面是国际和国内的统一。

37. 目前管制理论主要有"公共利益论"(公众要求、对不公正、低效率的回应)、"特殊利益论"(仅保护特殊利益)、"社会选择论"(供给由政府提供、促进一般社会福利)等。

38. 银行监管当局的监管内容主要包括市场准入监管、市场运营监管和市场退出监管。

39. 市场准入监管包括 4 个环节:①审批注册机构;②审批注册资

本；③审批高级管理人员任职资格；④审批业务范围。

40.市场运营监管内容：①资本充足性；②资产安全性；③流动适度性；④收益合理性；⑤内控有效性。资本充足性第一层次最低资本要求：核心一级资本充足率≥5%、一级资本充足率≥6%、资本充足率≥8%。公式：（核心一级资本或一级资本或总资本—对应资本扣减项）/风险加权资产；第二层次：储备资本要求2.5%、逆周期资本要求0~2.5%；第三层次：系统重要银行附加资本要求1%，商业银行并表和未并表的杠杆率均不得低于4%。

41.风险迁徙类指标包括正常贷款迁徙率（包括正常类贷款迁徙率和关注类贷款迁徙率）和不良贷款迁徙率（次级类贷款迁徙率、可疑类贷款迁徙率）。贷款五级分类：正常类、关注类、次级类、可疑类、损失类贷款，后三类为不良贷款。

42.我国衡量资产安全性的指标为信用风险的相关指标，具体包括：①不良资产率，即不良信用资产与信用资产总额之比，不得高于4%；②不良贷款率，即不良贷款与贷款总额之比，不得高于5%；③单一集团客户授信集中度，即对最大一家集团客户授信总额与资本净额之比，不得高于15%；④单一客户贷款集中度，即最大一家客户贷款总额与资本净额之比，不得高于10%；⑤全部关联度，即全部关联授信与资本净额之比，不应高于50%。

43. 商业银行贷款损失准备的充足性：贷款拨备率＝贷款损失准备与各项贷款余额之比，2.5%；拨备覆盖率＝贷款损失准备与不良贷款余额之比，150%，两者取较高者为监管标准。

44. 流动性监管内容：①银行机构的流动性应当保持在适度水平（商业银行流动性覆盖率不低于100%、流动性比例不低于25%）；②监测银行资产负债的期限匹配；③监测银行机构的资产变化情况。

45. 流动性监管的指标主要有：①流动性比例，即流动性资产与流动性负债之比，不应低于25%；②核心负债比例，即核心负债与总负债之比，不应低于60%；③流动性缺口率，即流动性缺口与90天内到期表内外流动性资产之比，不应低于－10%；④流动性覆盖率，即合格优质流动性资产/未来30天现金净流出量，不低于100%；⑤存贷比，即贷款余额/存款余额，不高于75%。

46. 对银行机构的财务监管：①对收入的来源和结构进行分析；②对支出的去向和结构进行分析；③对收益的真实状况进行分析。

47. 商业银行内部控制的原则：①全覆盖原则；②制衡性原则；③审慎性原则（内控优先）；④相匹配原则（内控模式与管理模式匹配）。

48. 有问题银行的特征：内部控制制度失效；资产急剧扩张和质量低下；资产过于集中；财务状况严重恶化；流动性不足；涉嫌犯罪和从事内部交易。措施：督促整改、采取管制、同业救助、央行救助、进行重组、接管银行。

49. 银行业监管的基本方法：市场准入、非现场监督；现场检查（合规性和风险性检查，合规性是基础）；并表监管（又称合并监管，包括境内外业务、表内外业务和本外币业务）；监管评级（"骆驼评级制度"（CAMELS）资本充足率、资产质量、经营管理能力、盈利水平、流动性、市场敏感性）。

50. 证券业监管的主要内容：①法律法规体系；②证券发行监管；③证券交易监管；④上市公司监管；⑤证券公司监管。

51. 证券公司监管内容：①市场准入监管；②分类管理；③业务许可监管；④风险控制监管；⑤高管的监管；⑥市场退出监管；⑦股权管理。

52. 为了防止不良单位或者个人幕后操控、规避审批和监管，未经证监会批准，任何单位或者个人不得委托他人或者接受他人委托，持有或者管理证券公司的股权。证券公司的股东不得违反国家规定,约定不按照出资比例行使表决权。

53. 保险业监管的主要内容:①法律法规体系;②偿付能力监管;③公司治理监管;④市场行为监管。

54. 保险业监管的偿付能力监管:①规定最低资本:全国性公司 5 亿元、区域性公司 2 亿元;注册资本的 20% 作为法定保证金,用于清算时清偿债务;财产保险、人身意外伤害保险、短期健康保险、再保险业务当年自留保费 1% 的保险保障基金,直至达到总资产的 6%。保证金和保险保障基金是最基本的风险缓冲基金。②准备金规定:寿险公司按照有效保单的全部净值提取未到期责任准备金;非寿险公司按照当年自留保费的 50% 提取未到期责任准备金。③投资监管。

第十章　国际金融管理

1. 国际收支的本质特征:①是一个流量的概念,是一定时期的发生额;②是一个收支的概念,是收入和支出的流量;③是一个总量的概念,收入和支出的总量;④是一个国际的概念,居民与非居民。

2. 国际收支平衡表编制原理:复式记账法:借方记录资金占用(支

出)，贷方记录资金来源（收入）。

3. 国际收支平衡表：①经常账户（实质资源的国际流动，包括商品、服务、收入和经常转移）；②资本与金融账户（资本账户：资本转移和非生产、非金融资产的收买与放弃；金融账户：直接投资、证券投资、其他投资、储备资产）；③错误与遗漏账户（人为的平衡账户）。

4. 引致国际收支的经济交易，根据交易的动机分为自主性交易和补偿性交易（事后被动）。

5. 国际收支不均衡类型：①根据差额的性质，国际收支不均衡分为顺差与逆差；②根据产生的原因，国际收支不均衡分为收入性不均衡、货币性不均衡、周期性不均衡与结构性不均衡；③根据不同账户的状况，国际收支不均衡分为经常账户不均衡、资本与金融账户不均衡、综合性不均衡。

6. 国际收支不均衡调节的必要性：是稳定物价、稳定汇率、保有适量外汇储备的要求。

7. 国际收支不均衡的宏观经济政策：①财政政策：调节经常项目收支，逆差时：紧财政，产生需求、价格效应。②货币政策：调节经常项目、资本项目收支，逆差时：紧货币，产生需求、价格、利率效应。③汇率政策；调节经常项目收支，逆差时：本币法定贬值。

8. 国际储备具有四个本质特征：①官方储备，必须是为一国货币当局所持有和直接掌握并可以加以使用的资产，而不是被其他机构或经济实体持有。非官方金融机构、企业和私人持有的黄金、外汇等资产，不能算作国际储备。②货币资产，不包括实物资产。③各国普遍接受的货币资产。④存量的概念，一般以截止某一时点的余额。

9. 国际储备的构成：黄金储备、外汇储备、IMF 的储备头寸（又称普通提款权）、特别提款权（SDR）。

10. 国际储备的功能：①弥补国际收支逆差（基本功能）；②稳定本国货币汇率；③维持国际资信和投资环境。

11. 金本位制内容如下：①由铸币平价决定的汇率构成各国货币的中心汇率；②市场汇率受外汇市场供求关系的影响而围绕铸币平价上下波动，波动幅度为黄金输送点。

12. 布雷顿森林体系的主要运行特征：①美元与黄金挂钩，取得等同于黄金的地位，成为最主要的国际储备货币；②实行以美元为中心的、可调整的固定汇率制度。游戏规则不对称，美国以外的国家需要承担本国货币与美元汇率保持稳定的义务;③国际货币基金组织作为一个新兴机构成为国际货币体系的核心。

13. **离岸金融中心有三种类型**:①伦敦型离岸金融中心(一体型离岸金融中心):伦敦和中国香港;②纽约型离岸金融中心(分离型离岸金融中心):美国国际银行便利设施、日本海外账户;③避税港型离岸金融中心(走帐型离岸金融中心、簿记型离岸金融中心):巴哈马、开曼。

14. **欧洲货币市场的特点**:①交易客体是欧洲货币。非居民的外币存款,非居民与非居民之间借贷的境内货币;②交易主体主要是市场所在地的非居民;③交易中介是欧洲银行。

15. **欧洲货币市场的构成**:①欧洲银行同业拆借市场(双向报价制,出价利率:报价行吸收存款的利率;要价利率:对其他银行贷款的利率);②欧洲中长期信贷市场(银团贷款:辛迪加贷款,双边贷款:独家银行贷款);③欧洲债券市场(国内债券和国际债券)。

16. **国际债券分为外国债券和欧洲债券**。外国债券:非居民在异国发行市场所在地货币为面值(扬基债券、武士债券、猛犬债券、斗牛士债券、伦勃朗债券、熊猫债券);欧洲债券:在发行国外,以货币发行国为面值（墨西哥政府在日本发行的美元债券），特别提款权是欧洲债券。

17. 依据可兑换程度划分，货币可兑换分为完全可兑换和部分可兑换。

18. 资本项目完全可兑换的条件：①稳定的宏观经济环境；②稳健的金融体系；③弹性的汇率制度。